HAUSHALTS *Träume*

Langewiesche

Das Ausstellungsprojekt wurde realisiert mit Unterstützung
des Bundesministeriums für Jugend, Familie, Frauen und Gesundheit

HAUSHALTSTRÄUME

Ein Jahrhundert
Technisierung und Rationalisierung
im Haushalt

Begleitbuch zur gleichnamigen Ausstellung

bearbeitet von: Barbara Orland

herausgegeben von:

Arbeitsgemeinschaft Hauswirtschaft e. V.

und Stiftung Verbraucherinstitut

Karl Robert Langewiesche Nachfolger

Hans Köster

Königstein im Taunus

1990

Inhalt

○ Haushalt, Hausarbeit und Haushaltstechnik – sind das nicht jeder Frau und fast jedem Manne vertraute Sachverhalte und alltägliche Selbstverständlichkeit? Was gibt es hier zu fragen, und wer könnte um Antworten verlegen sein? „Das bißchen Haushalt...", dieses Vorurteil steckt tief. Die Oberflächlichkeit dieser Betrachtungsweise wird jedoch bei näherem Hinsehen schnell offenkundig.

○ Immerhin muß die Schnelligkeit und Konsequenz erstaunen, mit der die Technisierung in diesem Jahrhundert voranschritt. Die vielfältigen Auswirkungen dieses Prozesses waren und sind nicht immer sofort zu übersehen. Sicher wird die Technisierung auch in den nächsten Jahren sowohl in Familien- als auch in Single-Haushalten zunehmen. Sie steht in engem Zusammenhang mit den Entwicklungen des sozialen und gesellschaftlichen Umfeldes. Fragen der Umweltverträglichkeit müssen dabei eine immer größere Rolle spielen.

○ Haben Technisierung und Rationalisierung die Mühen der Hausarbeit verringert, sie insgesamt effizienter gemacht? Haben sie die im Haushalt Tätigen, die Hausfrauen entlastet? Nach den Ergebnissen von Tagungen der Arbeitsgemeinschaft Hauswirtschaft und des Verbraucherinstituts nicht prinzipiell. Das vorliegende Buch und die parallel erarbeitete gleichnamige Ausstellung sind auch als Weiterführung der Diskussion o. g. Fragen zu sehen. Unser Wunsch ist es dabei, auch jene in die Problemlösung mit einzubeziehen, die sich zunächst davon nicht betroffen fühlen. Der vorliegende Band legt im übrigen sein Schwergewicht auf die Aspekte der Rationalisierung und nicht z. B. auf die Möglichkeiten der Zerstreuung, Betäubung und des Freizeitspaßes wie durch Video- und Audiotechnik.

○ Rationalisierung und Technisierung im privaten Haushalt werden kontrovers diskutiert. Diese Publikation versucht, zahlreiche Argumente für unterschiedliche Positionen zu dokumentieren, auf diese Weise Probleme zu verdeutlichen und so Anstöße zur Meinungsbildung zu geben. Damit wird einer breiten Öffentlichkeit ermöglicht, den eigenen Lebensbereich des Haushalts und der Familie unter neuem Blickwinkel zu sehen und auch für sich selbst neue Einsichten zu gewinnen. Deshalb wurde die Veröffentlichung nicht als „Katalog" der gleichnamigen Ausstellung zugeordnet, sondern als Begleitbuch mit zusätzlichen Beiträgen konzipiert. Zwar finden sich auch hier die Inhalte der Ausstellung wieder, zugleich wurden eigenständige Beiträge unterschiedlicher Autoren gesammelt, um die Thematik abzurunden, sowie Statements aus Unternehmen, Verbänden und verschiedenen Organisationen zusammengestellt, um die

Spannweite der unterschiedlichen Perspektiven und Zielsetzungen zu verdeutlichen. Daher gilt der ausdrückliche Dank der Herausgeber den Autoren und Autorinnen des Bandes. Wenn es sich bei diesen überwiegend um Frauen handelt, dann deshalb, weil über Generationen hin durch geschlechtsspezifische Rollen- und Arbeitsverteilung auch in der dazu gehörenden Wissenschaft Frauen ihre Kompetenz gezeigt haben. Im Zeichen des partnerschaftlichen Aufbruchs wird sich in diesem Bereich sicher ein Wandel vollziehen.

○ Dank gebührt auch dem Bundesministerium für Jugend, Familie, Frauen und Gesundheit, das Ausstellung und Begleitbuch durch seine Zuwendung erst ermöglichte und alle Vorbereitungen hierzu engagiert begleitete.

Siglinde Porsch
Vorsitzende der Arbeitsgemeinschaft Hauswirtschaft e. V.

Günther Rosenberger
Vorstand der Stiftung Verbraucherinstitut

**Zeittafel –
Streiflichter zur
Haushaltstechnisierung**

Vorindustrielle Hauswirtschaft

○ Vor Beginn der Industrialisierung war die Hausarbeit nicht so fein säuberlich getrennt von dem, was man den Produktionsbereich nennt. Außerdem wurden nur unregelmäßig und abhängig vom verfügbaren Geldeinkommen Waren eingekauft. Die Versorgung der Menschen mit den notwendigen Gütern des täglichen Lebensbedarfes war neben den Besitzverhältnissen stark abhängig von den regional unterschiedlichen Umweltbedingungen.

Waschgerät
um 1500 „Auch sie haben zu dem waschen Laugn, / seiffen, holtz und auch ashen / multer, waschbök und züberlein / Gelten und Schäffel / groß und klein / Schöpfer / Waschtisch / Weschlpleul und Stangen / Daran man die Wesch auff thut hangen /"
Was der Dichter Hans Sachs als notwendiges Waschgerät der Hausfrau des 16. Jahrhunderts beschreibt, bleibt bis weit in das 19. Jahrhundert nahezu unverändert in Gebrauch.

Ernährung
bis 1850 Roggen, Weizen, Gerste, Hülsenfrüchte, Fleisch, Milch, Käse, Obst; die Grundnahrungsmittel werden weitgehend der eigenen Wirtschaft entnommen. Auch Bürger in den Städten besaßen vor den Stadttoren kleine Felder, Weinberge und Wiesen, hielten Groß- und Kleinvieh, entnahmen Obst und Gemüse den Küchengärten.
Branntwein, Kaffee, Zucker, Tabak, Gewürze sind unregelmäßig verfügbare, teure Handelsprodukte.

Waschmaschine
erste Erfindungen

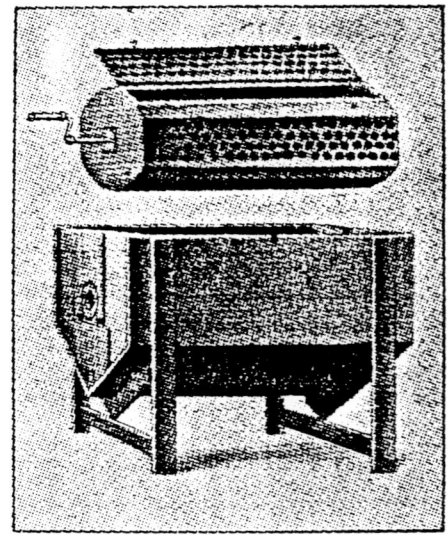

1767 Jakob Christian Schäffern, Doktor der Theologie, baut eine Waschmaschine mit Holzrührwerk.

1815 Ein französischer Geistlicher, der Abbé de Meilleraie, baut eine Doppeltrommelmaschine.

**Beginn der Industrialisierung in
Deutschland um 1850**

○ Erst die im Gefolge der industriellen
Revolution rasch fortschreitende Urba-
nisierung trennt die Hauswirtschaft
endgültig von der Erwerbsphäre ab.
Der „moderne Haushalt" entsteht als
wesentliche Voraussetzung für die
Haushaltstechnisierung. Diese nimmt
ihren Anfang u. a. mit dem Ausbau
neuer städtetechnischer Infrastruktur-
systeme, der zentralen Wärmever-
sorgung, der Gas- und der Stromversorgung.

Gas-Bügeleisen
1858 Firma Schäffer-Walcker produziert erstes Gas-
bügeleisen.

Gas
1814/15 Gasbeleuchtung in London/Paris
1825/26 Erste Gasanstalten in Berlin und Hannover,
Gas wird zunächst nur zur Beleuchtung und
zum Heizen benutzt.
1912 Bremer Haushalte hatten mit 83% die höchsten Gasanschlußzahlen, gefolgt von Württemberg mit 72%, die niedrigsten Anschluß-
zahlen hatte Schlesien (21%).

Wasser-Versorgung
1848 Erste zentrale Wasserversorgung, bestehend
aus Wasserzuleitung, Wasserklosetts und
Kanalisation, wird in Hamburg in Betrieb
genommen.
1855 In Hamburg und Berlin eröffnen die ersten
Wasch- und Badeanstalten „für die ärmeren
Volksklassen" ihre Pforten.

Hochphase der Industrialisierung bis Erster Weltkrieg – Gründung des Deutschen Reiches 1871

○ Vor allem in den Groß- und Industriestädten stehen sich die bürgerlichen Haushalte und die Masse der Arbeiterhaushalte gegenüber. Während die einen überladenen Komfort repräsentieren, indem auch die Hausfrau Müßiggang demonstrieren soll (im Gegensatz zur Wirklichkeit) und Dienstboten die Hausarbeit übertragen wird, leben die anderen unter extrem schlechten Einkommens- und Wohnbedingungen. Vom Grundprinzip her werden zwar alle heutigen Haushalts-Großgeräte bereits vor 1914 entwickelt, für den Haushaltsalltag spielen sie aber noch lange keine Rolle.

**Lebensmittel-Märkte
ab 1870**

Die Ausdehnung der Großstädte hatte die Herstellung und den Verbrauch von Lebensmitteln so weit auseinandergerückt, daß neue Verteilungswege, Nahrungsmittelgroß- und -kleinhändler, Schlachthöfe, Molkereien, Markthallen entstehen.

**Waschmittel
1880er Jahre**

Seifenbereitung in Haushalten und Seifensiederhandwerk werden durch die jetzt entstehende Waschmittelindustrie abgelöst.

1907

„Persil", das erste „selbsttätige" Laboratoriumswaschmittel auf chemischer Basis wird auf dem Markt eingeführt.

**Elektro-Technik
1892**

Nicola Teslea verkleinert Elektromotor, so daß er jetzt auch für Haushaltsgeräte einsetzbar ist.

**Elektro-Bügeleisen
1890er-Jahre**

Elektrotechnische Industrie probiert am unkomplizierten Bügeleisen verschiedene Heizprinzipien aus.

ab 1914/15

Elektroeisen sind die ersten Elektroheizgeräte, die im Haushalt Einzug halten.

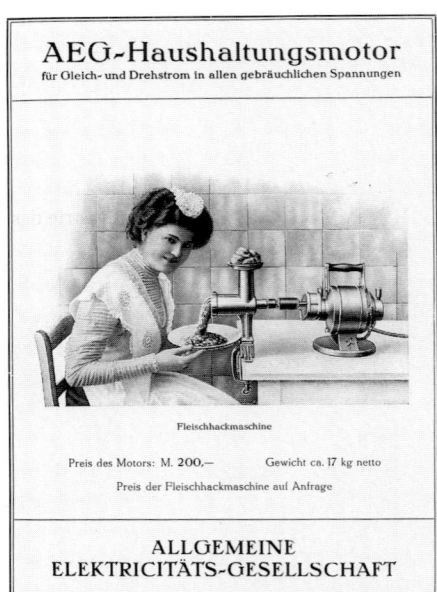

AEG-Haushaltungsmotor
für Gleich- und Drehstrom in allen gebräuchlichen Spannungen

Fleischhackmaschine

Preis des Motors: M. 200.—   Gewicht ca. 17 kg netto
Preis der Fleischhackmaschine auf Anfrage

ALLGEMEINE
ELEKTRICITÄTS-GESELLSCHAFT

Erster Weltkrieg

○ Der Erste Weltkrieg zeigt erstmalig die Nachteile einer marktabhängigen Haushaltsführung. Hausfrauen haben mit Versorgungsmängeln und Rationierungen zu kämpfen. Aus patriotischer Pflicht übernehmen Frauenverbände die Organisation der Heimatfront.

Staubsauger

1900—14 In „hochherrschaftlichen" Häusern werden zentrale Staubsaugeranlagen eingebaut, d. h. im Keller war eine Vakuum-Pumpe, die über Rohre mit allen Wohnräumen verbunden war.

1912/13 Erste Hand-/Zimmerstaubsauger erscheinen auf dem Markt.

Elektro-Kochen

1890—1910 Elektrische Wasserkessel, Pfannen, Kochtöpfe, Küchenmaschinen werden als teure Luxusprodukte verkauft.

ab 1910 Elektrische Kochapparate mit direkter Beheizung werden durch Stand- und Tischherde abgelöst. Backröhren bleiben zunächst noch separate Einzelgeräte.

Kühlschränke

1875 Carl Linde entwickelt für die entstehende Brauereiindustrie das Kompressionskühlverfahren.

1910 Erste Haushalts-Kühlschränke erscheinen auf dem Markt.

1935 Nach Schätzungen betrug die gesamte Produktion von Kühlschränken bis 1935 nicht mehr als 30 000 Stück.

50 Gramm Feinseife August 1917	100 Gramm Seifenpulver August 1917	100 Gramm Seifenpulver August 1917	50 Gramm Seifenpulver August 1917
50 Gramm Feinseife Sept. 1917	100 Gramm Seifenpulver September 1917	100 Gramm Seifenpulver September 1917	50 Gramm Seifenpulver Sept. 1917
50 Gramm Feinseife Okt. 1917	100 Gramm Seifenpulver Oktober 1917	100 Gramm Seifenpulver Oktober 1917	50 Gramm Seifenpulver Okt. 1917
	Nicht übertragbar		Nicht übertragbar

Seifenkarte

Gültig für die Monate August 1917 bis Januar 1918

Kommunalverband Mülhausen i. Els.

50 Gramm Feinseife Januar 1918	100 Gramm Seifenpulver Januar 1918	100 Gramm Seifenpulver Januar 1918	50 Gramm Seifenpulver Januar 1918
50 Gramm Feinseife Dez. 1917	100 Gramm Seifenpulver Dezember 1917	100 Gramm Seifenpulver Dezember 1917	50 Gramm Seifenpulver Dez. 1917
50 Gramm Feinseife Nov. 1917	100 Gramm Seifenpulver Novemb. 1917	100 Gramm Seifenpulver Novemb. 1917	50 Gramm Seifenpulver Nov. 1917

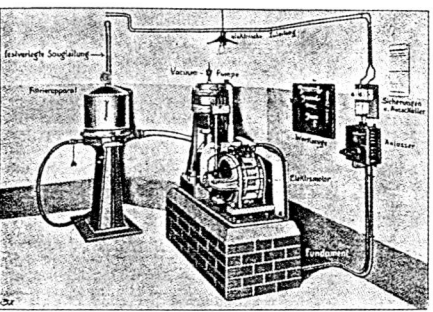

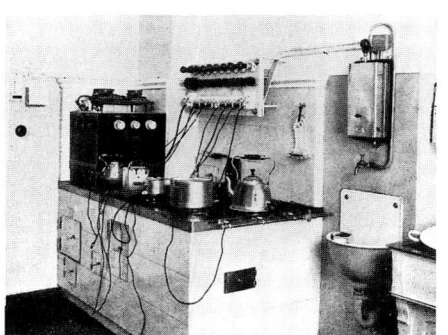

„Geist einer neuen Zeit" –
Die Weimarer Republik

„Geist einer neuen Zeit"

○ In den ökonomisch stabileren Jahren der Weimarer Republik wird erstmalig die Forderung vertreten, die private Hausarbeit zu technisieren. Ein Haushalt soll wie ein Betrieb rationalisiert werden. Der Rationalisierungsgedanke findet zwar Eingang in den Wohnungsbau, läßt die Energieversorgung und das Haushaltsgeräte-Angebot sprunghaft ansteigen; dennoch kommt die Mehrzahl der Hausfrauen nicht in den Genuß einer der zahlreichen Haushaltsmaschinen.

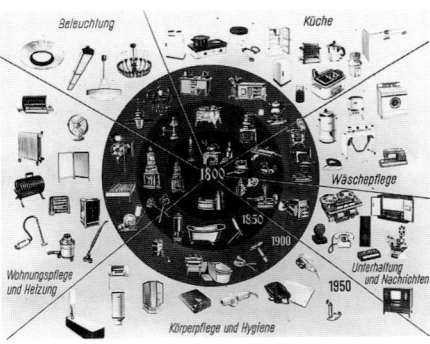

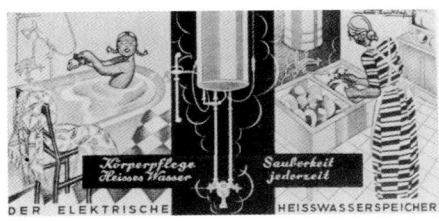

Stromversorgung
1833
Emil Rathenau gründet die deutsche Edison-Gesellschaft, spätere AEG, die die Edisonsche elektrische Beleuchtung einführen soll.

1910
Erst 3,5% aller Berliner Wohnungen haben Stromanschluß.

1923/24
Elektrifizierung der Haushalte setzt in großem Stil ein.

1927–28
Die Zahl stromversorgter Haushalte steigt in Berlin von 27,4% auf 54,8%.

Wohnungsbau
1927–28
Die Reichsforschungsgesellschaft für Wirtschaftlichkeit im Bau- und Wohnungswesen baut in Frankfurt, Stuttgart und Dessau Versuchssiedlungen, in denen der „rationelle" Haushalt erprobt wird.

Einbauküche
1927
Die Architektin Schütte-Lihotzky entwickelt die Frankfurter Küche, erste Vorläuferin der heutigen Einbauküchen.

Geschirr-spülmaschine
1929
Die Firma Miele startet einen ersten Versuch mit elektromotorisch betriebenen Geschirrspülmaschinen, allerdings erfolglos.

Der Zweite Weltkrieg

1942–50 ○ Der Zweite Weltkrieg erzwingt mitten in der Hochphase des „technischen Fortschritts" eine Renaissance vorindustrieller Kenntnisse und Fertigkeiten. Technische Improvisation ist gefordert. Aus Stahlhelmen werden Kochtöpfe, aus Bombenhülsen Badewannen.

Bundesdeutsche Nachkriegszeit –
Hochphase der Haushaltstechnisierung

○ Erst im „Wirtschaftswunder" –
Deutschland beginnt die eigentliche
Verbreitung der uns heute geläufigen
Haushaltstechnik. Einbauküchen mit
einem umfangreichen Maschinenpark
werden in den 1970er Jahren zur Stan-
dardeinrichtung bundesdeutscher
Haushalte.

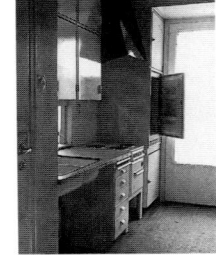

Chemiefasern

1890 Beginn der fabrikmäßigen Herstellung von
Chemiefasern, Kunstseide (Acetat, Viskose)

1938 Vollsynthetische Nylonfaser – Du Pont USA.
Vollsynthetische Perlonfaser – I.G. Farben
Deutschland.

1950 Synthetik-Boom setzt ein.

Waschmaschinen

1951 Der erste Waschvollautomat wird auf der Bauausstellung „Constructa" in Hannover vor-
geführt.

Kühl-Gefriergeräte

1960 In Verbindung mit der Tiefkühlkost werden
Gefrierschränke oder -truhen auf den Markt
gebracht.

**Geschirr-
spülmaschinen**

1961 Das Angebot an Geschirrspülmaschinen
erweitert sich deutlich.

1973 Dennoch haben 1973 erst 7% aller Haushalte
eines dieser teuren Geräte.

Beginn der Umweltkrise im Haushalt 1973

○ Die Auswirkungen der ökologischen Krise auf die Haushalte werden zunehmend bewußt. Die Debatten um Atomenergie, Trinkwasser, Haushaltschemikalien und Nahrungsmittel reißen seitdem nicht mehr ab.

seit 1978 schärft sich auch das Umweltbewußtsein. Davon zeugen bewußtes Energiesparen, neue Konzepte haustechnischer Anlagen mit Solarenergie, Kraft-Wärmekopplung, Wärmedämmung, Bioläden, Jutetaschen statt Plastiktüten, Trennung des Hausmülls u. v. m.

1982/83 Ausgehend von der Diskussion um die Tele-Heimarbeit zeigt sich, daß die Computerisierung der Haushalte begonnen hat.

1986 Der Reaktorunfall in Tschernobyl sorgt für eine zusätzliche Belastung durch Radioaktivität.

Barbara Orland

Einführung: Ansichten und Einsichten einer Ausstellung

○ Es ist ein anspruchsvolles Projekt, eine Ausstellung zu planen und zu gestalten, die die Rationalisierung und Technisierung im privaten Haushalt über einen Zeitraum von einem Jahrhundert verfolgen soll. Die Herausforderung steckt im Thema selbst, was kaum verwundern kann. Schließlich wecken Fragen nach den Entwicklungsschritten und Auswirkungen der Technisierung der privaten Haushaltsarbeit vielerlei Assoziationen.

Da erscheinen zunächst die Bilder des „modernen" Haushalts. Perfekte Einbauküchen, gekachelte Bäder mit fließend Warm- und Kaltwasser, eine bemerkenswerte Anzahl großer und kleiner Haushaltsmaschinen, die modernen Wasch-, Reinigungs- und Pflegemittel, schließlich die zahlreichen Fertignahrungsmittel. Groß-, Kleinstadt oder Dorf, Eigenheim oder Mietwohnungsbau, auf jeden Fall zentrale Wasser- und Stromversorgung, nicht in allen Fällen mehr Gasanschlüsse. Aus verschiedensten Teilen setzt sich das Bild zusammen, das einen Haushalt und seine technische Ausstattung beschreibt. Jeder dieser Teile einer zeitgemäßen Haushaltstechnik-Ausstattung hat eine besondere Geschichte, wenngleich auch eingewoben in allgemeine Entwicklungen von Technik und Wissenschaft, von Industrie, Handel und Märkten. Diese zu entschlüsseln, eröffnet den Blick auf die Herausbildung einer komplexen Industrie- und Dienstleistungsgesellschaft seit Mitte des 19. Jahrhunderts. Wechselseitige Entwicklungsparallelen und Abhängigkeiten zwischen den außerhäuslichen Erwerbsarbeitsplätzen und der Arbeit im Haushalt lassen sich erahnen.

○ Zugleich erinnert das Ausstellungsthema daran, daß Haushalte für alle Menschen wichtige Orte des Zusammenlebens sind. Hier werden die zentralsten Grundbedürfnisse befriedigt und persönliche Neigungen ausgelebt. Im privaten Haushalt zählt noch das Wohlergehen des Einzelnen, z. B. der Freizeitausgleich für die Berufstätigen oder die Entwicklung kleiner Kinder ebenso wie die Pflege kranker, alter Menschen. Das Ziel jeder Hausarbeit ist es, die Bedürfnisse der im Haushalt lebenden Menschen zu befriedigen. Aus all diesem folgt, daß ein Haushalt ein komplizierter Arbeitsplatz mit verschiedensten, oft nicht planbaren, immer aber in persönliche Beziehungen verwobenen Aufgabenstellungen ist. Letztere sind es auch, die es so schwer machen, allgemeine Standards des Lohnes, der sozialen Sicherung oder der Arbeitszeit auf die private Hausarbeit anzuwenden. Hiermit zusammen hängt auch die nach wie vor gültige Formel, daß Hausarbeit Frauensache ist.

Bereits diese knappen Sätze lassen das breite Spektrum an Fragen, Problemen und Positionen erahnen, die dem Thema

„Rationalisierung und Technisierung im Haushalt" zugrunde liegen. Verschiedenste Wege waren möglich, das Thema anzupacken, Eingrenzungen allerdings unumgänglich. Bevor im folgenden, gewissermaßen als Gebrauchsanleitung zur Nutzung von Ausstellung und Begleitbuch, die Grundgedanken, Zielsetzungen und Leitmotive von Ausstellung und Begleitbuch umrissen werden, gilt es daran zu erinnern, daß die Ausstellung selbst bereits eine Geschichte hat.

○ Seit einigen Jahren haben sich die Arbeitsgemeinschaft Hauswirtschaft und die Stiftung Verbraucherinstitut mit verschiedenen Veranstaltungen (Tagungen, Seminare) der Frage nach Sinn, Möglichkeiten und Grenzen der Rationalisierung und Technisierung im privaten Haushalt gewidmet. Angesichts zunehmender Sensibilisierung für die sozialen und ökologischen Folgeprobleme bisheriger Haushaltstechnisierung und angesichts neuer Technisierungsschübe für den privaten Haushalt, galt es, ein Forum zu bieten, in dem neue Fragen an den Einsatz von Technik im Haushalt entwickelt werden konnten. Ein Forum, das Raum bot für unterschiedliche Meinungen und Einschätzungen zu bisherigen Zielsetzungen der Haushaltsrationalisierung und erreichten Technikstandards in den Haushalten.[1]

○ In der Tradition der begonnenen, fruchtbaren Diskussionen steht die Ausstellung als Ausdruck der Idee, mit neuen Vermittlungsformen die Arbeit fortzusetzen. Diskussionsfäden sollten wieder aufgenommen und in neuer Form präsentiert werden. Auch sollten weitere Diskutanten für das Thema gewonnen werden. Schließlich ist doch jede/r als Mitglied eines Haushalts nicht nur angesprochen, sondern auch aufgerufen, aufgrund eigener Erfahrungen und Einschätzungen über den Wandel von Haushalt und Hausarbeit unter dem Einfluß der Technisierung mitzudiskutieren.

Um weiteren Meinungsaustausch anzuregen, ist die Ausstellung als Montage oder Puzzle verschiedenster Aspekte des Themas angelegt — ohne Anspruch auf Vollständigkeit. Es gilt, Fragen aufzuwerfen, in Erinnerung zu rufen, möglichst breit zu dokumentieren, aber nicht mit der einen oder anderen Problemlösung aufzuwarten. Wer also Antworten auf die sich aus Vergangenheit und Gegenwart der Haushaltstechnisierung ergebenden Fragen für die Zukunft erwartet, wird notgedrungen enttäuscht werden. Das Ziel ist nicht, Antworten zu geben, sondern Fragen zur Diskussion zu stellen:

Wie haben sich seit der Jahrhundertwende die Anforderungen an die Hausarbeit gewandelt?

Welchen Verlauf nahmen die Entwicklungen der Wohnarchitektur, der Wasser- und Energieversorgung sowie der Haushaltstechnik?

Welche Folgen hat die umfassende Technisierung der Hausarbeit?

Wie haben sich die Haushalte als Lebensgemeinschaften verändert?

Welche Wege in die Zukunft lassen sich vermuten?

○ Um diese Fragen zu bearbeiten, wurde die Ausstellung in sieben Themenblöcke eingeteilt, deren eine Hälfte sich weitgehend mit dem historischen Verlauf der Haushaltstechnisierung beschäftigt. Der zweite Teil der Ausstellung diskutiert wesentlich die Wirkungen, Folgen und Grenzen der Technisierung im Haushalt und versucht schließlich auch noch einen Blick in die Zukunft der Haushaltstechnik zu werfen.

○ Der Zeitraum, der in der Ausstellung angesprochen ist, beginnt im ausgehenden 19. Jahrhundert. Ein Grund hierfür liegt darin, daß die Anfänge der „modernen" Haushaltstechnik in Verbindung mit der Entwicklung, Verteilung und Anwendung der Energieträger Gas und Strom zu sehen sind. Hieraus entstanden Basisinnovationen im Bereich der Gas- und Elektrowärme, der elektrotechnischen Antriebs- und Steuertechnik, die neben der Verwertung in Industrie und Gewerbe auch die Haushaltsgeräteproduktion[2] nachhaltig beeinflussen sollten.

Keineswegs nur das wachsende Angebot an technischen Konsumgütern war ausschlaggebend für den Beginn der „modernen" Haushaltstechnisierung. Ein anderer Grund, den betrachteten Zeitraum zur Jahrhundertwende beginnen zu lassen, besteht in der zu diesem Zeitpunkt aus verschiedensten Gründen wachsenden Aufmerksamkeit für die Arbeit der Frauen im Haushalt.

○ Am Eingang der Ausstellung wird deshalb mit einem Blick in „Haushaltswelten zur Jahrhundertwende" daran erinnert, daß nicht nur die Haushaltsausstattungen in den verschiedenen Schichten höchst unterschiedlich waren, sondern auch die Anforderungen und Probleme, mit denen sich die verschiedenen Hausfrauen in der Stadt oder auf dem Land zu plagen hatten. Die Forderung nach Rationalisierung und Technisierung der Haushalte, wie sie nach dem Ersten Weltkrieg immer lauter vertreten wurde, war eine Reaktion auf die seit Ende des 19. Jahrhunderts vieldiskutierte Krise der Familie und der Hauswirtschaft.

○ Industrialisierung und Verstädterung hatten das Ideal eines von der Außenwelt getrennten bürgerlichen Familienlebens mit pompös gestalteter und aufwendiger Hauswirtschaft entstehen lassen. Dazu gehörte auch, daß die Hausfrauen in „ihrem Reich" den Müßiggang pflegen und die Hausarbeit durch Dienstboten erledigen lassen sollten. Von diesem Idealbild war freilich die Mehrheit der Bevölkerung weit entfernt und so lebten die meisten Ehefrauen, Töchter oder weiblichen Verwandten bürgerlicher Mittelschichten in dem Widerspruch, nach außen gepflegten Müßiggang zu demonstrieren und im Alltag sehr wohl im Haushalt zu arbeiten. Die Unzufriedenheit bürgerlicher Frauen, die immer weniger bereit waren, sich ausschließlich auf ein Leben als Hausfrau und Mutter vorzubereiten und zu beschränken, drückte sich auch in ihrer zunehmenden Forderung nach außerhäusigen Ausbildungs- und Erwerbsarbeitsplätzen aus. Prekär wurde die Lage um die bürgerliche Hauswirtschaft, weil auch viele Dienstmädchen es vorzogen, in die Fabriken oder Büros zu gehen, wo sie im Unterschied zum Arbeitsplatz „Haushalt" geregelte Löhne und Arbeitszeiten erhofften.

Wohnungsnöte, Armut, dauernde Doppel- und Dreifacharbeit der proletarischen Frauen, das war auf der anderen Seite der Kern der „Sozialen Frage", welchem durch eine Reform der Hauswirtschaft begegnet werden sollte.

Schließlich wurde um die Jahrhundertwende auch erstmalig die dauernde körperliche Überbeanspruchung von Bürgerinnen und Mägden öffentlich mehr wahrgenommen. Diese hatten wie eh und je die Güter des täglichen Lebensbedarfes selbst anzubauen, zu verarbeiten, zu bevorraten und zu pflegen, obwohl ihre Arbeitskraft immer mehr im landwirtschaftlichen Betrieb gefordert wurde.

○ Bevor im weiteren Verlauf der Ausstellung die architektonischen und technischen Maßnahmen zur „Krisenbewältigung" der angesprochenen Probleme beschrieben werden, wird in der zweiten Abteilung „Hausarbeit — eine Wissenschaft für sich?" daran erinnert, daß die Bereitschaft und Haltung der Frauen für das Gelingen einer jeden Reform im Haushalt zentral ist. Planvolles Denken und Handeln, Ersatz der menschlichen Arbeitskraft durch Maschinen, genau durchdachter Einsatz von Arbeitskraft, Arbeitszeit und Materialverbrauch. Das waren die Prinzipien der rationellen Haushaltsführung, wie sie in den zwanziger Jahren erstmalig formuliert wurden. Ja mehr noch, sie waren Ausdruck eines „neuen Geistes", mit dem alle Probleme der Hauswirtschaft gelöst werden sollten, seien es nun die „Dienstbotennot" oder die Doppel- und Dreifachbelastung von Arbeiterfrauen. Aber war dies alles so neu? Vergleicht man die Normen und Standards der Haushaltsführung von der Jahrhundertwende bis heute, so läßt sich manche alte Tugend, wie z. B. Sparsamkeit, wenngleich auch in verschiedenem Gewand, so dennoch kontinuierlich feststellen. Andererseits wird ersichtlich, daß außerhalb der Haushalte eine wachsende Anzahl von Wissenschaften entstehen, die den Haushaltsführenden sagen, was in den verschiedenen Aufgabengebieten richtig und falsch ist. Noch bevor den breiten Hausfrauenschichten bezahlbare technische Haushaltshilfen zur Verfügung standen, stiegen bereits die Ansprüche an die Leistungen ihrer Arbeit.

○ In der dritten Abteilung „Die Räume der Hausarbeit" wird herausgearbeitet, daß die Frage der Haushaltstechnisierung ganz eng verknüpft ist mit der Architekturgeschichte. Wohnlage, infrastrukturelles Angebot der näheren Wohnumgebung, die Grundrißgestaltung und Einrichtung der Wohnung, kurzum: die gesamte Wohnsituation beeinflußt schließlich die Arbeitsbedingungen im Haushalt. Aus dem Umfeld der „proletarischen" Frauenbewegung waren zur Jahrhundertwende Initiativen entstanden, die die Hausarbeit in Großhaushalten zentralisieren wollten. Anstelle von zahlreichen Kleinhaushalten innerhalb eines Hauses oder Siedlungsblocks, in denen einzelne Frauen für sich und ihre Familien wirtschafteten, sollten die in allen Familien anfallenden Arbeiten wie Kochen, Waschen, Putzen, Einkaufen usw. zentral von ausgebildeten und gut bezahlten Hausangestellten in entsprechenden zentralen Wirtschaftsräumen für die gesamte Hausgemeinschaft übernommen werden. Tatsächlich gebaut wurden Mehrfamilienhäuser mit Gemeinschaftseinrichtungen (sogenannte Einküchenhäuser) aber nur für finanziell besser gestellte Kreise oder Alleinstehende.

○ Im „Rationalisierungsgeist" der Weimarer Republik gingen diese umstrittenen Gemeinschaftsprojekte unter. Um der großstädtischen Wohnungsnot zu begegnen, wurden nun Großsiedlungsprojekte favorisiert, innerhalb derer die Kleinstwohnung für das „Existenzminimum" als „Betrieb der Hausfrau" geplant und gebaut wurde. Aber selbst von den realisierten „neuzeitlich" ausgestatteten Wohnungen gab es viel zu wenige und nur ein kleiner Teil der Arbeiter- und Angestelltenfamilien war überhaupt in der Lage, die dort geforderten „Sozialmieten" zu bezahlen. Erst ab 1950, als nach dem Krieg der Wohnungsneubau langsam wieder in Gang kam, wurde das Erbe der begonnenen Haushalts-Rationalisierung angetreten. Jetzt wurde die „rationelle" Wohnung von der Norm zum Standard gebracht und im Sozialwohnungsbau massenhaft hergestellt.

○ Die zentrale Forderung, die in der Diskussion um den „rationellen" Einzelhaushalt in der Weimarer Zeit gestellt wurde, war die nach einer Mechanisierung der Hausarbeit. Dies war nicht zuletzt eine naheliegende Reaktion auf die seit dem ausgehenden 19. Jahrhundert fortgeschrittene Gas- und Elektrizitätsentwicklung. Die haustechnische Infrastruktur, das heißt die zentralen Versorgungssysteme einschließlich der Heizung, der Toilette und des Bades waren im 19. Jahrhundert als Reaktion auf die miserable Wohnhygiene in den Städten auf den Weg gebracht worden. Zur Ausdehnung der Gas- und Stromanwendung mußte folgerichtig das Angebot an entsprechenden Verbrauchsgeräten erweitert werden.

Zwar gingen die Versuche, Gas und Strom für Haushaltsgeräte anzuwenden, bereits weit zurück, doch erst in den Weimarer Jahren begann das große Geschäft mit den kleinen Geräten. Nach dem Zweiten Weltkrieg, als die Haushaltstechnisierung eine sinnfällige Aufgabe für die Friedensproduktion ganzer Industriezweige darstellte, die Expansion der Konsumgüterindustrie Arbeitsplätze und Einkommenssteigerungen versprachen und die Kriegsfolgen einen erheblichen Bedarf in der Haushaltsausstattung bedingten, setzten sich die heutigen Standardgeräte endgültig durch. Ungeachtet aller möglichen Arbeitserleichterungen blieb bis dahin die Frage, ob die Geräte zum Einsatz kamen oder nicht, vorrangig ein finanzielles Problem für die meisten Haushalte.

○ Kaum waren die meisten bundesdeutschen Haushalte mit den zentralen Haushaltsgroßgeräten gesättigt, zeigten sich bereits die „Grenzen des technischen Haushalts-Fortschrittes". Die Arbeitserleichterungen durch technische Haushaltshilfen wurden zuerst durch die Energiekrise wieder in Frage gestellt. Seitdem wächst das Problembewußtsein über die

Umweltschädigungen, von denen die Haushalte, wie z. B. bei der Schadstoffbelastung des Trinkwassers und anderer Lebensmittel, betroffen sind, die jedoch auch in den Haushalten geschaffen werden, wie z. B. beim alltäglichen Wäschewaschen mit hohem Strom- und Wasserverbrauch und starker Abwasserbelastung durch die Waschmittel. Während somit auf der einen Seite die körperlichen Anstrengungen durch Technikeinsatz reduziert wurden, stiegen auf der anderen Seite die Anforderungen an eine umweltgerechte Haushaltsarbeit.

○ Welche Folgen hatte die Haushaltstechnisierung für die familiären Beziehungen und die geschlechts- und generationsspezifische Arbeitsteilung? Solchen Fragen wird in der sechsten Abteilung der Ausstellung „Haushalte als Stätten des Zusammenlebens" nachgegangen. In den letzten Jahrzehnten haben sich die Formen des Zusammenlebens vervielfacht. Wer mit wem heute einen gemeinsamen Haushalt führt, diese Frage fällt nicht mehr so eindeutig aus: eine Familie mit Kindern ist nicht mehr statistisch häufigste Haushaltseinheit. Auf den ersten Blick fällt die Abkehr vom traditionellen Familienideal, das die Verantwortung für Familie und Haushalt als Norm den Frauen zuschrieb, zugunsten der Frauen aus. Frauen entwickeln ihre Lebensplanungen nicht mehr ausschließlich von der Familie her, sondern verstehen sich als eigenständige Personen mit individuellen Wünschen und Zukunftsvorstellungen.

Wie allerdings die nach wie vor in der Diskussion befindliche Forderung nach partnerschaftlicher Arbeitsteilung zwischen den Geschlechtern zeigt, hat die Technik die Arbeit im Haushalt keineswegs überflüssig gemacht. Stattdessen haben sich die Anforderungen und Belastungen verschoben. Die körperlichen Anstrengungen wurden reduziert, andererseits wurde der Zeitgewinn, wie z. B. bei der Wäschepflege, durch erhöhte Sauberkeitsansprüche wieder eingeholt. Zugenommen haben, jenseits der bereits angedeuteten ökologischen Fragen, die Anforderungen an die Erziehung der Kinder und Pflege bedürftiger Menschen, sowie die organisatorischen, verwalterischen Tätigkeiten und Beschaffungsarbeiten bei wachsendem Konsum.

○ Blicke in die Zukunft...? Wie wird sich die technische Ausstattung und das haushälterische Verhalten in Zukunft weiterentwickeln? Mit diesen, keineswegs endgültig zu beantwortenden Fragen beschließt die Ausstellung. Zur Diskussion gestellt werden durchaus gegenläufige Tendenzen. Auf der einen Seite geben beide Schlüsseltechnologien der Gegenwart – die Bio- und Gentechnik wie die Informations- und Kommunikationstechniken – bereits Blicke auf die Haushaltsführung der Zukunft frei. Jenseits der Frage, ob diese Neuen Technologien die „Altlasten" bisheriger Haushaltstechnisierung bewältigen helfen, schaffen sie neue Technikanwendungen im Haushalt, deren Nutzen, Wirkungen und Folgen zur Stellungnahme aus Haushaltsperspektive auffordern.

○ Auf der anderen Seite wird auch in den Haushalten selbst die Zukunft gestaltet. Dies belegen die zahlreichen kleinen, oft namenlosen Verhaltensänderungen im Alltag und die Initiativen, die das Ökologiebewußtsein ernstzunehmen suchen und über andere Wege einer, nicht selten weniger technikaufwendigen Haushaltsführung nachdenken. Umweltbewußtes Kaufverhalten und Haushalten, neue Konzepte in Architektur und Haustechnik, ganzheitliches Berücksichtigen der Herstellungs- und Gebrauchszusammenhänge der lebensnotwendigen Güter, z. B. in der Ernährung, werden zunehmend selbstverständlicher.

○ Was in einer Ausstellung erzwungenermaßen knapp gehalten werden muß, kann im Begleitbuch ausführlicher behandelt werden.

Hier wurde die Möglichkeit genutzt, einen Autor und einige Autorinnen zu gewinnen, die einzelne Aspekte der aufgeworfenen Fragen in längeren Beiträgen vertiefen. Außerdem erklärten sich dankenswerterweise einige Institutionen bereit, ihre Einschätzung zur technischen Zukunft der privaten Haushalte in knappen Zügen mitzuteilen. Das vorliegende Begleitbuch ist daher nicht als Ausstellungskatalog im üblichen Sinne zu verstehen, sondern als ergänzende Lektüre mit weitergehenden Informationen, Einsichten und Ansichten.

○ Carola Sachse, deren Beitrag am Anfang steht, arbeitet ausführlich das gesellschaftspolitische Umfeld heraus, innerhalb dessen die Forderung nach Rationalisierung und Technisierung der Hausarbeit enstand. Insbesondere widmet sie sich der Frage, warum viele Frauen und Frauenverbände die Rationalisierung im privaten Haushalt unterstützten. Ihr Ergebnis hat durchaus auch noch heute Gültigkeit. Viele Frauen drückten in der Rationalisierung der Hausarbeit ihre Hoffnung aus, daß die häuslichen Belastungen gesenkt und die gesellschaftliche Anerkennung der Hausfrauenarbeit erhöht werden.

○ Der Beitrag von Frauke Langguth beschäftigt sich mit der infrastrukturellen Seite der Haushaltstechnisierung. In ihrer Untersuchung der Stromversorgung in der damaligen Reichshauptstadt Berlin zeigt die Autorin, daß der eigentliche Boom der Haushaltselektrifizierung (mit Wirkung auch auf die Gaskonkurrenz) erst im Umfeld der Weimarer Rationalisierungsdebatte, d. h. ab 1924, einsetzte. Keineswegs gleichzeitig wurde dabei für alle auf dem Markt befindlichen Haushaltsgeräte geworben. Das Stromabsatzinteresse diktierte vielmehr die von seiten der Energieversorgungsunternehmen erwünschte Geräteanwendung im Haushalt.

○ Sibylle Meyer und Eva Schulze arbeiten in ihrem Beitrag heraus, daß ein Marktangebot an Haushaltsgeräten allein noch wenig aussagt zu der Frage, wann und unter welchen Bedingungen technische Geräte in Familienhaushalten angeschafft werden. Vielmehr stellen sie fest, daß die Kaufentscheidung nicht selten von den Interessen der Ehemänner bestimmt wurden. Dies führte dazu, daß Geräte der Unterhaltungs- und Freizeittechnik oft schneller gekauft wurden als ein die Arbeit der Hausfrau erleichterndes Haushaltsgerät. Die gesamtgesellschaftliche Folge davon war, daß die Zeiträume zwischen technischer Entwicklung und Verbreitung solcher Geräte, wie Radio und Fernsehen, wesentlich kürzer waren als z. B. bei der Haushaltswaschmaschine.

○ An den „Grenzen des technischen Haushalts-Fortschritts" beschäftigt sich Silke Schwartau-Schuldt mit der Frage, was das notwendig gewordene umweltgerechte Verhalten für den haushälterischen Zeitaufwand bedeutet. Wenn heute davon die Rede ist, daß die Haushalte einen wirksamen Beitrag zur Umweltbelastung zu leisten haben, dann plädiert sie dafür, in diesen Aufforderungen auch die notwendigen und oft verschwiegenen Hausarbeiten zu sehen.

○ Mehr denn je wird heutzutage Männern und ihrem Verhältnis zur Arbeit im Haushalt Aufmerksamkeit geschenkt. So auch in diesem Buch, in dem ein Vertreter einer bislang durchaus exotischen Haushaltskonstellation zu Worte kommt. Herbert Mehrtens gibt Einblick in den Alltag eines Drei-Männer-Und-Zwei-Töchter-Haushaltes und reflektiert dabei den männlichen Umgang mit haushaltstechnischen Gegenständen.

○ Barbara Methfessel und Irmhild Kettschau widmen sich aus zwei verschiedenen Perspektiven den Grenzen, die der Technisierung der Hausarbeit durch deren besonderem Charakter als Arbeit mit und für Menschen gesetzt sind. Irmhild Kettschau fragt nach dem Zeitgewinn durch Technikeinsatz und muß – bei dem Versuch Unsichtbares sichtbar zu machen – feststellen, daß auch und gerade im Haushalt das Ganze mehr ist als seine (technisierten) Teile.

Barbara Methfessel argumentiert vehement gegen die verbreitete Vorstellung, daß mit dem Kauf von Haushaltsgeräten ein entscheidender Beitrag zur Erleichterung der Doppel- bzw. Dreifacharbeit in Beruf und Familie geleistet wird.

○ Die Gestaltung zukünftiger Haushaltstechnik geschieht zumeist in den Labors und Werkstätten von Forschungseinrichtungen und Industrie. Diejenigen, die als erste über den Sinn und Nutzen neuer Produkte nachdenken müssen, sind demgemäß Experten aus Technik und Wissenschaft, Industrie und Regierung. Im Beitrag von Barbara Böttger und mir wird diesen Entwicklungsbereichen am Beispiel neuer Kommunikations- und Informationstechniken nachgegangen.

○ Am Schluß des Ausstellungsbegleitbuches findet sich ein Prognosenspiegel, mit dem der Reigen der Ansichten und Einsichten zur Ausstellung beschlossen wird. Dem Anspruch gerecht zu werden, ein möglichst vielfältiges Meinungsspektrum zum Thema zusammenzutragen, haben wir verschiedenste Institutionen angeschrieben und um eine Stellungnahme zur Frage gebeten: „Welche Mutmaßungen über künftige Entwicklungen der privaten Haushalte und insbesondere ihrer weiteren Technisierung haben Sie?"

Von vornherein war klar, daß es kaum um eine umfassende noch repräsentative Umfrage gehen könne. Auch war nicht zu erwarten, daß alle von uns angeschriebenen Firmen, Verbände und Organisationen die Zeit und das Interesse finden würden, sich an unserem Prognosenspiegel zu beteiligen.

Manche Ansprechpartner sahen sich auch nicht als kompetent an, zur gestellten Frage eine Stellungnahme abzugeben. So stehen im Prognosenspiegel unkommentiert alle bis Redaktionsschluß eingegangenen Antwortschreiben.

1 ARBEITSGEMEINSCHAFT HAUSWIRTSCHAFT BONN und STIFTUNG VERBRAUCHERINSTITUT BERLIN (Hg.), *Technisierung und Rationalisierung — überholte Zielsetzungen im Haushalt?*, ein Tagungsbericht, Berlin/Bonn 1987.
ARBEITSGEMEINSCHAFT HAUSWIRTSCHAFT BONN (Hg.), *Ein neues Technologiezeitalter — eine neue Zerreißprobe für Frauen und Familien?*, ein Tagungsbericht, Bonn 1987
2 Wenn im folgenden lediglich von Geräten der Nahrungsmittelzubereitung, -konservierung, Wäschepflege und Reinigungsarbeiten die Rede ist, so geschieht dies, weil hier am offensichtlichsten von Technik für die Arbeit der Hausfrauen gesprochen werden kann.

Herrschaftliche Haushalte

● In großbürgerlichen Kreisen waren eine pompös gestaltete Wohnung und aufwendige Hauswirtschaft als Ausdruck der gesellschaftlichen Stellung der Familie selbstverständlich. Die Hausfrauen sollten in „ihrem Reich" den Müßiggang pflegen und die Hausarbeit durch verschiedenste Dienstboten erledigen lassen.

In den „besseren Vierteln" der Städte ließ sich die hauchdünne Oberschicht von adeligen und großbürgerlichen Offizieren, Unternehmern, Staatsbediensteten und Kaufleuten elegante, „hochherrschaftliche" Villen und Wohnhäuser bauen, deren durchschnittliche Ausstattung 1908 folgendermaßen beschrieben wurde:

„Enthalten unter den angeführten Zimmern einen Saal (sehr große Wohnungen auch wohl einen größeren und einen kleineren Saal), alles mit Dampf- und Warmwasserbereitung und elektrischer Lichtanlage mit nächtlicher Treppenbeleuchtung, auch Erker oder Balkon. Verschlossenes Haus mit Portier und zwei Aufgängen. Außerdem Küche mit Gaskocheinrichtung, zuweilen auch Eisschrank, Kammern, Mädchengelaß, Waschküche, Roll- und Plättstube. Badezimmer, viel Beigelaß, die Zimmer hell und geräumig mit guter Aussicht, Gartenbenutzung und bei den höheren Preisen auch Stallung, Wagenremise oder Automobilraum, Kutscher und Bedientenzimmer, Fernsprecher und hydraulische Personenaufzüge, mehrere Klosetts. Die Treppen mit Läufern belegt. Mitunter auch eingemauerte diebessichere Kassetten, Wandspinde und Vacuumreinigung, Teppichklopfmaschine, Mottenkammer, sogar Normaluhr."*

(zit. nach Geist, Kürvers 1984, S. 270)

Beim Empfang von Besuchern legte die großbürgerliche Hausfrau zur Demonstration ihrer häuslichen Herrschaft eine Schürze und den dicken Schlüsselbund für alle Räume und Schränke an.

„Die Dienstmädchenarbeit läßt sich in vier große Auf-
gabenbereiche unterteilen: Wohnung, Wäsche und
Kleidung, Kochen und Küche, persönliche Bedienung der
herrschaftlichen Familie und ihrer Gäste. Für jeden
dieser Bereiche gab es beim häuslichen Personal berufliche Spezialisierungen: für die Wohnungspflege das
Haus- oder Stubenmädchen, für die Wäsche Wasch-
frauen, die aber meist freie Lohnarbeiterinnen für mehrere Haushalte waren. (...) Zofe und Kammerdiener,
die persönlichen Bediensteten der Hausfrau und des
Hausherrn, kamen nur in feinsten Häusern vor."
(Dorothee Wierling 1987, S. 104)

Bürgerliche Haushalte

● Die städtischen Mittelschichthaushalte der Beamten, kleinbürgerlichen Gewerbetreibenden und Freiberufler konnten sich meist nur ein „Mädchen für Alles" leisten, das mit der Hausfrau gemeinsam die anfallenden Arbeiten bewältigte.
Seit der zweiten Hälfte des 19. Jahrhunderts verlangten immer mehr Frauen bürgerlicher Herkunft nach außerhäusigen Ausbildungs- und Erwerbsarbeitsplätzen und viele Dienstmädchen zogen es vor, in die Fabriken oder Büros zu gehen, wo sie geregelte Löhne und Arbeitszeiten erhofften.

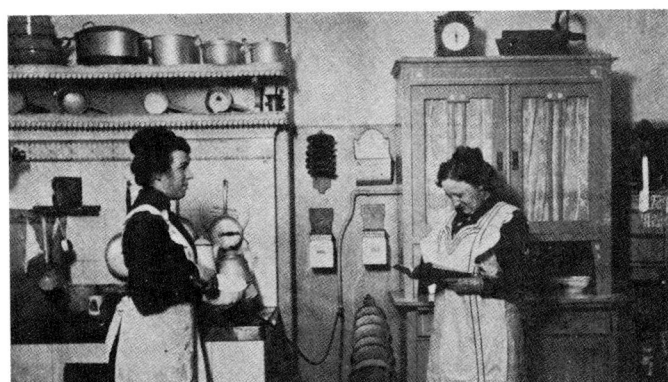

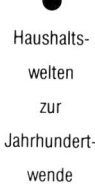

● „Eine weitere schwere Belastung der Hauswirtschaft war damals
der ‚Waschtag‘, der vierzehntägig bei uns auf den Dienstag fiel. Schon
am Vorabend wurde die Schmutzwäsche über drei Stockwerke hinauf
zur ‚Waschküche‘ geschafft, einem triefnassen Raum mit einem heiz-
baren Waschkessel. Am Dienstag um 7 Uhr früh erschien dann die
Waschfrau, bekam Kaffee und Butterbrot, worauf sie dann zur
Waschküche emporstieg, das Feuer unter dem Kessel anmachte, die
kochende Wäsche dann Stück für Stück herausnahm zu einer Wanne
auf einem hölzernen Dreibein. Dort wurde das Wäschestück mittels
der ‚Ruffel‘ gewaschen, durch die Wringmaschine gedreht und in
einen Korb geworfen. Hausfrau und Dienstmädchen schafften dann
diese Körbe (wieder über drei Stockwerke) herab ins Badezimmer, wo
die Hausfrau die Wäsche zweimal spülte und auswrang. Dann wurden
die großen Stücke, die im Trockenboden aufgehängt werden sollten,
wieder über drei Stockwerke hinaufgeschafft und aufgehängt. Gegen 6
Uhr schließlich erschienen Waschfrau und Dienstmädchen mit der
nicht untergebrachten Wäsche - und die Petroleumlampe in den Hän-
den, denn der Dachboden besaß noch kein elektrisches Licht - in der
Wohnung. Die Hausfrau spülte die restliche Wäsche und hängte alles
auf in Küche und Bad (...). Erst sehr spät am Abend war für die
Hausfrau die Arbeit beendet."

(Hävernick 1979, zit. nach Teuteberg, Wischermann 1985, S. 274)

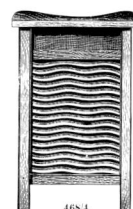

Arbeiterhaushalte

● Unter engsten Wohnverhältnissen und mit geringen
finanziellen Mitteln verwalteten die Arbeiterfrauen ihre
Haushalte. Durch Heimarbeit, Aufnahme von „Schlafgän-
gern" oder Fabrikarbeit versuchten sie das kärgliche
Familieneinkommen aufzubessern oder ihre Familien gänzlich zu unterhalten.In den Reihen der Frauenbewegung wurden gegen Ende des 19. Jahrhunderts immer mehr Stimmen
laut, die neben dem Arbeiterinnen- und Mutterschutz in den
Betrieben auch eine Reform der Hauswirtschaft forderten,
um die Dreifachbelastung der Frauen zu mindern.

Nicht selten war der
einzige Raum, in
dem gewohnt,
gekocht und geschla-
fen wurde, auch der
Platz für die Heimar-
beit der Ehefrau.
Hier fertigt eine Frau
mit ihren Kindern
Knallbonbons,
Berlin 1911.

● Wohnsituation einer Frankfurter Arbeiterfamilie mit 6 Personen, Eltern und 4 Kinder im Jahre 1890. Der Mann, Arbeiter in einer Eisenbahnwerkstätte, hatte einen Jahreslohn von 1024,51 RM. Die Frau besserte das Einkommen durch Putz- und Wascharbeiten auf.

„... die Familie (bewohnt) jetzt eine aus einem Zimmer und Küche bestehende Wohnung, die Mk. 14,- pro Monat kostet. (...) Die Wohnung hat nur zwei Fenster, die Tapete ist stellenweise zerrissen, der Verputz zum Teil abgefallen. In der Küche wird gewaschen und gekocht, falls nicht der Heizung wegen der Ofen des Wohnzimmers hierfür benutzt wird. (...) Das Zimmer enthält drei Bettchen, eines für Mann und Frau, eines für die zwei Mädchen und ein Bettchen für das jüngste Kind, während der achtjährige Knabe aus Mangel an Platz seit der Geburt des Babys bei der Großmutter wohnt. Da einige Male das (...) Mobiliar bei Mietrückständen gepfändet wurde, enthält die Wohnung nur das Allernotwendigste, einen Tisch, eine Gartenbank mit Lehne, eine alte Kommode, zerrissene Strohsäcke und halbgefüllte Federkissen in den Betten, ein altes schmutziges Rouleau am Fenster, zwei alte Holzstühle und noch eine alte Holzbank, als Schmuck an den Wänden eine Schwarzwälder Uhr, zwei kleine Spiegelchen und ein eingerahmtes Druckbildchen."
(Freudenthal 1934, Reprint: 1986, S. 120/121)

Mit mitleidiger Distanz berichtete ein Arbeiter 1905 von den Belastungen seiner Frau:
„Sonnabend Abend (Sonnabend war ein Werktag) fängt die arme Frau schon mit der Sache an und wäscht bis Mitternacht. Früh um vier, spätestens halb 5 Uhr steht sie dann schon wieder am Bottich, um noch etwas fertigzubringen, bevor die Kinder erwachen. Will eins derselben trotzdem zeitig heraus, so wird die Mutter böse, weil sie dann von der Arbeit weglaufen muß. Geschieht es dennoch, so müssen sie wenigstens, nur mit dem allerdürftigsten bekleidet, auf der Küchenbank sitzen bleiben, bis alle zur Stelle sind; dann wird schnell Kaffee getrunken, die Kinder werden gewaschen und angezogen, und nun geht's wieder über die Wäsche her. Mit einer kurzen Unterbrechung zur Bereitung der Mittagsmahlzeit ist dann meine Frau unausgesetzt bis zum Abend tätig, um endlich todmüde ihr Lager aufzusuchen. Wenn ich an solchen Sonntagen Versammlung habe, zieht gewöhnlich schlecht Wetter am ehelichen Himmel herauf..."
(Bromme 1905, Reprint: 1971, S. 355).

Bauernhaushalte

● Bäuerinnen und Mägde hatten wie eh und je die Güter des täglichen Lebensbedarfes selbst anzubauen, zu verarbeiten, zu bevorraten und zu pflegen, obwohl ihre Arbeitskraft immer mehr im landwirtschaftlichen Betrieb gefordert wurde.

● Die Grenzen zwischen Produktion, Verarbeitung und Verbrauch waren fließend. Vom Flachsanbau und dessen Aufbereitung, dem Weben und Bleichen der Leinwand, bis hin zum Nähen der Hauswäsche wurde die Textilbereitung in enger Verflechtung zwischen den Bäuerinnen und den ländlichen Handwerkern hergestellt. Ebenso war es bei der Produktion von Lebensmitteln, dem Brotbacken, der Verarbeitung von Milch zu Butter und Käse, der Konservierung von Fleisch, Obst und Gemüse.

Zur umfangreichen
Vorratswirtschaft im
bäuerlichen Haushalt
gehörte bis weit ins
20. Jahrhundert hin-
ein auch das Brot-
backen, hier im
Steinofen.

Mutter und Tochter
sitzen hier am Herd,
der häufig einzig
warmen Stelle in den
Küchen oder Dielen.
Unter der Decke hän-
gen die Schinken
und Würste.

Im großen, gemauerten Waschkessel, in dem
ebenso das Viehfutter und die Schlachtereien
gekocht und die Einmachgläser sterilisiert
wurden, war die Wäsche zuerst ausgekocht
worden, bevor sie anschließend gerubbelt
und gestampft wurde. Ließ das Wetter es zu,
so wurden die Nachwascharbeiten nach draußen verlegt.

■ Hausarbeit –
eine Wissenschaft für sich?

■ Planvolles Denken und Handeln, Ersatz der menschlichen Arbeitskraft durch Maschinen, genau durchdachter Einsatz von Arbeitskraft, Arbeitszeit und Materialverbrauch. Das waren die Prinzipien der rationellen Haushaltsführung, wie sie in den zwanziger Jahren erstmalig formuliert wurden. Aber war dies alles so neu?

■ Modernisierung alter Tugenden

■ „Die Haupteigenschaften einer Hausfrau müssen sein: Fleiß, Reinlichkeit, Ordnungsliebe und Sparsamkeit; nur bei deren Vorhandensein ist es möglich, den Haushalt so zu führen, wie es zum Glück und Wohlergehen einer Familie notwendig ist. Die Pflichten einer Hausfrau erstrecken sich:

1. auf die richtige Zubereitung der Speisen,
2. auf Ordnung in Wohnung und Kleidung,
3. auf sparsames Haushalten und richtiges Verwalten des Geldes,
4. auf die Pflege der Kranken und
5. auf die Ernährung der Kinder."
(Kühn 1912, S. 2)

Manche Maßstäbe, an denen eine gute Haushaltsführung gemessen wird, überdauerten die Zeit, wenngleich sie sich auch in Stil und Sprache verändert haben.

■ Wissenschaft und neue Hausfrauenpflichten

■ Blieb also alles beim alten? - Keineswegs.
Die seit dem 19. Jahrhundert aufstrebenden akademischen Wissenschaften haben bis heute ständig neue Erkenntnisse gewonnen, die im Haushalt zur Anwendung kommen sollen.
Hausarbeit wurde damit selber zu einem Gegenstand der Wissenschaft.

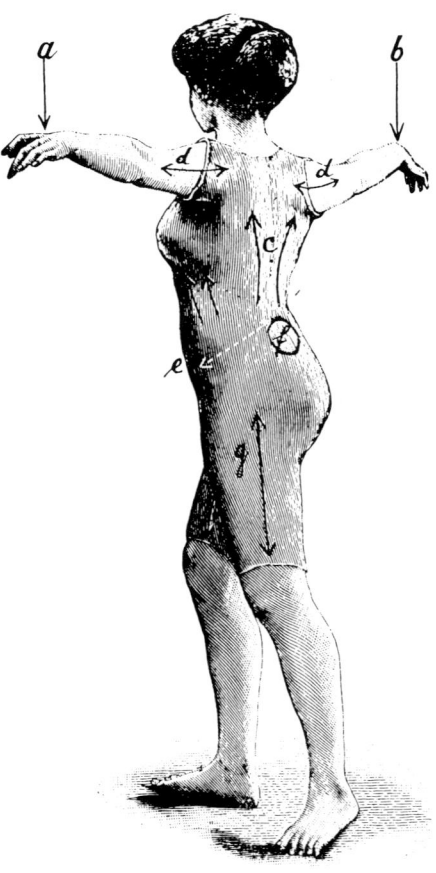

2. Kapitel.

Wie soll unser Körper die Hausarbeit verrichten?

Seit Jahren wird uns Frauen die Hausarbeit als Heilmittel gegen Fettsucht, Blutarmut und alle möglichen körperlichen Beschwerden empfohlen; viel wird von ihrem verbessernden Einfluß auf unsere äußere Erscheinung und das allgemeine Wohlbefinden geschrieben. Professor Dudley von der Harvard-Universität nennt sie den „hygienischen Sport" und sagte anläßlich eines Vortrages seinen verdutzten Hörerinnen, daß eine Stunde Wäschewaschen eine Woche Tennisspielen oder sonstigen Sport ersetze; daß die Beschäftigung mit Eimern und Besen, das Heben der Kochtöpfe und Geschirre die schönsten Arme erzielen könne und daß die meistens gleichzeitige Beschäftigung beider Hände die Figur vor einseitig starken Hüften und der „hohen Schulter" bewahre.

Aber der Segen der Hausarbeit kann nur dann wirksam werden, wenn sie richtig gehandhabt und richtig getan wird. Wäre Hausarbeit an und für sich schon ein Jungbrunnen, so müßten unsere Küchen- und Wirtschaftsräume ja von Schönheiten wimmeln. Statt dessen sehen wir krumme, hochschultrige Rücken, verarbeitete Gelenke, an die Küchentische angelehnte starke Bäuche, flache unschöne Hüften, schiefgehaltene Hälse und eingeknickte Knie.

(Antonie Steinmann
1913)

Stück-zahl	Bezeichnung des Gegenstandes	Anschaffungs-Preis	Jetziger Werth
	Porzellan und Glas *Küche*		
1	Küchenschrank	35	
1	Aufwaschtisch	34	
1	Küchentisch	12	
1	Stuhl	7 25	
1	Eisschrank	38	
1	Mangel	25	
1	Fliegenschrank	11 50	
1	Trittleiter	10 50	
1	Wringmaschin	18	
1	Plättof. mit 6 Eisen	16 50	
1	Putzcomm.	15	
1	Waschgef. auf Füßen	7 25	
2	Kübel	5	
1	Gemüseetag.	25	
		240 00	
	Porzellan, Glas, Kücheneinrichtg. u. dies.	800	
	weitere Bestandt.	80	

Muster für eine einfache Haushalts-Buchführung:

Monat _ _ _ _   Jahr _ _ _   Bestand _ _ _ _ _ _ _
+ Einnahmen _ _ _ _ _ _
= verfügbar _ _ _ _ _

Einnahmen	Tag	Ausgaben für	Lebensmitt. DM | Pf	Sonstiges DM | Pf	Summen
	1.				
	2.				
	3.				
	usw.				
	31.				
	31.	Gesamt DM			

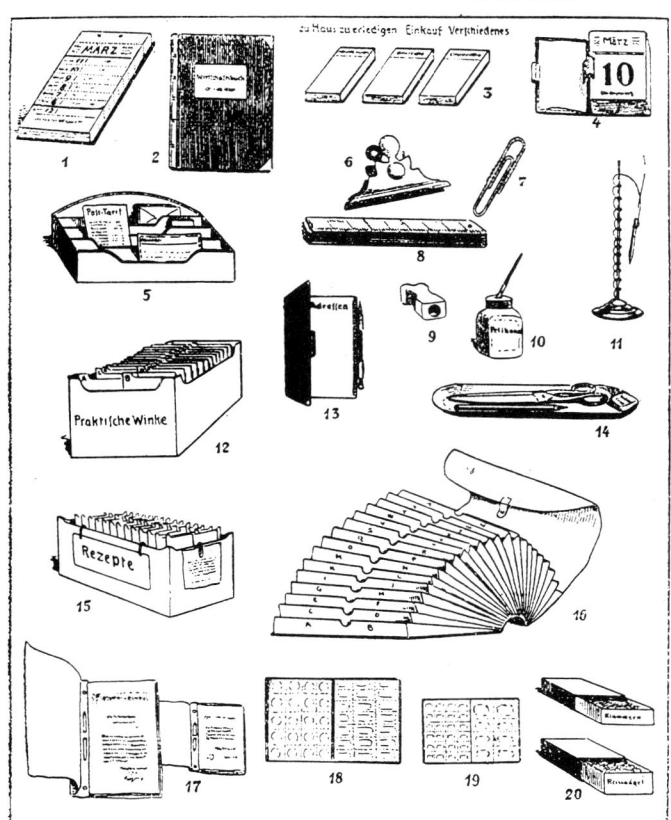

Abfallsorten:

	Papier, Pappe (z. B. Zeitungen, Kartons, Zeitschriften, Illustrierte …)	Kompostier-bare Abfälle (z. B. Essensreste, Gartenabfälle, Obst- und Eierschalen, Knochen, Kartoffelschalen, Tee- und Kaffeesatz mit Filterpapier, Papierservietten, Küchentücher …)	Glas-/Ein-wegflaschen 1. Flaschen 2. Gläser 3. Sonstiges Glas	Kunststoff, Plastik 1. Becher 2. Tuten 3. Flaschen 4. Schalen 5. Verpackungsfolie 6. Sonstiges	Verbund-packungen (Plastik und Papier) z. B. beschichtete Safttüte oder Milch-tüte	Metall (Aluminium, Weiß-blech) 1. Kleine Dosen (Fischdose) 2. Mittlere Dosen (Bierdose) 3. Große Dosen (Gebäckdose) 4. Tuben 5. Alufolien 6. Sonstiges	Sondermüll 1. Medikamente 2. Batterien 3. Reinigungs- und Putzmittel 4. Pflanzenschutz-mittel 5. Farbe, Lacke, Lösungsmittel 6. Sprühdosen (Treibgas) 7. Altöl (z. B. vom Pkw) 8. Sonstiges	Restmüll/Asche z. B. Glühbirne, Holz, Porzellan, Keramik
	Standardkarton	10-l-Plastikeimer						
Hinweis 1	Markieren Sie den Tag mit einem Strich, an dem der Karton voll ist und Sie ihn leeren	Markie en Sie den Tag mit einem Strich, an dem der Behälter voll ist und Sie ihn leeren	Bitte je nach Glas-behälter eine 1, 2 oder 3 eintragen	Bitte je nach Plastik-sorte eine 1, 2, 3, 4, 5 oder 6 ein-tragen		Bitte je nach Metall-verpackung eine 1, 2, 3, 4, 5 oder 6 ein-tragen	Tragen Sie für jede Abfallsorte an dem entsprechenden Tag eine 1, 2, 3, 4, 5, 6, 7 oder 8 ein	Bitte notieren Sie je-weils, um welchen Müll es sich handelt, bzw. den Tag, an dem Sie den Aschebehälter leeren
Hinweis 2	Bitte notieren Sie vor dem Wegbringen für jede Abfallsorte die Abfallsammelstelle:							Bitte tragen Sie ein (o) ein, wenn Sie Ihren normalen Mülleimer ausleeren
	(M) Mülleimer/Mülltonne	(K) Kompost			(P) Pfandflasche			
	(G) Glas-/Papiercontainer	(S) Sammelstellen (z. B. für Altöl)						
Beispiel								
Menge	1	1	1, 1, 2, 2, 2	4,4	II	3,5		
Sammel-stelle	(M)	(K)	(G)	(M)	(P)	(M)		(o)
Datum								
Menge								
Sammel-stelle								
Menge								
Sammel-stelle								
Menge								
Sammel-stelle								

Haushaltsbuch-
führung
1906 − 1972 − 1989

Das häusliche Büro
1926−1956

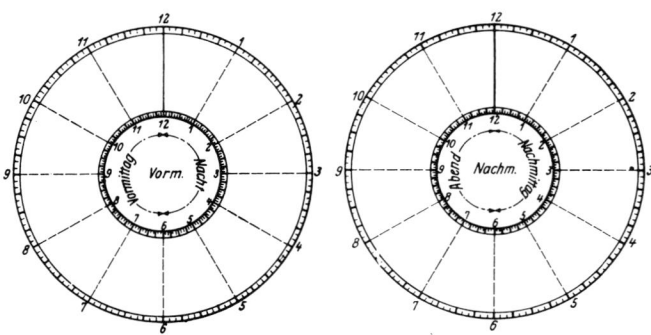

Sparsamkeit

■ „Die häusliche Thätigkeit der Frau, besonders die Versorgung des Täglichen, muß dem verborgenen Triebwerke einer Uhr gleichen, die Ordnung muß sich als anwesend in stiller Gleichheit zu erkennen geben, denn die Ordnung in der Zeit und im Haushalte ist die Seele eines ruhigen glücklichen Lebens."

(Hausfrau. Gattin. Mutter 1870, S. 56)

„Daß bei jedem Betrieb der Erzeugungswirtschaft eine sachgemäße Buchführung notwendig ist, versteht sich von selbst."

(Meyer 1926, S. 151)

„Der ‚Grundsatz der Wirtschaftlichkeit', auf das Verbrauchen und Geldausgeben angewandt, verlangt, den größtmöglichen Gegenwert für die ausgegebenen Summen einzuhandeln."

(Stölz-Gumppenberg 1972, S. 66)

Tageseinteilungskarte der Hausfrau

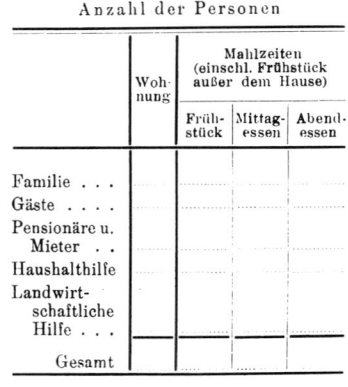

Name ....

Adresse ....

....

Wochentag ....

Datum .... 192 ....

Jeder kleine Raum zwischen den Stunden der „Uhr" stellt fünf Minuten dar. Beginne diesen Tagesbericht, indem du in das Zifferblatt „Vormittags" von dem äußeren nach dem inneren Kreis einen Strich ziehst, der die Zeit des Aufstehens angibt. Nach Beendigung der nächsten Tätigkeit ist ein neuer Strich zu ziehen und in den so entstandenen Zwischenraum ist die verrichtete Tätigkeit einzufügen. Auf diese Weise ist fortzufahren und mittags zum Nachmittags-Zifferblatt überzugehen, wodurch die 24 Stunden voll erfaßt werden.

	Anzahl der Personen			
	Wohnung	Mahlzeiten (einschl. Frühstück außer dem Hause)		
		Frühstück	Mittagessen	Abendessen
Familie . . .				
Gäste				
Pensionäre u. Mieter . .				
Haushalthilfe				
Landwirtschaftliche Hilfe . . .				
Gesamt				

Bemerkungen

   ENGPÄSSE

6⁰⁰		aufstehen		1. Mahlzeit	
6⁴⁵	aufstehen	Kind versorgen			Bad, WC
7⁰⁰	waschen rasieren	waschen Frühstück vorbereiten	aufstehen waschen		Küche
7²⁰	Frühstück	aufräumen			
7³⁰		Betten machen	Frünstück	aufstehen	
7⁴⁵	zur Arbeit gehen				kommen
8⁰⁰			Schule		Vorbereitung Frühstück
9⁰⁰		Frühstück		Frühstück	
9³⁰		Baby			2. Mahlzeit Bad	sauber machen
10³⁰		Besorgungen		Spaziergang	
11³⁰		kochen			Küche
12³⁰	Mittagessen	Mittagessen	Mittagessen	Mittagessen	WC, Bad	Mittagessen
13⁰⁰	Ruhe		spielen	spielen	Ruhe für Vater	abwaschen
13³⁰	zur Arbeit gehen	Baby			3. Mahlzeit
14³⁰		Ruhe	Schularbeiten	schlafen	Ruhe für Mutter und Kleinkind	nähen, Kinder beaufsichtigen
15³⁰		Tee vorbereiten	Ruhe		
16⁰⁰		Gäste	spielen	spielen	
18⁰⁰	Tee	Baby		4. Mahlzeit	Abendbrot vorbereiten
19⁰⁰			Abendbrot	Abendbrot	
20⁰⁰	Abendbrot	Abendbrot	schlafen	schlafen	fortgehen
21⁰⁰	Erholung	Erholung			
22⁰⁰		Baby		5. Mahlzeit	

Haushalts-Zeitpläne
1928 - 1954 - 1987

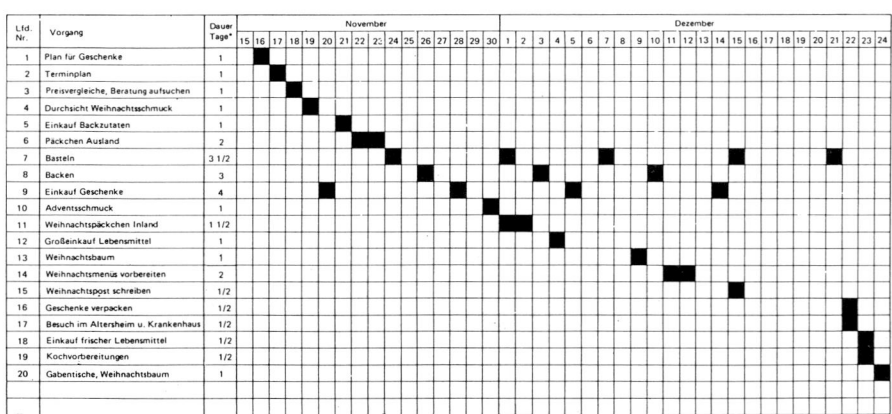

Reinlichkeit

■ *„Wenn eine Wohnung auch noch so klein und einfach, selbst nur dürftig ausgestattet ist, wird sie stets rein und sauber gehalten, dann ist sie behaglich und angenehm; wohingegen ein schmutziges Zimmer, wenn's auch reich ausgestattet ist, widerlich aussieht. Wünschest Du, liebe Leserin, daß dein Gatte recht heimisch fühle und nicht zu oft draußen und im Wirtshause seine Erholungsstunden zubringe, dann mußt du mit allem Eifer drauf bedacht sein, deine Wohnung und Alles, was drin ist, stets rein und sauber zu halten, mußt über alle Ordnung walten lassen und darfst auch nicht unterlassen, sie nach Kräften zierlich und nett zu schmücken. Drum scheue keine Arbeit und Mühe, um stets die größte Reinheit in deinem Hausstand herrschen zu lassen.“*

(Das häusliche Glück 1882, S. 28)

Reinlichkeitswerkzeuge 1935

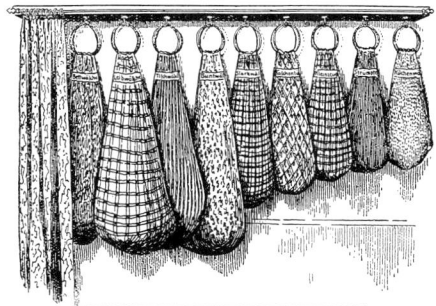

Vorschlag für raumsparende Aufbewahrung der Schmutzwäsche, 1926

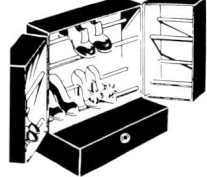

Vorschlag zur Selbstfertigung eines Schuhschrankes, 1956

Fensterverkleidungen 1887 - 1956

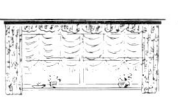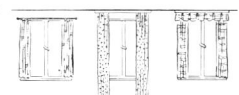

„Es macht sich auch immer schlecht, wenn die Frau alte Kleidungsstücke, die für andere Zwecke gearbeitet wurden, im Haus aufträgt. Sie wirkt in einem schlichten, passenden Hauskleid auf Mann und Kinder, wie auf etwaige Besucher viel besser, als in einem nicht mehr einwandfreien ehemaligen Staatskleid.“

(Zeller um 1930, S. 113)

Ernährung als Gesundheitspflege

■ „Der Einkauf der Lebensmittel ist eine der wichtigsten Aufgaben der Hausfrau. Wie sie dieselbe erfüllt, ist von großem Einfluß auf die Gesundheit und auch auf den Wohlstand der Familie."
(Das häusliche Glück 1882, S. 52)

■ „Damit Gesundheit und Arbeitslust, Wohlstand und Zufriedenheit im Hause herrschen, ist die erste und wichtigste Pflicht einer Hausfrau die richtige Ernährung ihrer Familie."
(Kühn 1912, S. 3)

■ „Wenn heute 30% der Menschen an ernährungsabhängigen Krankheiten sterben, sie so unheimlich zunehmen, wie z.B. die Herzkranzgefäßerkrankungen, wenn 36% der Bundesbürger, vom Säugling bis zum Greis, übergewichtig sind, so müssen diese erschreckenden Tatsachen vor allem den Hausfrauen angelastet werden."
(Stölzl-Gumppenberg 1972, S. 161)

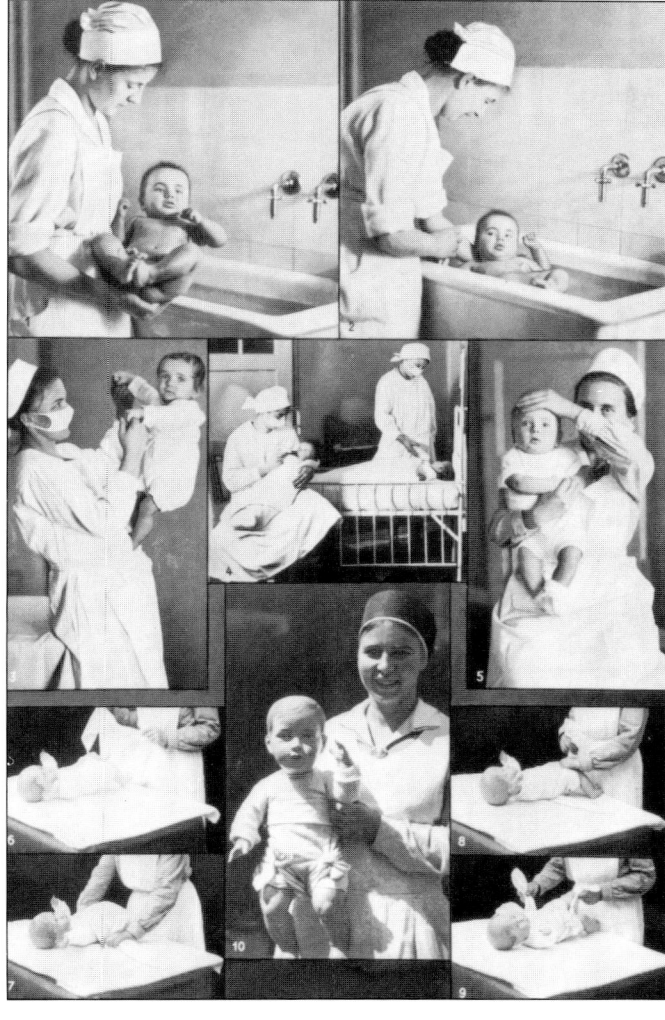

Kleinkinderpflege
nach den Forschun-
gen der ärztlichen
Wissenschaft, aus
einem Haushaltsrat-
geber um 1930

Medizin und Hausarbeit

■ Als Reaktion auf Bevölkerungsex-
plosion und miserable Wohnbedingungen, Typhus- und Choleraepide-
mien, Alkoholismus, hohe
Säuglingssterblichkeit in den städtischen Ballungsräumen setzte ab Mitte
des 19. Jahrhunderts eine medizinisch
beeinflußte Gesundheitswelle bislang
nicht gekannten Ausmaßes ein. Die von
Medizinern und Hygienikern getragene
Kampagne nahm die Hausfrauen als
Vermittlerinnen der „Gesundheitswis-
senschaft" zunehmend in die Pflicht.
Wohnungs-, Kleidungs- und Körper-
hygiene, Maßnahmen zur Verbesserung
der Ernährung, Säuglings- und Kran-
kenpflege sind seitdem gleichermaßen
Aufgabengebiete von Medizin und
Haushalten.

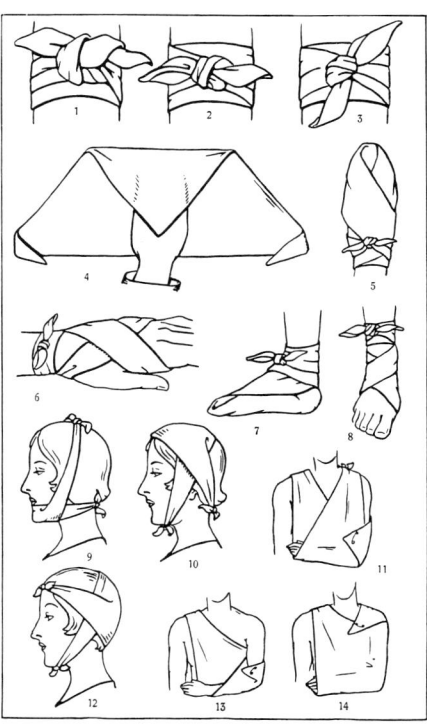

Anlerntafeln zur
Ersten Hilfe, um 1930

Ernährungwissenschaft und Hausarbeit

■ Zu einem eigenständigen Forschungsbereich entwickelten sich seit den 1880er Jahren die Lebensmittelhygiene und Ernährungswissenschaft. Man begann, Ernährungsempfehlungen für Menschen verschiedener Altersgruppen, Menschen mit verschieden schwerer Arbeit usw. festzulegen.

Gleichzeitig wurden Nahrungsmittel zunehmend in ihre chemischen Bestandteile zerlegt und die Hausfrauen mit den Regeln der „wissenschaftlichen Ernährung", mit Eiweißen, Fetten, Kohlenhydraten, Vitaminen usw. vertraut gemacht.

Zusammensetzung und Nährwert der wichtigsten Nahrungsmittel

Art des Nahrungsmittels	Eiweiß	Fett	Kohle-hydrate	Wasser	Asche	Roh-faser	Nährwert in Kalorien (abgerundet)
Rindfleisch (mager)	20,6	1,8	—	76,4	1,2	—	101
Rindfleisch (fett)	19,8	12,3	—	66,9	1,1	—	196
Schellfisch	16,9	0,3	—	81,5	1,3	—	72
Hering (Pökling)	18,9	16,9	1,6	46,2	16,4**	—	241
Hühnerei (ohne Schale)***	12,6	12,1	—	73,7	1,1	—	164
Kuhmilch (voll)	3,4	3,8	4,9	87,1	0,7	—	69
Kuhmilch (mager)	3,3	0,9	4,7	90,4	0,7	—	41
Käse (fett)	26,2	29,5	3,4	36,3	4,6	—	425
Käse (mager)	35,6	12,5	4,2	43,1	4,7	—	279
Quark	26,0	4,6	3,0	63,8	2,6	—	162
Speck (gesalzen)	2,7	77,8	—	10,9	6,6**	—	734
Schweineschmalz	0,3	99,0	—	0,7	—	—	932
Butter	0,8	83,7	0,5	13,5	1,6	—	784
Margarine	—	87,6	1,0	9,1	2,4	—	815
Würfelzucker (raffiniert)	—	—	99,9	0,1	0,1	—	410
Rohzucker	—	—	94,6	1,9	3,4	—	388
Roggenmehl (mittel)	9,6	1,4	73,8	12,6	1,2	1,4	355
Weizenmehl (mittel)	10,6	1,2	74,7	12,8	0,7	0,5	261
Gerstenmehl (mittel)	12,3	2,4	68,5	14,1	1,9	0,9	354
Hafermehl (mittel)	13,9	6,2	67,1	9,1	2,1	1,7	390
Brot (Roggen-, schwarz)	6,4	1,1	50,4	39,7	1,5	0,8	243
Brot (Weizen-, weiß)	6,8	0,5	57,8	33,7	0,9	0,3	270
Zwieback (Weizen)	9,9	2,6	75,8	9,5	1,7	0,6	376
Reis (enthülst)	8,1	1,3	75,5	13,2	1,0	0,9	355
Mais	9,6	5,1	67,9	13,3	1,5	2,7	365
Erbsen (trocken)	23,4	1,9	52,7	13,8	2,8	5,6	330
Bohnen	25,7	1,7	47,3	14,0	3,1	8,3	235
Linsen	25,9	1,9	52,8	12,3	3,0	3,9	340
Kakao	20,3	28,4	34,2	5,5	6,2	5,4	488
Kartoffeln	2,0	0,2	20,9	74,9	1,1	1,0	96
Kohlrüben	1,4	0,2	7,4	88,9	0,7	1,4	38
Kohlrabi	2,9	0,2	8,2	85,9	1,2	1,7	47
Spinat	3,7	0,5	3,6	89,2	2,0	0,9	35
Sauerkraut	1,3	0,5	2,7	91,4	1,6	1,3	21
Apfel	3,5	—	8,9	84,4	0,4	1,2	56
Marmelade (durchschnittlich)	1,0	—	50,0	34,6	0,6	1,4	245
Alkohol	(rechnet nicht als Nahrungsstoff)						
Apfelwein	5,1	—	0,2	—	0,3	—	1
Bier	3,7	—	6,7	—	0,2	—	26

* Gesalzen, daher hoher Kochsalzgehalt.

** Ein Hühnerei ohne Schale wiegt 45 g und enthält rund 74 Kalorien.

Gehalt der Nahrungsmittel an Mineralstoffen (Fortsetzung)
berechnet auf Grund ihrer chemischen Wertigkeit (Verbindungsgewichte).

Nahrungsmittel mit Basenüberschuß

Art der Nahrungsmittel	Prozentuales Verhältnis der ▨ basischen und der ■ säurebildenden Mineralstoffe	
Rinderblut	36,7	63,3
Kuhmilch	46,6	53,4
Kohlrabi	41,6	58,4
Kartoffeln	37,2	62,8
Karotten	28,9	71,1
Rettig, schwarz	26,1	73,9
Rote Rüben	21,6	78,4
Spinat	45,6	54,4
Brunnenkresse	44,3	55,7
Weißkraut	43,7	56,3
Zwiebeln	40,9	59,1
Schnittlauch	35,6	64,4
Gurke	55,5	44,5
Kopfsalat	25,2	74,8
Tomaten	26,0	73,0
Schnittbohnen, grün	38,0	62,0
Erdbeeren	42,3	57,7
Aepfel	39,2	60,8
Hagebutten, getrocknet	31,5	68,5
Stachelbeeren, rot	27,9	72,1
Feigen, getrocknet	25,6	74,5
Pflaumen	23,1	76,9
Zitronen	20,5	79,5
Steinpilze	43,5	56,5
Rohrzucker (Rohrzucker ✦)	19,4	80,6

Anm. ✦ Raffinierter weißer Zucker ist fast frei von Mineralstoffen.

Alter	Milchmischung M = Milch Z = Zusatznahrung	Zahl der Mahlzeiten	Einzelmenge steigend	Tagesmenge
5.—8. Woche	½ M ½ Z	5	140—160 g	700—800 g
3.—4. Monat	⅔ M ⅓ Z	5	160—180 g	800—900 g
ab 4. Monat	⅔ M ⅓ Z bzw. M + Z	4 Flaschen 1 Brei	160—180 g 250 g	920 g
5.—6. Monat	⅔ M ⅓ Z bzw. M + Z	3 Flaschen 2 Breie	200 g 180 g	960 g
ab 7. Monat	M + Z	2 Flaschen 1 Brei 1 Gemüse	200 g 200 g 200 g	400 g 200 g 200 g

Nach	Einzelmahlzeit	Tagesmenge
1 Woche	50 g	250 g
2 Wochen	100 g	500 g
3 Wochen	110 g	550 g
4 Wochen	120 g	600 g
5 Wochen	130 g	650 g
6 Wochen	140 g	700 g
7 Wochen	150 g	750 g
8 Wochen	160 g	800 g
12 Wochen	170 g	850 g
16 Wochen	180 g	1000 g
20 Wochen	190 g	1000 g
24 Wochen	200 g	1000 g

Volkswirtschaft und Hausarbeit

■ Der Erste Weltkrieg brachte auf seine Weise die volkswirtschaftliche Bedeutung der Hausarbeit ins öffentliche Bewußtsein.

Mobilmachung hieß erstmalig nicht nur, die Männer an die Front zu schicken und die Industrie auf Rüstungsproduktion umzustellen, sondern auch die „Heimatfront" zu organisieren. Die nicht mehr über den Markt erhältlichen Produkte mußten durch vermehrte Hausarbeit ersetzt werden.

Der „Bund Deutscher Frauenvereine" gründete kurz nach Kriegsbeginn den „Nationalen Frauendienst", der sich mit Massenspeisungen und Lebensmittelbeschaffung, Kriegskochkursen und Kontrolle der Lebensmittelpreise für die Lebensmittelversorgung einsetzte, darüber hinaus z. B. eine Arbeitsvermittlung für soziale Aufgaben (z. B. Stricken für die Front) übernahm.

1915 wurde der Reichsverband Deutscher Hausfrauenvereine gegründet.

Nach der nationalsozialistischen Machtübernahme und den Vorbereitungen auf den Krieg nutzten die nationalsozialistischen Organisationen die neue volkswirtschaftliche Wertschätzung der Hausarbeit für ihre Politik der „Verbrauchslenkung" und zur Vorbereitung der „wehrhaften" Haushalte.

Im Ersten Weltkrieg wurden erstmalig volkswirtschaftliche Verluste benannt, die durch angeblich verschwenderische Arbeitsweisen im Haushalt entstanden.

Aus den zwanziger Jahren stammt das Beispiel zum Fettverbrauch:

Verpflegung durch öffentliche Kriegsküchen, 1917

Haushaltswissenschaft und Hausarbeit

■ Nach dem Krieg entwickelten sich die Hausfrauenverbände zu einer überaus engagierten Interessenvertretung der Hausfrauen. Um die gesellschaftliche Anerkennung der Hausarbeit zu erreichen, forderten sie ihre Gleichstellung mit der Erwerbsarbeit. Um dieser Forderung Nachdruck zu verleihen, sollte die Hausarbeit nach neuesten wissenschaftlich-technischen Erkenntnissen umgestaltet werden. Die Mitsprache von Frauen am technischen Fortschritt sollte durch zahlreiche Initiativen erreicht werden - die Anfänge der Haushaltswissenschaft.

Die Zentrale der Hausfrauenvereine Groß-Berlin richtete eine Auskunfts- und Beratungsstelle, die „Heibaudi" (hauswirtschaftlicher Einkaufs-, Beratungs- und Auskunftsdienst) ein.

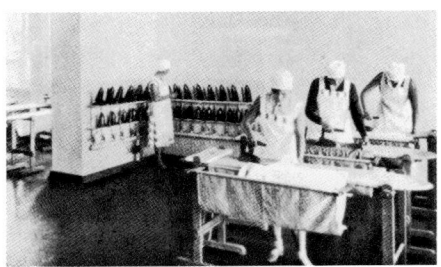

Um den „Beruf" Hausfrau in der Wertschätzung der Gesellschaft als Lernberuf zu etablieren, wurden betriebs-/ volkswirtschaftliche, arbeitswissenschaftliche und technologische Inhalte im hauswirtschaftlichen Unterricht eingeführt.

Eine der zukunftsweisenden Initiativen waren die 1925 von den beiden Reichsverbänden der städtischen und ländlichen Hausfrauenvereine in Leipzig und Pommeritz eingerichteten hauswirtschaftlichen Versuchsstellen. Sie begründeten die Anfänge der verbraucherbezogenen Produktbewertung, wie wir sie seit 1964 von der Arbeit der Stiftung Warentest kennen. Nach eingehender Prüfung erhielten für gut befundene Haushaltsartikel, u. a. technische Geräte, das Sonnenzeichnen des Reichsverbandes Deutscher Hausfrauenvereine als Gütesiegel.

Vom 1. Juli 1931 bis 30. September 1931 erhielten das Prüfzeichen der Versuchsstelle für Hauswirtschaft:
(Die Angabe der Preise geschieht ohne Gewähr.)

Apparate u. Gebrauchsgegenstände.
Nr. 100 a. Dampfwaschmaschine „Krauss" mit elektrischem Antrieb.
Firma: Krausswerke G. m. b. H., Schwarzenberg/Sa.
Preis: Für die Maschine Größe Nr. 2 für Drehstrom RM. 425.— (6 — 7 kg Trockenwäsche) Kessel und Trommel verzinktes Eisenblech.

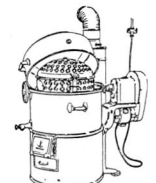

Tabelle der Arbeitsverteilung nach den verschiedenen Typen von „Haushaltsunternehmen"

Die Haushaltsaufgaben		Die Hausfrau arbeitet allein	Mit einem Dienstboten	Mit einer Wirtschafterin	Mit einer Stundenfrau	Mit fachmännischem Hauspersonal	Mit Facharbeiten außerhalb des Hauses	Mit Maschinen	Mit Hilfe verschiedener Familienmitglieder	In Mitarbeit mit anderen Familien
Leitung	Vorbereitung	Hausfrau	Hausfrau	Hausfrau		Intendant (Verwalter)	Hausfrau	Hausfrau Fernsprecher oder schriftl. Verkehr	Frau, Mann jeder kann abwechselnd Einkäufe machen	Verteilung nach Geldstand und Veranlagung der einzelnen Hausfrauen der verbundenen Häuser.
	Aufsicht									
	Einkäufe				Hausfrau					
Anfertigung	Küche			Wirtschafterin		Köchin	Restaurant	Automaten Restaurants	Frau	
	Kleidung			Hausfrau	Näherin auf Tagelohn	Hausschneiderin	Schneiderin außerh. des Hauses	Nähmaschinen	Frau Töchter	
Instand-haltung	Reinigung Haus	Hausfrau	Dienstbote	Wirtschafterin	Stundenmädchen	Zimmermädchen	Bohner Staubsauger	Staubsauger Bohnerbesen usw.	jeder sein Zimmer	
	Wäsche Plätterei				Wäscherin Plätterin	Waschfrau o. Zimmerm.	Waschfrau	Waschmasch.	Frau, Töchter	
	Ausbesserei				Näherin	Näherin o. Zimmermädch.	Näherin	Nähmaschine	Jeder das Seinige	
	Geschirrwäsche					Küchenmädchen	Restaurant	Aufwaschmaschine	Kinder	
Soziale Arbeiten	Hygiene Krankenpflege			Hausfrau	Hausfrau	Pflegerin	Krankenhaus	Hausfrau	Frau, Töchter	
	Kinderpflege					Bonne	Kindergarten			
	Unterricht Erziehung					Erzieherin	Schule	Bemerkg. (1)	Vater, Mutter und ältere Geschwister	

Bemerkung (1). Selten beschäftigt sich die Hausfrau allein mit dem Unterricht der Kinder, jedenfalls wird diese Arbeit niemals Dienstboten anvertraut, sondern fast immer Fachleuten: der Schule.

Arbeitswissenschaft und Haushalt

1927 eröffnete das Reichskuratorium für Wirtschaftlichkeit (RKW) die Abteilung Hauswirtschaft, in der Arbeitsstudien zum Verbrauch von Kraft, Kosten und Zeit vorgenommen wurden und die „günstigste" Methode und das „beste" Gerät ermittelt wurden. Solche Lehrbildtafeln wurden für die verschiedensten Lehr- und Unterrichtszwecke erstellt.

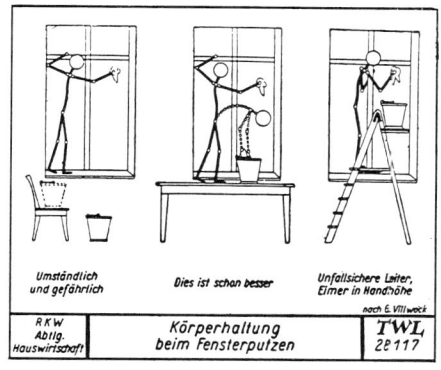

Umständlich und gefährlich — Dies ist schon besser — Unfallsichere Leiter, Eimer in Handhöhe

nach E. Villwock

RKW Abtlg. Hauswirtschaft | Körperhaltung beim Fensterputzen | TWL 28117

nach G. Villwock

RKW Abtlg. Hauswirtschaft | Arbeitsverfahren und Körperhaltung bei der Teppichreinigung | TWL 28130

■ Das magische Wort der „goldenen Zwanziger Jahre" hieß „Rationalisierung".

Die noch junge Arbeitswissenschaft suchte die Lehren der „wissenschaftlichen Betriebsführung" auf den Haushalt anzuwenden, die Hausfrau in eine Managerin des Alltags mit Kontrolle über ihre Arbeitsplanung und Arbeitstechniken zu verwandeln. Oberstes Prinzip und Ziel jeder haushälterischen Arbeit sollten Zeit-, Kraft- und Materialersparnis sein. Die Wohnung avancierte zur hausfraulichen Arbeitsstätte, in der die Küche das Kernstück des häuslichen Betriebes darstellte, moderne Haushaltsgeräte galten als ihre Arbeitsmittel. Wer dergleichen nicht zur Verfügung hatte, sollte sich wenigstens eine „effiziente Arbeitsorganisation" angewöhnen.

Falsch! Umständliche Arbeit mit alten Reinigungsmitteln.

Richtig! Vereinfachte Arbeit durch neue elektrische Apparate.

„Wer ist wohl schon auf den Gedanken gekommen, daß sogar eine so einfache Arbeit wie die des Geschirrabwaschens verbesserungsbedürftig sei? Und doch ist sie es in einem hohen Maße! In einem mittleren Haushalt sind mittags etwa 48 Stück Porzellan, 22 Stück Silber und vielleicht 10 Töpfe und Hilfsgeräte, im ganzen also rund 80 Stück abzuwaschen. Hierbei werden, wie nach genauen Beobachtungen festgestellt wurde (...), mindestens 80 Bewegungen allein beim Abwaschen verwendet, vom Abtrocknen und Fortstellen noch gar nicht zu reden (...) Bei den im allgemeinen als recht mangelhaft zu bezeichnenden Verfahren wurden 45 Minuten zum Säubern, Abwaschen und Abtrocknen von 80 Geschirrteilen gebraucht; nach Verbesserung des Arbeitsverfahrens kann die gleiche Arbeit jetzt in 30 Minuten, also mit einer Ersparnis von 15 Minuten, geleistet werden."

(Frederick 1921, S. 18 f)

Carola Sachse

Anfänge der Rationalisierung der Hausarbeit in der Weimarer Republik

„The One Best Way of Doing Anything . . .“

■ Noch zur Jahrhundertwende hätte kaum jemand etwas mit Schlagwörtern wie „Rationalisierung und Technisierung im Haushalt" anzufangen gewußt. Am Ende der Weimarer Republik hatte sich dieses gründlich geändert. Seit etwa 1925 hatte sich eine breite Bewegung zur „Rationalisierung der Hausarbeit" formiert, die in Erna Meyer eine ihrer bekanntesten Wortführerinnen des „neuen Haushalts" gefunden hatte.

■ Wie so viele Reformansätze der „goldenen zwanziger Jahre" in Deutschland, berief sich auch diese Bewegung auf das amerikanische Vorbild. Ansatzpunkte in den USA waren grundlegende Veränderungen der industriellen Arbeitsorganisation, für die sich Leute wie Frederick W. Taylor und das Ehepaar Frank G. und Lillian M. Gilbreth eingesetzt hatten. In der Überzeugung, es gebe „the one best way of doing anything", wurden Arbeitsabläufe in einzelne Bewegungen und Handgriffe zerlegt, mittels Stoppuhr die jeweils benötigte Zeit gemessen und die Arbeitsabläufe neu zusammengesetzt mit dem Ziel, jede vermeidbare Kraftanstrengung, Zeit- und Materialverschwendung zu tilgen und die „Effizienz" zu steigern. „Taylorisierte" Arbeitsabläufe zeichneten sich durch eine strikte Trennung von Planung, Organisation und Kontrolle einerseits und manueller Durchführung andererseits aus. Die Arbeiter sollten sorgfältig getestet und nur die ausgewählt werden, die für die jeweilige Aufgabe am geeignetsten schienen. Sie hatten ohne eigene Denktätigkeit möglichst wenige Handgriffe in einer präzise vorgeschriebenen Weise auszuführen, was ihnen durch einen relativ hohen Lohn schmackhaft gemacht werden sollte.

Frauen wie Christine Frederick (1913) und Lillian M. Gilbreth (1927) waren zuversichtlich, daß Taylors Prinzipien es − trotz der völlig anders gearteten Struktur von Hausarbeit − jeder Hausfrau ermöglichen würden, „ihre Haushaltspflichten auf zweckmäßigste Weise, mit geringster Anstrengung und größtem Erfolg durchzuführen". Sie machten sich daran, „die vielen, ja beinahe unzähligen Einzelarbeiten, die im Haushalt vorkommen, zu 'normalisieren' und die Grundsätze der sogenannten ,wissenschaftlichen Betriebsführung' im Haushalt anzuwenden".[1]

■ In Deutschland war angesichts des verlorenen Krieges und der Inflation „Sparsamkeit" geboten. Die Hoffnung richtete sich auf die „Steigerung des Wirkungsgrades der hauswirtschaftlichen Mittel".[2] Ziel aller Rationalisierung und so auch der hauswirtschaftlichen war es, durch „Anwendung aller Mittel, die Technik und planmäßige Organisation bieten", zur „Steigerung des Volkswohlstands durch Verbilligung, Vermehrung und Verbesserung der Güter" beizutragen.[3] So jedenfalls lautete die offizielle Definition des Reichskuratoriums für Wirtschaftlichkeit (RKW), das 1921 als zentrale Rationalisierungsinstanz des Deutschen Reiches gegründet worden war und seit 1927 auch eine „Abteilung Hauswirtschaft" unterhielt. Die deutsche Ausgabe von Christine Fredericks „Rationelle Haushaltsführung" (1921) wurde ein Erfolg, Erna Meyers „Neuer Haushalt" ein Bestseller.[4]

Eine neue Lösung für ein nicht ganz neues Problem

■ Das Problem, das die Bewegung zur Rationalisierung der Hausarbeit in der Weimarer Republik zu lösen versprach, war so alt wie der Kapitalismus in Deutschland. In dem Maße, wie die bürgerliche Gesellschaft sich den Prinzipien von Leistung, Profit und Konkurrenz verschrieb, wurde die Sorge um ihren inne-

---

1
FREDERICK 1921;
vgl. BOCK/DUDEN
1977,
S. 173 ff

2
THOMAE 1930,
Sp. 2356

3
GIESE 1930,
Sp. 3620

4
1. Aufl. 1926,
41. Aufl. 1932

ren Zusammenhalt in erbaulichen Traktaten, moralischen Schriften und praktischen Ratgebern, die sich vor allem an Frauen wandten, an die Familie verwiesen. Haushalt und Familie der bürgerlichen Schichten wurden im Verlauf des 19. Jahrhunderts immer ausschließlicher als Sphäre von „Privatheit" verstanden, in der alle die Bedürfnisse aufgehoben sein sollten, für die in der Öffentlichkeit kein Raum mehr war: Liebe, Geborgenheit, Fürsorglichkeit. Zuständig dafür waren Frauen, deren „Mütterlichkeit" – im biologischen wie sozialen Sinn – den Gegenpol bilden sollte zu Werten wie Objektivität, Verstand, Durchsetzungsfähigkeit und Machtstreben, die die von Männern dominierte Sphäre der Öffentlichkeit bestimmten.[5] Zugleich aber wurde der Haushalt als Inbegriff des Privaten zum Gegenstand öffentlichen Interesses. In bürgerlichen Kreisen verdrängten Ärzte und Pädagogen die Pfarrer als Ratgeber der Ehefrauen und Mütter. Hygiene, Pädagogik und Psychologie lieferten die neuen wissenschaftlichen Normen für die Haushaltsführung und Kindererziehung bürgerlicher Frauen, die das „Heim" als harmonische Ergänzung zur männlichen Welt politischer und ökonomischer Interessenkämpfe ausgestalten sollten.

■ In welchem Umfang bürgerliche Frauen die wissenschaftlich formulierten Standards übernahmen und in ihren Haushalten umzusetzen versuchten, muß dahingestellt bleiben. Angesichts der ganz anders gearteten Lebensumstände und Wohnverhältnisse war der praktische Nutzen der neuen Normen in den unteren Schichten vollends fragwürdig. Dort waren etwa das Benutzen und regelmäßige Wechseln von Bett- und Tischwäsche, das zweiwöchentliche Fensterputzen, das wöchentliche Waschen der Wäsche und tägliche Reinigen der Fußböden, die tägliche warme Mahlzeit mit aufwendigen Gemüsegerichten statt schlichter Kartoffeln oder Grütze, das unermüdliche Flicken von Kinderkleidung, die ständige Sorge für gewaschene Kinderhände und saubere Fingernägel oder gar die psychologisch versierte Beobachtung und Korrektur der kindlichen Entwicklung noch längst nicht selbstverständlich. Angesichts der beengten Wohnverhältnisse, der mangelhaften Wasser- und Energieversorgung und vor allem der kärglichen Einkommen waren die neuen hauswirtschaftlichen Anforderungen von den wenigsten Arbeiterfrauen einzulösen, sofern sie überhaupt von ihnen wußten.

■ Gerade die Unwissenheit, die man bei den Frauen der Unterschichten vermutete, forderte diejenigen Frauen heraus, die mit der professionellen Unterstützung von Hygienikern, Pädiatern, Pädagogen und Psychologen ihre eigenen Haushalte auf die Höhe der Zeit gebracht hatten. Sie sahen sich – besonders in den letzten Jahrzehnten des 19. Jahrhunderts – berufen, ihre Geschlechtsgenossinnen in den sozialen Unterschichten vom sittlichen Wert und ökonomischen Nutzen zu überzeugen, die Sparsamkeit, Sauberkeit und Ordnung für sie, ihre Kinder und ihre Männer mit sich brächten. In den Hygienekampagnen des späten 19. Jahrhunderts und erst recht in der um die Jahrhundertwende einsetzenden Kampagne zur Bekämpfung der Säuglingssterblichkeit wurden die Anforderungen formuliert, denen die Hausarbeit in allen Schichten fortan genügen sollte. Kampagnen dieser Art trugen wesentlich dazu bei, den zeitlichen Umfang von Hausarbeit zu vergrößern und Hausarbeit überhaupt erst zu dem Arbeitsgebiet zu machen, das in den 1920er Jahren zu rationalisieren galt.[6]

Eigensinnige Interessen der Frauen und zwiespältige sozialpolitische Initiativen

■ Viele der meist bürgerlichen Frauen, die ihre Haushalte zum „Heim" ausgestalteten, wollten nicht nur einen Schonraum für ihre Kinder oder Rückzugsraum für ihre im Konkurrenzkampf zermürbten Ehemänner schaffen. Sie wollten auch die Verhältnisse ändern, die solche Schonräume überhaupt erst notwendig werden ließen. Ihre Anstrengungen um eine weibliche Gegenwelt waren insofern auch – gelegentlich heftig und öffentlich formulierter – Ausdruck der Kritik an

5

HAUSEN 1976

6

FREVERT 1985

den zerstörerischen Potenzen einer zunehmend technisierten und von Interessen-gegensätzen zerrissenen männlichen Welt des Geschäfts und der Politik.[7] Ihr soziales Engagement für die Schwestern in den Unterschichten erklärten die vielfach in den Vereinen der Frauenbewegung zusammengeschlossenen Frauen zum Ausdruck „organisierter Mütterlichkeit", deren die bürgerliche Gesellschaft dringend zur gedeihlicheren Entwicklung bedürfe. Als weiblicher „Kulturbeitrag" sollte „organisierte Mütterlichkeit" die Forderungen der Frauenbewegung nach politischer Teilhabe als Voraussetzung grundlegender gesellschaftlicher Veränderungen legitimieren.[8]

7
MEYER-
RENSCHHAUSEN
1989

8
STÖHR 1983,
DAMMER 1988

■ In dem Maße, wie zum Ende des 19. Jahrhunderts hin Hausarbeit tatsächlich vielfältiger und umfangreicher wurde und sich zugleich auf breitere Bevölkerungskreise ausdehnte, differenzierten sich jedoch auch die sozialen Bedingungen von Hausarbeit. Hausarbeit, die zur politischen Teilhabe berechtigen sollte, verschlang die Zeit, die Frauen für politische Aktivitäten außerhalb ihres privaten Haushalts hätten aufbringen können — nicht nur in Arbeiterfamilien, in denen nahezu jede Frau auf allerlei Weise mitverdienen mußte, sondern auch in den recht zahlreichen bürgerlichen Familien, die sich nicht genügend Hauspersonal leisten konnten oder in denen die Ehefrauen mit „verschämter" Heimarbeit die Haushaltskasse aufbessern mußten. In den betuchteren Kreisen veränderte vor allem die Entwicklung der Familie zur Intimsphäre die sozialen Bedingungen der Hausarbeit. Dort wurde zwar immer noch bezahltes Hauspersonal beschäftigt. Aber die unverheiratete weibliche Verwandte, die dort oft Aufnahme und reichliche Betätigungsmöglichkeiten gefunden hatte, wurde allmählich aus der intimen Familie von Ehemann, Hausfrau und heranwachsenden Kindern herausgedrängt. Darüber hinaus ließ die Möglichkeit, immer mehr Produkte, die — wie etwa Kerzen, Textilien oder konservierte Lebensmittel — bislang arbeitsaufwendig im Haus hergestellt worden waren, käuflich zu erwerben, die bislang übliche Anwesenheit erwachsener lediger Frauen — Töchter, Schwestern und Tanten — im Haushalt um so überflüssiger erscheinen, je weniger ihre Arbeitskraft gebraucht wurde. Beides — Rückzug der Familie aus der Öffentlichkeit und Vermehrung käuflicher Haushaltswaren — trug dazu bei, Hausfrauen in ihren Haushalten immer mehr zu isolieren.

■ So unterschiedlich Frauen je nach ihren Lebenssituationen von den hauswirtschaftlichen Entwicklungen betroffen waren, so unterschiedlich waren die Vorstellungen, was zu geschehen habe. Um 1900 wurde um die Zukunft der Hausarbeit heftig debattiert. Sozialistische Frauen wollten die Hausarbeit der Arbeiterfrauen erleichtern, um ihnen Zeit zur eigenen Berufstätigkeit und finanzielle Unabhängigkeit, aber auch zur Mitarbeit in der Arbeiterbewegung zu verschaffen. Frauen des sogenannten „fortschrittlichen" Flügels der Frauenbewegung und der sozialdemokratischen Frauenbewegung sahen in der „Befreiung von der Hausarbeit" die Chance zur Entfaltung weiblicher Individualität durch berufliche Arbeit und zum eigenständigen öffentlichen Wirken von Frauen. Frauen des „gemäßigten" Teils der deutschen Frauenbewegung hielten Hausarbeit immer noch für einen hinreichenden Beitrag von Frauen zum „Wohl" der Gesellschaft, um damit ihre politischen Forderungen nach einer eigenständigen weiblichen Sphäre und dem Frauenwahlrecht zu legitimieren. Sie begrüßten die Veränderungen in der Hauswirtschaft, weil damit Zeit und Kraft frei würden für die wertvolleren „Kulturaufgaben" von Frauen in Haus und Öffentlichkeit. „Gemäßigte" Wortführerinnen wie Helene Lange und Gertrud Bäumer hatten darüber hinaus vor allem das Schicksal der ledigen Frauen vor Augen. „Freie Berufswahl", verbunden mit dem gleichberechtigten Zugang zu schulischer und beruflicher Bildung von Frauen, war ihre Forderung. Verheiratete Frauen sollten jedoch nicht zusätzlich berufstätig sein müssen. Vielmehr sollte die Gleichwertigkeit des „Berufs Hausfrau" durch berufsständische Organisationen von Hausfrauen und bessere hauswirtschaftliche Ausbildung hervorgehoben und öffentlich geltend gemacht werden.

■ Eine Außenseiterposition, die Idee des „Einküchenhauses", vertraten – gegen die heftige Kritik von Genossinnen bzw. frauenbewegten Mitstreiterinnen – die Sozialistin Lily Braun und die dem „fortschrittlichen" Flügel der Frauenbewegung zuzurechnende Maria Lischnewska. Ihnen schwebten „Hauswirtschaftsgenossenschaften" von etwa je fünfzig Wohnungen vor, die Ehefrauen und Mütter von Hausarbeit entlasten und ihnen so die Berufstätigkeit erleichtern sollten. Anstatt mit Einzelküchen sollten diese „Häuserkomplexe" mit einer „Zentralküche" ausgestattet sein und mit „allen modernen arbeitssparenden Maschinen", einem „gemeinsamen Eßsaal" sowie Saal und Garten für die Kinder, „wo Turngeräthe und Sandhaufen allen Altersklassen Beschäftigung bieten, unter Aufsicht der Wärterin".[9] Die Gegner – bürgerliche Presse, aber auch sozialdemokratische Männer – sahen in diesen „Zukunftskarnickelställen" mit „Kasernenmassenabfütterung" und „Verstaatlichung der Mutterfreuden" „das Familienleben auf das Schlafzimmer beschränkt" und folglich die „Kultur der Familie" in Gefahr.[10] Diese Vorwürfe suchte Lily Braun mit dem Verweis auf die höheren Werte des Familienlebens zu entkräften: „Wäre es tatsächlich nichts als der Herd, der (die Familie, C.S.) zusammenhält, so wäre sie werth, zu Grunde zu gehen. In Wirklichkeit liegt die Sache so: Das feststehende im Wechsel ist das Verhältnis zwischen Mann, Weib und Kindern. Seine Tiefe und Innigkeit entwickelt sich um so mehr, je mehr es losgelöst ist von äußeren Bedingungen."[11]

Flexible Hausfrauen – mobile Kleinfamilien

■ Weniger moralisch als politisch und ökonomisch begründet waren die Gegenargumente von Sozialdemokratinnen wie Clara Zetkin und Henriette Fürth. Sie sahen die Einheit der Arbeiterklasse gefährdet, um deretwillen die Haushaltsreform bis nach der Revolution vertagt werden müsse, und witterten Verrat an der Arbeiterbewegung. Clara Zetkin verwies darauf, daß nur wenige proletarische Ehemänner bereit seien, eine derartige Reform der Hauswirtschaft zu unterstützen. Am wenigsten bringe die kleine Gruppe „proletarischer ‚Aristokraten'" die „psychologischen Voraussetzungen" für eine genossenschaftliche Lebensweise mit. Nur sie jedoch verfüge über die – angesichts der erforderlichen hohen Investitionen und langfristigen ökonomischen Bindung – unabdingbaren materiellen Voraussetzungen für einen „kooperativen Großhaushalt", nämlich das hinreichende Einkommen und einen leidlich sicheren Arbeitsplatz.[12] Gegen diese realistischen Einsichten halfen auch die Berechnungen zur rentableren „volkswirtschaftlichen" Nutzung der weiblichen Arbeitskraft, die die genossenschaftliche Organisation der Hausarbeit in der „sozialen Einküchenwirtschaft" ermöglichen würde, nichts. Die sozialdemokratische Nationalökonomin Claire Richter wollte mit diesem zeitgemäßen Argument 1919 einen erneuten Vorstoß „zur Befreiung des Familienlebens von der oft so unangenehmen Belastung durch Hauswirtschaft" legitimieren.[13] Um die Mitte der 1920er Jahre faßte die sozialistische Architektin Grete Schütte-Lihotzky die jahrzehntelange Debatte um die Reform der Hauswirtschaft zusammen. Sie hielt daran fest, daß „die Entlastung der Hausfrau eine unbedingte Notwendigkeit sei" und das „Einküchenhaus wohl für die einzelne Frau wesentliche Arbeitsersparnis bedeuten" könne. Es komme „jedoch besonders für Arbeiter und Angestellte mit kurzer Kündigungsfrist gar nicht in Frage": „Das Einküchenhaus verlangt nämlich, daß das Niveau der Lebenshaltung stabil bleiben kann. Es sind so und so viele arbeitssparende allgemeine Einrichtungen, wie Zentralküche, Zentralheizung, zentrale Überwachung der Kinder vorgesehen, der für jede Familie entfallende Anteil muß unter allen Umständen aufgebracht werden."[4]

9
BRAUN 1901,
S. 21 f

10
BRAUN 1909,
S. 322;
RICHTER 1919,
S. 8

11
BRAUN 1901,
S. 28;
vgl.
SCHMIDT-
WALDHERR 1988,
S. 35–37

12
ZETKIN 1901,
S. 14;
vgl.
SCHMIDT-
WALDHERR
1988,
S. 37 f

13
1919, S. 28

14
1926/27, S. 87

■ Wenn die Lohnarbeitsplätze der Männer nicht gesichert und die Lohneinkommen der Männer nicht stabilisiert werden konnten, so sollten nicht länger genossenschaftliche Organisations- und Lebensformen die Risiken der Lohnarbeiterfamilien auffangen. Vielmehr mußten die Familien mobil bleiben und flexible Hausfrauen je für sich mit kraft-, zeit- und materialsparender Haushaltsführung das schwankende Einkommen ausgleichen und ggf. mit zusätzlicher Erwerbsarbeit aufbessern. Individualisierung statt Solidarisierung lautete die Lektion zur Rationalisierung der Hausarbeit, mit der sich viele sozialistisch orientierte Architektinnen und Architekten des „neuen Bauens" von der genossenschaftlichen Organisation der Hausarbeit im Einküchenhaus abwandten.

■ Grete Schütte-Lihotzky entwickelte das Modell der „Frankfurter Küche", das im sozialen Wohnungsbau der 1920er Jahre vielfach realisiert wurde und dessen Grundprinzip bis heute gültig ist. Diese erste vollständig und unter Verwendung von Einbaumöbeln eingerichtete kleine „Arbeitsküche" war ein mit den tayloristischen Methoden der Arbeits-, Bewegungs- und Zeitstudien optimierter Arbeitsplatz für eine einzelne Person, der Hausfrauen nicht nur voneinander, sondern auch von den übrigen Familienmitgliedern isolierte und sein genossenschaftliches Vorbild ins Gegenteil verkehrte.[15]

15
vgl. SCHMIDT-
WALDHERR 1988,
S. 41–44

■ So wie die Nationalökonomin nach volkswirtschaftlichen, so suchte die Architektin nach arbeitswissenschaftlichen Begründungen. Beide teilten die Hoffnungen, die die von Männern geführten Organisationen der Arbeiterbewegung an eine umfassende Rationalisierung der Gesellschaft knüpften, nämlich auf höheren Lebensstandard, Arbeitszeitverkürzung und einen „kulturellen Aufstieg", der nicht zuletzt durch die erwartete Freisetzung von Hausfrauen und Müttern für die „höheren Werte" des Familienlebens ermöglicht werden sollte. Unreflektiert blieben die möglichen Folgen einer zerstückelten, reorganisierten und individualisierten Hausarbeit auf die sozialen Beziehungen von Frauen in Nachbarschaft und Verwandtschaft, die Kooperation und Kommunikation innerhalb der Familien und das soziale Selbstverständnis von Frauen.[16]

16
MEYER/ORLAND
1987

■ Freilich beteiligten sich auch Frauen aller Richtungen der Frauenbewegung an den Bemühungen zur Rationalisierung immer weiterer gesellschaftlicher Lebensbereiche, vor allem von Haushalt und Familie. Diejenigen, die den „Beruf Hausfrau" propagiert hatten, verfügten inzwischen über mitgliederreiche Hausfrauenverbände. Sie wußten ihren Einfluß in der Rationalisierungsbewegung, bei der Entwicklung neuer Haushaltsgeräte, der Normierung und Standardisierung von Haushaltswaren und anderen Konsumgütern geltend zu machen.[17] Andere Frauen nutzten, nachdem die vorangegangene Frauengeneration den Zugang zu den Hochschulen erkämpft hatte, die „Freiheit der Berufswahl", um als Arbeitswissenschaftlerinnen, Architektinnen, Haushaltswissenschaftlerinnen und Sozialmedizinerinnen an der wissenschaftlichen Durchdringung von Haushalt und Hausarbeit mitzuwirken und neue hauswirtschaftliche Standards und Verfahren zu entwickeln. Die Sozialen Frauenschulen, die vor und während des ersten Weltkrieges vielfach von Mitgliedern der Frauenbewegung gegründet worden waren, bemühten sich um die Verbreitung dieser Erkenntnisse und erschlossen ihren Absolventinnen, die in den 1920er Jahren keineswegs mehr nur aus bürgerlichen Schichten kamen, neue Berufe in der hauswirtschaftlichen Bildung von Mädchen, jungen Arbeiterinnen und Angestellten, Hausfrauen und Müttern.

17
BRIDENTHAL 1984

■ Um die Mitte der 1920er Jahre hatte sich eine erstaunliche Ähnlichkeit der Vorstellungen über die weitere Entwicklung von Familie und Hausarbeit herausgebildet, die von Sozialistinnen über Frauenverbände, Sozialreformerinnen und Sozialreformer bis hin zu den Unternehmern reichten und die fast keine Alternativen zur Rationalisierung der isolierten Hausarbeit vereinzelter Hausfrauen mehr erkennen ließen.

Jede Frau ist eine Hausfrau

■ Dieser Annäherung der Vorstellungen entsprach eine soziale Entwicklung, die auf eine Angleichung der Rolle von Frauen als Hausfrauen hinauslief, ohne freilich die soziale Differenz von Frauen verschiedener Schichten und Klassen auszugleichen.

■ Der erste Weltkrieg und die Inflation zu Beginn der 1920er Jahre machten der vordem behäbigen Lebens- und Haushaltsführung der mittleren bürgerlichen Schichten den Garaus und ließen kleinbürgerliche Familien verarmen. Zudem wurden Hausangestellte durch die zum Teil erfolgreichen sozialpolitischen Anstrengungen zu ihrer beruflichen Absicherung für viele bürgerliche Familien unbezahlbar. Immer mehr Frauen aus mittleren und höheren Schichten konnten sich allenfalls ein Hausmädchen oder auch nur eine Zugehfrau leisten, und viele waren gezwungen, ihren Haushalt allein zu versorgen. Aus Hausherrinnen wurden Hausfrauen, aus der Aufsicht über bezahlte Hausarbeit wurde immer mehr eigene unbezahlte Hausarbeit, aus der hierarchisch strukturierten Zusammenarbeit von Frauen, Hausherrinnen und Dienstbotinnen, wurde sozial isolierte Arbeit einzelner Frauen.

■ Auf der anderen Seite eröffneten sich für junge Frauen der Unterschichten im Gefolge der um die Jahrhundertwende einsetzenden technologischen Umstrukturierung in zahlreichen Industriebranchen – nicht zuletzt in der Hausgeräteproduktion der Elektro- und Metallindustrie – alternative Erwerbsmöglichkeiten. Bereits während des ersten Weltkriegs hatte eine große Zahl von Frauen Erfahrungen mit Erwerbsarbeit außerhalb des Haushalts vor allem in den Rüstungsfabriken gesammelt. Im Unterschied zu den „Mädchen vom Lande", die noch immer eine „Stellung" suchten, wenn sie in die Städte kamen, zogen viele junge Frauen der städtischen Unterschichten eine geregelte Lohnarbeit vor, konnten sich im Anschluß an oder zusätzlich zu ihrer Arbeit in der Fabrik oder im Ladengeschäft den Traum vom eigenen Haushalt erfüllen und heirateten.[18]

■ Zwar beschleunigten Krieg und Inflation die Angleichung der Situation von Frauen als Hausfrauen, die Hausarbeit zunehmend selbst, allein und unbezahlt verrichten mußten. Dennoch bestanden große Unterschiede zwischen den sozialen Schichten. Es war etwas anderes, ob eine nicht-erwerbstätige Ehefrau eines mittleren Angestellten mit zwei Kindern ihren Haushalt in einer pflegeleichten „neuen Wohnung" mit Hilfe von Staubsauger, geregeltem Bügeleisen und Sprudelwascher in Schuß hielt oder eine proletarische Kriegerwitwe ihre Kinder mit Zugeharbeiten durchbringen und tagtäglich darum kämpfen mußte, Wohnküche und Stube ohne Elektrizität und eigenen Wasseranschluß in einem erträglichen Zustand zu halten. Gerade aber diesen Unterschied gab die Bewegung zur Rationalisierung der Hausarbeit vor, überwinden zu können.

18
WALSER 1985,
WIERLING 1987

Rationalisierung statt Technisierung

■ Der Ansatzpunkt lag weniger bei der Einführung neuer technischer Geräte in die Haushalte als bei der Rationalisierung der Tätigkeiten der Hausfrauen. Gleichwohl war die Kampagne zur Rationalisierung der Hausarbeit in der Weimarer Republik auch ein Werbefeldzug der Elektro- und metallverarbeitenden Industrie sowie der Energiewirtschaft für die Steigerung des Absatzes von haushaltstechnischen Geräten und Energie. Viele der heute verbreiteten Haushaltsgeräte waren bereits vor der Jahrhundertwende in ihren technischen Grundprinzipien entwickelt, und ab 1910 ermöglichte die Verkleinerung der Motoren die Übertragung der elektrischen Antriebsenergie auf zahlreiche weitere, bislang mechanisch betriebene Geräte. Mit Ausnahme des elektrischen Bügeleisens und – mit Einschränkung – des Staubsaugers war der Verbreitungsgrad dieser Geräte in deut-

schen Haushalten jedoch gering, und so sollte es bis in die Jahre des Wirtschafts-
wunders nach 1950 bleiben. Es fehlte an der nötigen Infrastruktur und vor allem
am Geld. „Neue" rationell und „neuzeitlich" ausgestattete und öffentlich geför-
derte Wohnungen gab es viel zu wenige. Nur wenige der Arbeiter- und Angestelltenfamilien konnten die dort geforderten „Sozialmieten" bezahlen. Während der
Weimarer Republik scheiterte die Massenproduktion von Haushaltsgeräten – wie
die vieler anderer in Amerika längst eingeführter Massenprodukte – an der verbreiteten Armut und den infolgedessen fehlenden Absatzmöglichkeiten auf dem
deutschen Binnenmarkt.

■ Die ungleiche technische Ausstattung der Haushalte verschiedener Sozial-
schichten hatte für ärmere Frauen einen fatalen Effekt. Ohne daß ihnen die technischen Hilfsmittel zur Verfügung gestellt worden wären, erwarteten Schule, Für-
sorgeinstitutionen und Unternehmer auch von ihnen, daß sie den neuen
hygienischen, ernährungsphysiologischen und pädagogischen Ansprüchen
gerecht würden, so unzureichend die Einkommen, so unzulänglich die Wohnungen und so überarbeitet die Frauen auch immer sein mochten. Die „Rationalisierung" der Hausarbeit von Frauen sollte die mangelhafte Ausstattung und das
geringe Einkommen der Haushalte ausgleichen. Unter den gegebenen Bedingungen konnte sie für die große Mehrheit der Frauen in Deutschland allenfalls Ar-
beitsintensivierung bedeuten, sofern die Frauen die von der Rationalisierungsbewegung gestellten Ansprüche überhaupt zur Kenntnis nahmen und sich zu eigen
machten. „Rationalisierung bedeutet", wie das Internationale Arbeitsamt in seinen „Studien über die sozialen Auswirkungen der Rationalisierung" 1932 einlei-
tend ausführte, „Verdrängung hergebrachter Methoden und Gepflogenheiten
durch empirische Regeln und des planlosen, lediglich durch die Erfordernisse des
Augenblickes bestimmten Vorgehens durch ein systematisches, auf wissenschaftlichen Studien aufgebautes Handeln, wodurch man auf die zweckmäßigste Weise
die vorhandenen Mittel auf das gesteckte Ziel einzustellen und damit den höchst-
möglichen Nutzeffekt zu erreichen sucht."[19]

19
Internationales Arbeits-
amt 1932, S. 1

■ Nach diesem Verständnis bot Hausarbeit als Inbegriff hergebrachter Gepflogenheiten und augenblicksorientierten Vorgehens zahlreiche Rationalisierungsan-
lässe, wobei sich die Abteilung Hauswirtschaft des Reichskuratoriums für Wirtschaftlichkeit besonders hervortat. Sie analysierte fast alle anfallenden
Arbeitsgänge im Haushalt wie Waschen, Spülen, Fußbodenreinigen oder Fensterputzen und erstellte Unterrichtsmaterialien für die nach ergonomischen, kraft-,
zeit- und materialsparenden Gesichtspunkten einzig korrekte Art der Durchführung. Die Hausfrauen waren aufgefordert, alle ihre Arbeiten nach diesem Vorbild
zu reorganisieren. Darüber hinaus sollten sie sich minutiöse Zeitpläne für die Verteilung der verschiedenen Hausarbeiten über den Tag, die Woche, den Monat und
das Jahr machen. Hierfür hielten die Hausfrauenverbände ebenso Vordrucke
bereit wie für die hauswirtschaftliche Buchführung. Nun bedurfte es nur noch
eines „häuslichen Büros", für das in der streng nach funktionalen Gesichtspunkten umgeräumten Küche ohne Mühe eine geeignete Ecke gefunden werden
konnte, und die Hausfrau wurde, wie es Barbara Orland[20] ironisch formulierte, „zu
ihrer eigenen Betriebsleiterin, die mit der Stoppuhr in der linken und der Be-
triebsanleitung in der rechten Hand sich selbst über die Schulter schaute, um ihre
tägliche Arbeit zu optimieren". Schließlich war die Wohnungseinrichtung kritisch
zu überprüfen und, was Erna Meyer in ihrem Buch über den „neuen Haushalt"[21]
nicht oft genug betonen konnte, von sämtlichen Staubfängern wie Nippes,
Schnörkeln und anderen Verzierungen an Möbeln und Geräten zu befreien. Der
Architekt Franz Denner rechnete 1929 die mögliche Zeitersparnis vom Einzelhaushalt auf gesamtgesellschaftliches Niveau hoch:
„Es gibt 1927 in Deutschland 16 Millionen möblierte Wohnungen, wenn durch
besser geformte Möbel und andere Gebrauchsgegenstände bei der Beseitigung

20
1983, S. 226

21
29. Aufl.
1928, S. 71 ff

von Schmutz und Staub wöchentlich nur eine Viertelstunde Zeit gespart wird, dann ergibt das für Deutschland: 4 Millionen Arbeitsstunden wöchentlich oder 666 000 Arbeitsstunden werkstäglich."[22]

■ Nur was sollten fünfzehn eingesparte Minuten der Hausfrau und 4 Millionen eingesparte, aber auf alle Haushalte verteilte Stunden der Volkswirtschaft nutzen?

22
zitiert nach
ORLAND
1983, S. 244

Warum rationalisieren?

■ Dies ist keine rhetorische Frage. Sozialpolitiker und Sozialpolitikerinnen, Vertreterinnen der Frauenverbände und Industriemanager, Techniker und Ingenieure, Arbeits- und Sozialwissenschaftler/innen hielten große und hehre Antworten bereit. Indem man die Hausfrauen „von allem häuslichen Kleinkram" entlaste, könne man den „ethischen Grundzug des Familienlebens ... in um so größerer Reinheit hevortreten" lassen.[23] Daher sei — so die weitverbreitete Überzeugung — Rationalisierung der Hausarbeit der gegebene Ansatzpunkt, um die in der Folge des Ersten Weltkrieges konstatierte „Krise der Familie" zu bewältigen, der „Verwahrlosung der Jugend" entgegenzuwirken und die „Volksgesundheit" zu „heben".

23
RICHTER 1919,
S. 28; vgl.
SCHMIDT-
WALDHERR 1988,
S. 42

■ Die durch rationelle Gestaltung der verschiedenen Arbeitsgänge eingesparten Minuten sollten sich über den Tag addieren und mit Hilfe eines rationellen Tagesplans zu einem merklichen Zeitpolster verdichten lassen. Die ergonomisch korrekte Durchführung der Arbeiten erspare Muskelkraft, ihre straffe Organisation Nervenkraft. Vor allem aber würden bewußte Planung, Gestaltung und Durchführung der Hausarbeit nach den modernsten Methoden industrieller Arbeitsorganisation das Selbstbewußtsein der Hausfrauen aufbauen, ihre „Spannkraft" steigern und „Arbeitsfreude heben". Die gewonnene Energie sollten die Frauen freilich nicht für sich selbst nutzen, sie war längst verplant: Produktion der nachwachsenden Arbeitskraft durch liebevolle Betreuung des Kleinkindes und aufmerksame Erziehung des heranwachsenden Kindes, Reproduktion der erwachsenen Arbeitskraft durch zärtliche Hinwendung zum Ehemann waren die „wertvolleren" Aufgaben der modernen Hausfrau.[24] Kurz, die Frauen sollten, wie der Titel eines weiteren Bestsellers dieser Zeit lautete, „sich selbst rationalisieren".[25]

24
GROSSMANN 1984

25
GROSSMANN 1927

■ Weder das duldsame, ausgemergelte, nervöse Arbeitstier war mehr gefragt noch die stolze Repräsentantin einer eigenständigen, aus ihrer bewußten Andersartigkeit heraus legitimierten weiblichen Sphäre. Gefragt war vielmehr die gesunde, qualifizierte, tatkräftige und auf der Höhe der Zeit stehende Ehefrau und Mutter. Sie wurde zugleich als Produkt und Motor einer Rationalisierung gesehen, die von der Industrie ausgehend auf alle Lebensbereiche übergreifen sollte, um die in der Folge der Industrialisierung beklagten sozialen „Zerfallsprozesse" aufzuhalten und die Gesellschaft auf höherer Stufe wieder zu integrieren.

■ Die „Rationalisierung des Privatlebens" wurde auch zur Strategie der betrieblichen Sozialpolitik großer Unternehmen.[26] Hier mündeten die um die Jahrhundertwende formulierten feministischen und sozialistischen Ansätze zur Reform der Hauswirtschaft weder in die Aufwertung einer eigenständigen weiblichen Sphäre noch in die „Befreiung von der Hausarbeit" ein, sondern wurden unter die industriekapitalistischen Prinzipien von Profit, Konkurrenz, Karriere und Entfremdung subsumiert, denen sie ursprünglich entgegengestellt worden waren.[27] Betrachten wir als Beispiel die Firma Siemens in Berlin.

26
LILIENTHAL 1928

27
SACHSE 1982

Die ideale Siemensfamilie

■ Eingedenk des Leitmotivs vom „gesunden Egoismus", das der Firmengründer Werner von Siemens um 1870 seiner betrieblichen Sozialpolitik vorangestellt hatte, gelang es der Firma, in den 1920er Jahren ein Familienbild zu propagieren, das für zwei scheinbar ganz unterschiedliche Bereiche der Unternehmenspolitik, nämlich Absatz ihrer Erzeugnisse und Personalpolitik, gleichermaßen förderlich war. Ein Medium dieser Politik waren die Siemens-Mitteilungen, die seit 1919 allmonatlich den Beschäftigten in die Wohnung gesandt wurden. Sie waren ein Spitzenprodukt moderner Reklame. Eingebaut in nette kleine, aus dem Siemensstädter Leben gegriffene Geschichten, wurden besonders zur Weihnachtszeit die neuesten Entwicklungen der Siemens-Hausgeräte-Technik – Markenname „Protos" – als unentbehrlich fortschrittlich vorgestellt. Zugleich vermittelten die Beiträge, die um die Protos-Produkte herumgedichtet wurden, das Bild der idealen Siemensfamilie. Durch den „Strom" der Elektrogeräte in den Haushalt sollte nicht nur die Hausarbeit, sondern die Familie selbst rationalisiert werden.

Angesichts der Tatsache, daß bei Siemens in den 1920er Jahren knapp ein Drittel der Arbeiter, etwa ein Fünftel der Angestellten und insgesamt ein gutes Viertel aller Beschäftigten weiblichen Geschlechts waren, ist die bevorzugte Familienkonstellation auffällig: eine nicht-erwerbstätige Hausfrau, ein technischer Angestellter als Ehemann und ein oder zwei Kinder.

■ Die Geschichten schilderten häufig den Dialog zwischen den Eheleuten, wenn es um die Anschaffung eines neuen Elektrogeräts ging. Dieser Dialog offenbarte zugleich, wie die Rollen zwischen den Geschlechtern verteilt sein sollten, denn es ging ums Geld, und darüber verfügte allein er. Dies wurde zumeist in den ersten Sätzen klargestellt:

„,Lieber Mann, ich muß einmal ernstlich mit Dir reden', sagte Frau Buschmüller zu ihrem Mann, als er abends von der Arbeit nach Hause kam. Wenn seine Frau so feierlich sprach, wußte Fritz Buschmüller, daß ein Appell an seinen Geldbeutel bevorstand. Aber, wie häufig in der letzten Zeit, sah Frau Lisa recht müde und abgearbeitet aus, und so beschloß er, ihr die Sache, wenn möglich, leicht zu machen. ,Brauchst Du einen neuen Hut für den Winter?'"

■ Die anschließende Kalkulation, die die Anschaffungs- und Betriebskosten des neuen Geräts mit den Aufwendungen der herkömmlichen hauswirtschaftlichen Praktiken verglich, ging grundsätzlich zugunsten des technischen Fortschritts aus.

28
alle Zitate:
Siemens-Mitteilungen
1925,
Nr. 75, S. 11

Der entscheidende Punkt der Investitionsrechnung lag darin, daß das Dienstmädchen oder die Zugehfrau durch Elektrizität ersetzt würde. Dies war Frau Buschmüller, der die Intimität ihrer Kleinfamilie am Herzen lag, viel angenehmer. „Denn", wie sie sagte, „eine fremde Hilfe ist mir sehr unsympathisch."[28]

■ In den Artikeln der Werkzeitung ging es vor allem um den „sittlichen Wert" der hauswirtschaftlichen Rationalisierung. Bereits 1925 hatte Frau Buschmüller ihre Bitte um Erleichterung ihrer Hausarbeit damit begründet, daß sie „dem Kleinen ... ein gut Teil Zeit widmen" müsse. Anläßlich des Weihnachtsfestes 1930 faßten die Siemens-Mitteilungen die höheren Werte der Elektrifizierung des Haushaltes noch etwas präziser und ergänzten, daß neben den technischen Fortschritt die Rationalisierung der weiblichen Arbeitsweise treten müsse:

29
Siemens-Mitteilungen
1930, Nr. 131, S. 14

„Allein Planmäßigkeit in der Haushaltsführung macht die Mutter und Gattin frei für die Gemütswerte des Familienlebens, die in der heutigen Zeit des unendlich schweren Kampfes ums tägliche Brot zu pflegen die vornehmste Pflicht der deutschen Frau ist."[29]

■ Die Firma Siemens beschränkte ihren Werbefeldzug für die Elektrifizierung des Haushalts und die damit verbundene Kampagne zur Rationalisierung des Privatlebens, der Hausarbeit und der innerfamiliären Geschlechterverhältnisse keineswegs auf die Werkzeitung. Am gewinnbringendsten war das Engagement des Unternehmens im Reichskuratorium für Wirtschaftlichkeit und in dessen „Abteilung Hauswirtschaft". Die Firma kooperierte dort mit den Hausfrauenverbänden, ließ sich von deren Studien zur Weiterentwicklung ihres Hausgeräte-Programms anregen und fand engagierte Multiplikatorinnen für ihre Kampagne zur Elektrifizierung des Haushalts.

■ Im betrieblichen Bereich boten hauswirtschaftliche Schulungskurse das geeignete Forum, um die Elektrifizierung des Haushalts zu propagieren. Sie wurden im sogenannten „Kinderheim" abgehalten, einer sozialfürsorgerischen Zentraleinrichtung des Konzerns in Siemensstadt, die gerade vis-à-vis dem Hauptverwaltungsgebäude gelegen war, und richteten sich vor allem an die Ehefrauen der ortsansässigen männlichen Beschäftigten. Denn nicht den Arbeiterinnen und weiblichen Angestellten galt der größte Teil der sozialen Aufwendungen und der fürsorgerischen Einrichtungen der Firma Siemens, sondern vor allem den in Siemensstadt wohnenden Familien von „betriebswichtigen Arbeitnehmern". Dies waren ausschließlich Männer, die vor allem hochqualifizierte Facharbeiter, die in der Maschineneinrichtung und Arbeitsvorbereitung eingesetzt waren, Betriebsingenieure und andere Fachleute, die zur Aufrechterhaltung eines stetigen „Produktionsflusses" gebraucht wurden und die teilweise werksnah in Rufbereitschaft wohnen sollten. Nur für diese besser verdienenden Leute ließ Siemens rund 2900 Werkswohnungen bauen, die sich außer durch ihre Ausstattung als Prototypen des „neuen Bauens" auch durch relativ hohe Mieten auszeichneten. Nur der geringste Teil der 60 000 bis 80 000 Beschäftigten in Siemensstadt wohnte auch dort. Die „moderne Hausfrau" in den Siemens-Mitteilungen war also vor allem ein Leitbild für die Ehefrauen der männlichen Betriebselite.

■ In der Kommunal- und Verbandspolitik setzte sich Siemens für die „Hebung" des Lebensstandards, der Wohnverhältnisse, der Ausbildung und der Gewerbehygiene ein, um angemessene Lebensbedingungen für sozial verträgliche und „arbeitsfreudige" Arbeitskräfte zu erreichen.[30] Die wichtigste innerbetriebliche Instanz für diese Aufgabe war die betriebliche Sozialarbeit. Die Firma beschäftigte in den 1920er Jahren zehn und später dreißig sogenannte „Betriebspflegerinnen"; sie wurden die berufenen Agentinnen der „sozialen Rationalisierung" bei Siemens. Durch Sprechstunden, Betriebsrundgänge, nachgehende Hausbesuche und vielfältige Beratungen sollten sie Störungsquellen im Produktionsprozeß aufdecken und beheben, als deren Ursachen persönliche, familiäre oder soziale Schwierigkeiten einzelner Arbeitskräfte gesehen wurden. War diese Arbeitskraft männlichen Geschlechts, so ging es darum, die zugehörige Hausfrau ernährungsphysiologisch, gesundheitspflegerisch, hygienisch, psychologisch oder pädagogisch zu unterweisen und ihre hauswirtschaftliche Leistung im betrieblichen Interesse zu steigern. War die auffällige Arbeitskraft weiblichen Geschlechts, war das Problem komplizierter: Die funktionsgestörte Arbeitskraft war identisch mit der (Re-)Produzentin dieser Arbeitskraft und mußte oft noch weitere Personen versorgen; hier half nur noch der selbstbewußt vorgetragene Appell an den alle Hindernisse überwindenden Willen der Frauen zur „Selbsthilfe".

■ Wenn man den Erfolg der „sozialen Rationalisierung" bei Siemens danach bewerten wollte, wie viele Beschäftigte ihr Privatleben tatsächlich entsprechend dem von der Personal- und Sozialführung des „Hauses Siemens" propagierten Familienideal gestalteten, so müßte man angesichts der Lebenssituation der meisten Arbeiterinnen und weiblichen Angestellten in den 1920er, 1930er und 1940er Jahren ein vollständiges Scheitern feststellen. Eine solche Beurteilung ginge jedoch am Kern der Sache vorbei. Wichtig ist, daß im engen Zusammenhang mit der wirtschaftlichen, technischen und arbeitsorganisatorischen Rationalisierung ein Familienbild entwickelt wurde, das den Erfordernissen des rationalisierten Produktionsprozesses entsprechen sollte. Dieses Bild wurde nicht nur durch die Werkzeitung propagandistisch verbreitet, sondern war Richtschnur für das sozialpolitische Handeln des Managements und für die materielle Ausgestaltung der betrieblichen Sozialleistungen. Das Vorbild der aufstiegsorientierten Kleinfamilie – bestehend aus einem zum Betriebsingenieur aufgestiegenen Facharbeiter, einer hygienebewußten Hausfrau, einem Knaben, in dessen Ausbildung ein Maximum an Aufwand und Geld investiert wird, und einer leidlich gebildeten Tochter,

30
SACHSE 1990, S. 104 ff

die bis zur Eheschließung als gepflegte, modisch dezente Erscheinung im Schreib-büro tätig ist – war in manchen Siemensstädter Werkswohnungen tatsächlich anzutreffen. Daß dieses vorgelebte und sozialpolitisch betonte Modell in mög-lichst vielen Köpfen von Siemens-Beschäftigten und vor allem ihrer Ehefrauen und Mütter – trotz entgegenstehender Lebensbedingungen – zum Vorbild wurde, war das eigentliche Ziel der „sozialen Rationalisierung" „im Hause Siemens".[31]

31
SACHSE 1990, S. 212 ff

Was verlieren wir, wenn wir gewinnen?
„The real question to ask is, what will we lose, if we win?"[32]

32
HANNAH ARENDT,
1972

■ Ziehen wir Bilanz: Die Hoffnungen von Sozialistinnen und Feministinnen auf Befreiung der Frauen von Hausarbeit erfüllten sich nicht. Hausarbeit wurde nicht nur zeitlich verdichtet, wie es aus der Rationalisierung industrieller Arbeit allge-mein bekannt ist, die Intensivierung der Hausarbeit wurde auch nicht wie die der Lohnarbeit wenigstens partiell mit Freizeit kompensiert. Noch bevor Hausfrauen irgendwelche Zeitlücken für sich hätten nutzen können, waren sie immer schon mit neuen Anforderungen konfrontiert. Diese Spirale drehte sich für Frauen der unteren Schichten um so schneller, als sie weder technische Geräte noch gar per-sonelle Hilfe zur Verfügung hatten, sondern häufig selbst zusätzlich in fremden Haushalten oder in der Fabrik arbeiten mußten. Rationalisierung der Hausarbeit machte zwar in der Tendenz alle Frauen zu Hausfrauen und stellte öffentlich nahezu identische Anforderungen an sie. Aber sie hob die Differenzierung von Hausfrauen nach Klassen und Schichten nicht auf, die – im privaten Kleinfami-lienhaushalt versteckt – höchst unterschiedlichen Arbeitsbedingungen unterwor-fen waren.

■ Auch die frauenpolitischen Konzepte, in die „gemäßigte" Feministinnen ihre sozialpolitischen Bemühungen um die „Aufwertung der Hausarbeit" eingebettet hatten, mußten der „neuen Zeit" angepaßt werden. Das Konzept der „organisier-ten Mütterlichkeit", auf das sich um die Jahrhundertwende bürgerliche Frauen mit ganz unterschiedlichen Lebensbedingungen hatten beziehen können, wan-delte sich nach dem ersten Weltkrieg in professionelle Mütterlichkeit, sprich: in Sozialarbeit, Haushaltswissenschaft und ähnliche neue bezahlte Frauenberufe einerseits und in den unbezahlten und sozial isolierten „Beruf Hausfrau" anderer-seits. Einer nicht unerheblichen Zahl von Frauen gelang unter Bezugnahme auf die „weiblichen Eigenschaften" der Sprung in die Erwerbstätigkeit. Zugleich aber taugten Haushalt und Mutterschaft als „weibliche Sphäre" immer weniger dazu, den „weiblichen Kulturaufgaben" gesellschaftliche Geltung zu verschaffen. Daß nunmehr auch den Hausfrauen ein Berufsetikett verliehen wurde, verdeckte ledig-lich das sich zuspitzende Problem, mit dem immer mehr Frauen fast aller sozialen Schichten konfrontiert wurden, nämlich außerhäusliche industrialisierte Berufs-arbeit mit privater Hausarbeit irgendwie zu vereinbaren. Neue gesellschaftliche Konzepte mußten gefunden werden, um die gesellschaftliche Stellung der Frauen zu verbessern, ihre Arbeitsbelastungen als Hausfrauen, Mütter und Berufstätige zu verringern. Dies versprach die Rationalisierungsidee. Dennoch stimmt nachdenk-lich, daß Frauen – wie die Haushaltswissenschaftlerinnen Erna Meyer und Maria Silberkuhl-Schulte, die Architektin Grete Schütte-Lihotzky, die Sozialistin Meta Corßen oder Vertreterinnen der Hausfrauenverbände wie Martha Voß-Zietz und Elisabeth Boehm – gerade auf die Rationalisierung der Hausarbeit setzten. Insbe-sondere nachdenklich stimmt die Art und Weise, in der sie dies taten. Sie nahmen offensichtlich nicht die neu entstandenen unterschiedlichen Lebensbedingungen von Frauen zum Ausgangspunkt und versuchten nicht, ihnen jeweils gemäße Konzepte zur Arbeitserleichterung zu entwickeln. Vielmehr setzten sie wie die Organisationsingenieure in der Industrie auf den tayloristischen „one best way of doing anything" für alle Frauen. Auch das grundsätzlich Andere von Hausarbeit –

ihre Verwobenheit mit den innerfamiliären Beziehungen, der Symbolcharakter vieler einzelner Handlungen, die täglich anderen Situationen und Unvorhersehbarkeiten im Haushalt, die wechselnden Bedürfnisse von Kindern – wurde zwar nicht geleugnet, aber dennoch nicht zum Anlaß genommen, die Idee der Rationalisierung kritisch zu reflektieren.[33] In den Entwürfen des „neuen Haushalts" galt dieses Andere nichts mehr für sich, waren Hausfrauen und Familien zu modellierbaren Größen geworden. Widerstrebende Bedingungen des täglichen Familienlebens wurden von den Fürsprecherinnen der hauswirtschaftlichen Rationalisierung nurmehr als eine besondere Herausforderung an den „Rationalisierungswillen" anerkannt. Frauen sollten etwa „die Einordnung des Kindes in die planmäßige Hausführung" als „große und dankbare Aufgabe" begreifen lernen; mit dieser „neuen Einstellung" würde es ihnen leicht gelingen, die „kleinen Störenfriede" „auf viele Stunden des Tages ‚unschädlich'" zu machen.[34]

■ Freilich gab es in den 1920er Jahren auch größere „Störenfriede", die den von den Wortführern der Bewegung herbeigesehnten breiten „Strom" gesellschaftlicher Rationalisierung blockierten und zu Umleitungen zwangen: Junge Arbeiterinnen schreckte das Vorbild ihrer abgearbeiteten Mütter so ab, daß sie, wie sie bei Befragungen äußerten, zwar nicht auf „etwas Lebendiges", ein Baby, wohl aber auf die Eheschließung und die Plackerei, die sie damit assoziierten, verzichten wollten. „Neue Frauen", wie sie in den Büros und auf den Boulevards der Großstädte anzutreffen waren, schockierten ihre Umwelt durch selbstbewußtes und modisches Auftreten und ihren Anspruch auf Individualität, Unabhängigkeit und selbstbestimmte Sexualität. Hausfrauen aller Schichten konterkarierten mit ihren eigenwilligen Einrichtungs- und Geschmacksvorstellungen die funktionalen Grundrisse der „neuen Wohnungen" und trieben ihre planenden Geschlechtsgenossinnen (und deren männliche Kollegen) zur Verzweiflung. Der Bewegung zur Rationalisierung der Hausarbeit, des Privatlebens und der Familie schienen sich – so der Tenor ihrer Veröffentlichungen – gegen Ende der Weimarer Republik mehr Probleme aufzutun, als zu lösen sie imstande war.

33
KRAMER 1981

34
MEYER,
29. Aufl.,
1928, S. 181–183

Literaturverzeichnis

BOCK GISELA und BARBARA DUDEN: *Arbeit aus Liebe – Liebe als Arbeit: Zur Entstehung der Hausarbeit im Kapitalismus*, in: *Frauen und Wissenschaft. Beiträge zur Berliner Sommeruniversität für Frauen. Juli 1976*, Berlin 1977, S. 118–186.

BRAUN, LILY: *Frauenarbeit und Hauswirtschaft*, Berlin 1901.

DIES.: *Memoiren einer Sozialistin*, Berlin 1909.

BRIDENTHAL, RENATE: *Professional" Housewives: Stepsisters of the Women's Movement*, in: dies., GROSSMANN, ATINA und MARION KAPLAN (Hg.): *When Biology Became Destiny. Women in Weimar and Nazi Germany*, New York 1984, S. 153–173.

DAMMER, SUSANNA: *Mütterlichkeit und Frauendienstpflicht. Versuche der Vergesellschaftung „weiblicher Fähigkeiten" durch eine Dienstverpflichtung (Deutschland 1890–1918)*, Weinheim 1988.

FREDERICK, CHRISTINE: *The New Housekeeping. Efficiency Studies in Home Management*, New York 1913; deutsch von WITTE, IRENE: *Die rationelle Haushaltsführung*, Berlin 1921 (auszugsweise abgedruckt in: Kramer 1983, S. 118–122.

FREVERT, UTE: *„Fürsorgliche Belagerung": Hygienebewegung und Arbeiterfrauen im 19. und frühen 20. Jahrhundert*, in: *Geschichte und Gesellschaft*, 11, 1985, H. 4, S. 420–446.

GIESE, FRITZ: Artikel *„Rationalisierung"*, in: Handwörterbuch der Arbeitswissenschaft 1930, Sp. 3619–3631.

GILBRETH, LILLIAN M.: *The Home-Maker and Her Job*, New York 1927.

GROSSMANN, ATINA: *The New Woman, the New Family and the Rationalization of Sexuality: The Sex Reform Movement in Germany 1928 to 1933*, Ph.D. Rutgers University (New Jersey) 1981.

GROSSMANN, GUSTAV: *Sich selbst rationalisieren. Mit Mindestaufwand persönliche Bestleistung erzeugen,* Stuttgart 1927.

Handwörterbuch der Arbeitswissenschaft, hg. v. GIESE, FRITZ, Halle a. S. 1930.

HAUSEN, KARIN: *Die Polarisierung der „Geschlechtscharaktere". Eine Spiegelung der Dissoziation von Erwerbs- und Familienleben,* in: CONZE, WERNER (Hg.): *Sozialgeschichte der Familie in der Neuzeit Europas,* Stuttgart 1976, S. 363–393.

DIES: (Hg.): *Frauen suchen ihre Geschichte. Historische Studien zum 19. und 20. Jahrhundert,* München 1983.

INTERNATIONALES ARBEITSAMT: *Die sozialen Auswirkungen der Rationalisierung.* (Einführende Studien, Studien und Berichte, Reihe B: Wirtschaft und Arbeit, Nr. 18), Genf 1932.

KRAMER, HELGARD: *Hausarbeit und taylorisierte Arbeit,* in: Leviathan, Sonderheft 4, 1981, S. 136–151.

DIES.: *„Rationelle Haushaltsführung" und die „Neue Frau" der zwanziger Jahre,* in: Feministische Studien 1983, H. 1, S. 117–126.

LILIENTHAL, ERICH: *Rationalisierung des Privatlebens,* in: Der Arbeitgeber, 1928, H. 9, S. 211 f.

MEYER, ERNA: *Der neue Haushalt. Ein Wegweiser zu wirtschaftlicher Haushaltsführung,* Stuttgart, 29. Aufl. 1928 (1. Aufl. 1926, 41. Aufl. 1932).

MEYER, SIBYLLE und BARBARA ORLAND: *Technik im Alltag des Haushalts und des Wohnens,* in: TROITZSCH, ULRICH und WOLFHARD WEBER, (Hg.): *Die Technik von den Anfängen bis zur Gegenwart,* Braunschweig/Stuttgart 1987, S. 564–583.

MEYER-RENSCHHAUSEN, ELISABETH: *Weibliche Kultur und soziale Arbeit – Eine Geschichte der Frauenbewegung Bremens 1810–1927,* Köln 1989.

ORLAND, BARBARA: *Effizienz im Heim. Die Rationalisierungsdebatte zur Reform der Hausarbeit in der Weimarer Republik,* in: Kultur und Technik. Zeitschrift des Deutschen Museums in München, 1983, H. 4, S. 221–227.

RICHTER, CLAIRE: *Das Ökonomiat,* Berlin 1919.

SACHSE, CAROLA: *Hausarbeit im Betrieb. Betriebliche Sozialarbeit unter dem Nationalsozialismus,* in:

DIES. u. a.: *Angst, Belohnung, Zucht und Ordnung. Herrschaftsmechanismen im Nationalsozialismus,* Opladen 1982, S. 209–274.

DIES.: *Siemens, der Nationalsozialismus und die moderne Familie. Eine Untersuchung zur sozialen Rationalisierung in Deutschland im 20. Jahrhundert,* Hamburg 1990.

SCHMIDT-WALDHERR, HILTRAUD: *Rationalisierung der Hausarbeit in den zwanziger Jahren,* in: TORNIEPORTH (Hg.): 1988, S. 32–54.

SCHÜTTE-LIHOTZKY, GRETE: *Rationalisierung im Haushalt,* in: Das neue Frankfurt, 1926/27, H. 5., S. 120–123.

STOEHR, IRENE: *„Organisierte Mütterlichkeit", Zur Politik der deutschen Frauenbewegung um 1900,* in: HAUSEN (Hg.): 1983, S. 221–249.

THOMAE, MARGARETE: *Artikel Hausfrauenarbeit, Rationalisierung,* in: Handwörterbuch der Arbeitswissenschaft 1930, Sp. 2350–2359.

TORNIEPORTH, GERDA (Hg.): *Arbeitsplatz Haushalt. Zur Theorie und Ökologie der Hausarbeit,* Berlin 1988.

WALSER, KARIN: *Dienstmädchen. Frauenarbeit und Weiblichkeitsbilder um 1900,* Frankfurt a. M. 1985.

WIERLING, DOROTHEE: *Mädchen für Alles – Arbeitsalltag und Lebensgeschichte städtischer Dienstmädchen um die Jahrhundertwende,* Berlin/Bonn 1987.

ZETKIN, CLARA: *Die Wirtschaftsgenossenschaft,* in: Die Gleichheit, 1901, H. 14, 15, 16, 18.

Die Räume der Hausarbeit ◆

◆

◆

63

◆

Die Räume der Hausarbeit

◆ Wohnlage, infrastrukturelles Angebot der näheren Wohnumgebung, die Grundrißgestaltung und Einrichtung der Wohnung, kurzum: die gesamte Wohnsituation beeinflußt die Arbeitsbedingungen im Haushalt. Gegen Ende letzten Jahrhunderts schenkte man diesem Problem noch keine besondere Beachtung. In den bürgerlichen Häusern und Wohnungen fristete die Küche ein Schattendasein. Sie war ja „nur" Arbeitsplatz der Bediensteten. In den Arbeiter- und kleinen Angestelltenhaushalten war die Küche der Raum, in dem sich das gesamte Familienleben abspielte.

Die nicht selten katastrophale Wohnsituation breiter Schichten der Bevölkerung, insbesondere in den Groß- und Industriestädten, ließ die Reform des Wohnungswesens zu einer vordringlichen Aufgabe werden. Wohndichte Mitte der 1920er Jahre:

IN JEDEM HAUS WOHNEN IM DURCHSCHNITT........

IM HAAG 6 MENSCHEN   IN LONDON 8 MENSCHEN   IN NEW YORK 20 MENSCHEN

IN WIEN 50 MENSCHEN   IN BERLIN 76 MENSCHEN

Zentralisierung der Hauswirtschaft

◆ Was in bezug auf die Reform der Wohnungsarchitektur und der Hausarbeit zu geschehen habe, blieb über Jahre kontrovers. Aus dem Umfeld der „proletarischen" Frauenbewegung waren bereits zur Jahrhundertwende Initiativen entstanden, die die Hausarbeit in Großhaushalten zentralisieren wollten. Tatsächlich gebaut wurden Mehrfamilienhäuser mit Gemeinschaftseinrichtungen (sogenannte Einküchenhäuser) aber nur für finanziell besser gestellte Kreise oder Alleinstehende.

Der „rationelle" Einzelhaushalt

◆ In der Rationalisierungseuphorie der Weimarer Republik gingen die umstrittenen Gemeinschaftsprojekte unter. Um der großstädtischen Wohnungsnot zu begegnen, wurden Großsiedlungsprojekte in Angriff genommen, innerhalb derer die Kleinstwohnung für das „Existenzminimum" als „Betrieb der Hausfrau" gedacht war.

Neuanfang in der Bundesrepublik
Rationalisierung als Standard

◆ 1945 waren von rund neunzehn Millionen Wohnungen etwa fünf Millionen zerstört, unzählige schwer beschädigt. Dreizehn Millionen Menschen waren obdachlos. Erst ab 1950 kam der Wohnungsneubau in Gang, konnte das Erbe der begonnenen Haushalts-Rationalisierung angetreten werden und von der Norm zum Standard gebracht werden.

Einküchenhäuser

◆ Lily Braun, Sozialdemokratin bürgerlicher Herkunft, forderte 1901 zentrale Einrichtungen, die sowohl den erwerbstätigen Arbeiterfrauen, wie auch bürgerlichen Frauen mit beschränkten Mitteln eine Arbeitserleichterung verschaffen sollte:

„Solch eine Einrichtung ist die Wirthschaftsgenossenschaft. Ich stelle mir ihr äußeres Bild folgendermaßen vor: In einem Häuserkomplex, das einen großen, hübsch bepflanzten Garten umschließt, befinden sich etwa 50 bis 60 Wohnungen, von denen keine eine Küche enthält; nur in einem kleinen Raum befindet sich ein Gaskocher, der für Krankheitszwecke oder zur Wartung kleiner Kinder benutzt werden kann. An Stelle der 50-60 Küchen, in denen eine gleiche Zahl der Frauen zu wirthschaften pflegt, tritt eine im Erdgeschoß befindliche Zentralküche, die mit allen modernen arbeitssparenden Maschinen ausgestattet ist. Giebt es doch schon Abwaschmaschinen, die in drei Minuten zwanzig Teller und Schüsseln reinigen und abtrocknen! Vorrathsraum und Waschküche, die gleichfalls selbstthätige Waschmaschinen enthält, liegen in der Nähe; ebenso ein großer Eßsaal, der zu gleicher Zeit Versammlungsraum und Tags über Spielzimmer der Kinder sein kann. (...) Die ganze Hauswirtschaft steht unter einer erfahrenen Wirthschafterin, deren Beruf die Haushaltung ist; ein oder zwei Küchenmädchen stehen unter ihrer Aufsicht. (...) Die Mahlzeiten werden, je nach Wunsch und Neigung, im gemeinsamen Eßsaal eingenommen oder durch besondere Speiseaufzüge in alle Stockwerke befördert. Die Erwärmung der Wohnungen erfolgt durch Zentralheizung, so daß auch hier 50 Öfen durch einen ersetzt werden. Während der Arbeitzeit der Mütter spielen die Kinder (...) unter Aufsicht der Wärterin. Abends, wenn die Mutter sie schlafen gelegt hat und die Eltern mit Freunden plaudern oder lesen wollen, gehen sie hinunter in die gemeinsamen Räume, wo sie sich die Unterhaltung nicht durch Alkoholgenuß erkaufen brauchen, wenn sie kein Bedürfniß danach haben."

(Braun 1901, S. 21 ff)

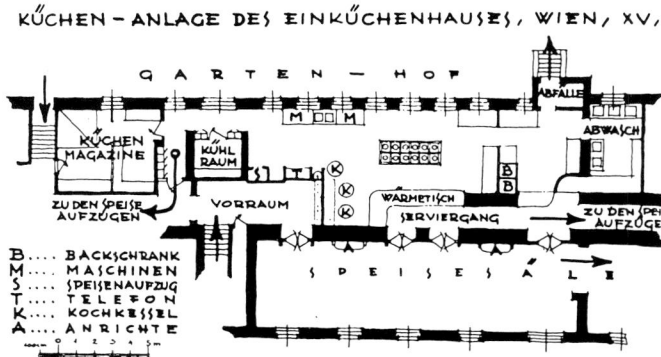

KÜCHEN – ANLAGE DES EINKÜCHENHAUSES, WIEN, XV,

Während Lily Braun mit ihrer 1903 gegründeten „Haushaltsgenossenschaft GmbH" wegen Kapitalmangel scheiterte, eröffnete eine privatwirtschaftlich orientierte „Einküchenhaus-Gesellschaft der Berliner Vororte" 1909 die ersten Einküchenhäuser. Die Zielgruppe war die gehobene Mittelschicht, der man eine noble und komfortable Alternative zum städtischen Mietshaus anbieten wollte.

Siedlung Dessau-
Törten
Hauszeile von 1927

Balkone und Gärten
an der Rückseite der
Hausreihen

◆ Die Lösung der Wohnungsfrage sollte in den zwanziger Jahren vor allem durch Verbilligung des Wohnraums erreicht werden. Großsiedlungen mit durchgeplanten Wohnungen auf engstem Raum sollten hier Abhilfe schaffen. Erstmalig wurden Siedlungsbauten nach dem Prinzip der Serienproduktion hergestellt und genormte Fertigteile verwendet. Häuser und Wohnungen wurden gebaut, die vom Typ her auf wenige Varianten reduziert waren. Rationalisiert wurde vom Rohbau bis hin zu den Wohnungsgrundrissen und Einrichtungsgegenständen.
◆ Trotz beeindruckender Bautätigkeit gelang das Ziel der Reformer, billigen Wohnraum für Arbeiterfamilien herzustellen, nicht. Die neuen Wohnstandards hatten für die Wohnrealität der breiten Schichten noch keine Wirkung.

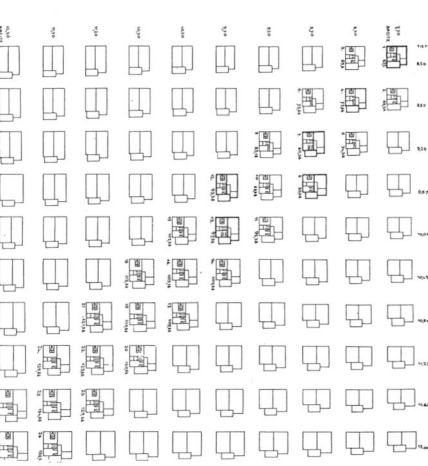

Siedlung Westhausen, Frankfurt am
Main 1929-1931

Gesamtlageplan der
Siedlung Dessau-
Törten, 1926-1928

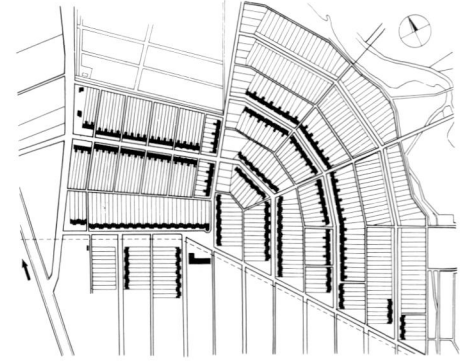

Die „Wohnmaschine"

◆ Die Wohnungsgrundrisse wurden nicht mehr nur als rein zahlenmäßige Raumfestlegung auf vorgegebener Quadratmeterzahl gesehen, sondern durch eine funktionale Wohnungseinteilung abgelöst. In wissenschaftlicher Analyse wurden die „biologischen Mindestanforderungen" der Menschen in bezug auf die Wohnungsgröße und Raumfunktion festgelegt. Auch Normmaße für die körpergerechte Anpassung der Möbel wurden entwickelt.

„Meine Wohnung ist kein Speicher, zweitens kein Trödelladen und drittens kein Museum."

(Bruno Taut 1924, S. 60)

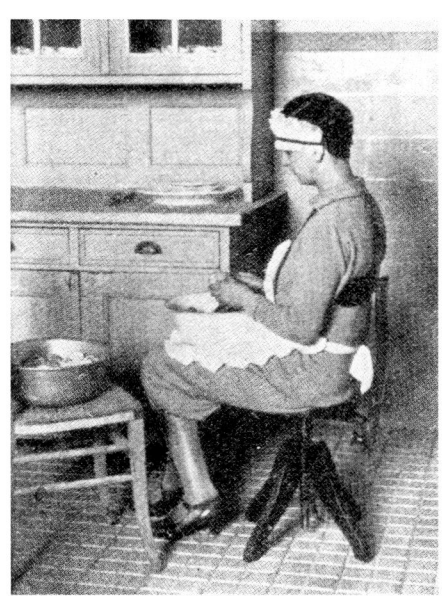

Küchen-Drehstuhl
mit federnder
Rückenlehne

Umgestaltung eines
Arbeiterwohnzimmers, Architekt
Bruno Taut 1924

Umgestaltung eines
bürgerlichen Wohnzimmers

Werkstatt der Hausfrau

◆ Die Küche wurde zur Kochküche,
die sich durch ihre Trennung von den
sonstigen Wohnräumen deutlich von
der damals vorherrschenden Wohnküche unterschied. Diese wurde als unhy-
gienisch, aufgrund ihrer Größe und
Einrichtung als arbeitsvergeudende
und damit überholte Küchenform
abgelehnt. Auf eine Funktion reduziert
konnte die Küche auf sehr kleinem
Raum geplant werden. Dadurch sollten
nicht zuletzt unnötige Wege eingespart
werden.
Die ‚ideale' Küche sollte eine kom-
pakte, nach Gesichtspunkten der Fließ-
fertigung ausgerichtete Kücheneinrichtung haben - die ersten Modelle von
Einbauküchen wurden entwickelt.

Fort mit allem unnötigen und wertlosen Zierat
und Putz; in der Küche darf nur die Sachlichkeit re-
gieren!

Bild 25. Frankfurter Küche.

Teil-Abdruck von einem Frankfurter Normenblatt. Die Küche ist 1,87 m × 3,44 m groß und enthält:

1 = Herd mit einer Abstellplatte.
2 = Schubladen für Mehl und Salz.
3 = Kochkiste.
4 = Schublade für größere Vorräte.
5 = Heizkörper.
6 = Gewürzgestell.

7 = Speiseschrank.
8 = Tisch mit Rinne für Küchenabfälle.
9 = Abtropfbrett.
10 = Tellerabtropfgestell.
11 = Zweiteiliges Spülbecken.
12 = Vorratsschrank.

13 = Geschirrschrank.
14 = Topfschrank.
15 = Müll- und Besenschrank.
16 = Schiebelampe.
17 = Bügelbrett.

Alle Möbel stehen auf 10 cm hohem Betonsockel, mit Platten bekleidet,
der 4 cm zurückspringt.

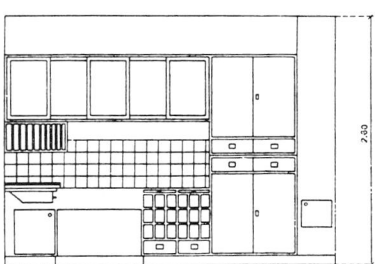

SCHRANKWAND

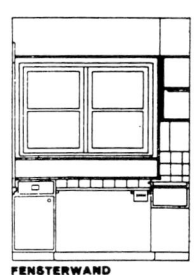

GRUNDRISS

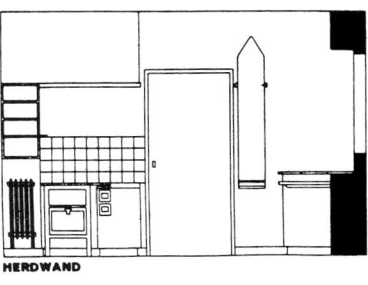

HERDWAND

FENSTERWAND

MASSTAB

Die Frankfurter
Küche der Architek-
tin Grete Schütte-
Lihotzky,
Entwurf und Innen-
ansicht 1926

Geschirr- und
Besteckschrank zwi-
schen Eßzimmer und
Spüle, Architekt
Walter Gropius 1928

Paradies der Großen Wäsche

Einfüllen der
Trommel-
Waschmaschine

Einweichen der
Wäsche

Zentralwäscherei der
Gehag-Siedlung, Ber-
lin Treptow 1933

Schleudern der
Wäsche

In herausziehbaren
Kulissen wird die
Wäsche aufgehängt

◆ In den kleinen Einzelwohnungen
war kein Platz für die Wascharbeit vorgesehen. Die Vorzüge der beginnenden
Waschtechnisierung den Siedlungsbe-
wohnern zugänglich zu machen, ging
nur durch den Bau von Gemeinschafts-
waschhäusern.
◆ Der technische Komfort der Zentral-
anlagen fand durchaus Zuspruch bei
den Frauen, allerdings kritisierten sie
die Benutzungsumstände, die die Zen-
tralanlagen ihnen aufzwangen. Die
Organisation der Waschanlagen unter-
band eine ansonsten keineswegs unüb-
liche Mithilfe von Männern und Kindern vollständig. Neben den Kosten
und den regelmäßigen Konflikten bei
der Terminabsprache wurde so auch
die Kinderbetreuung zu einem großen
Problem, denn kleine Kindern durften
nicht immer mit in die Wäschereien
genommen werden.

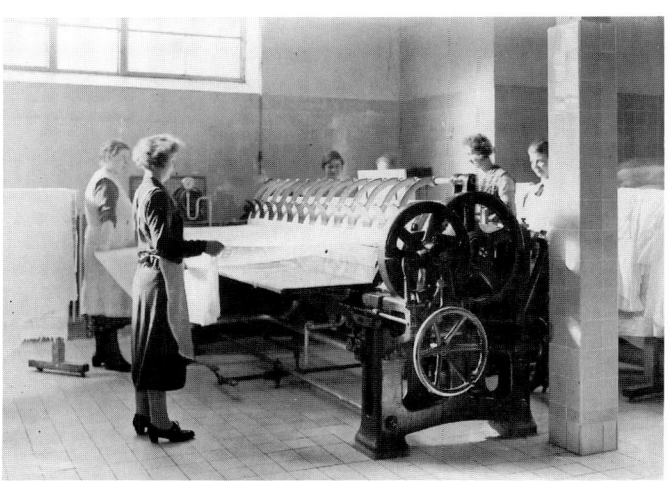

Bei schönem Wetter wurde die Wäsche
draußen getrocknet

Heißmangeln der
Wäsche

Trümmer-Hausarbeit

◆ In den zerstörten Städten wohnten
viele Menschen über Jahre in Notun-
terkünften, Baracken, „Nissenhütten",
Bunkern, Kellern und ehemaligen
Kasernen. Bis zur Währungsreform
1948 war die öffentliche Finanzierung
des Wohnungsbaus nicht gewährleistet. Ein großer Teil der zerstörten
Wohnhäuser wurde durch die Bewohner selbst wieder aufgebaut. Vorstellungen über Wohn-Komfort mußten
hinter dem Verlangen zurückstehen,
ein Dach über dem Kopf zu haben.

Nissenhütten in
Berlin-Tiergarten
1948

Wegen zeitweiser
Stromsperre mußte
nachts gebügelt
werden.

Nachkriegswohnungsbau

◆ Rund 5 Millionen Wohnungen, das waren mehr als ein Drittel der 1960 im Bundesgebiet vorhandenen Wohnungen, wurden zwischen 1950 und 1960 errichtet. Gut die Hälfte dieser Neubauwohnungen waren öffentlich gefördert, zählten zum „Sozialen Wohnungsbau", von dem es im ersten Wohnungsbaugesetz 1950 hieß, daß die Wohnungen die gesunde Mitte wahren sollten zwischen mit sogenanntem Höchstkomfort ausgestatteten Luxuswohnungen und „primitiven Behelfswohnungen". Nun konnten die im Weimarer Siedlungsbau entwickelten funktionalen Wohnstandards, die im Nationalsozialismus mit Begriffen wie „Massenkarnickelställe" diffamiert worden waren, zu ihrer eigentlichen „Blüte" gebracht werden.

1950 konnten Hamburger Familien in das erste Wohnhochhausprojekt Westdeutschlands am Grindelberg in Hamburg einziehen.

Die ersten Bauten des Märkischen Viertels in Berlin wurden 1963 begonnen. 1974 war das Viertel so gut wie fertig.

Einfamilienhaussiedlung in München

◆ Auf Initiative der CDU/CSU trug das 2. Wohnungsbaugesetz vom 1. Juli 1956 den Untertitel „Wohnungsbau- und Familienheimgesetz" und sah stärkere Maßnahmen zur Bildung von Eigentum an Haus und Wohnung vor. Familienminister Wuermeling nannte es eine Aufgabe der Familienpolitik, den „Familien den Lebensraum zu sichern, den sie brauchen, um in sittlicher Ordnung gesund zu leben und sich natürlich entfalten zu können". Finanzielle Unterstützung beim Hausbau erhielten demgemäß nur Verheiratete und Heiratswillige.

Wohnstandards

◆ Die notwendigen Einsparungen an Platz und Funktion waren in den Wohnungsgrundrissen wieder Notlösung und Ideal zugleich. „Wenn die Wohnungsnot der Nachkriegszeit kategorisch eine kleine Küche verlangt, so verwandelt die folgerichtige Anwendung arbeits- und betriebstechnischer Überlegungen die zeitbedingte Raumnot in eine Raumtugend", hieß es anläßlich der Ausstellung „Rationelle Küchenwirtschaft" in Berlin 1953. Die DIN-Norm 18022 von 1958 sah acht Quadratmeter für Küchen vor. Einbauküchen wurden bei den stark reduzierten Küchenflächen zur unabdingbaren Notwendigkeit.

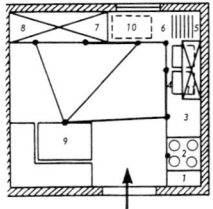

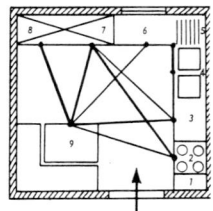

Die Verkleinerung der Küchengrundrisse wurde der Hausfrau als Einsparung von Arbeitswegen angedient.

Küchen einer Musterwohnung in Berlin 1958

Der Eßplatz paßt nicht mehr in die Küche, Berlin 1957

◆ Auch im Rest der Wohnung setzte sich die Tendenz zur Funktionalisierung bei gleichzeitiger Minimierung der Räume durch. Die als „Familiengrundrisse" bezeichneten Pläne ließen kaum eine andere Mehrpersonennutzung zu. Wohnzimmer, Eltern-Schlafzimmer, Kinderzimmer, Küche und Bad wurden durch die Größenverhältnisse, Lage und technische Ausstattung (Lage der Wasseranschlüsse, Steckdosen usw.) weitgehend vorgegeben.

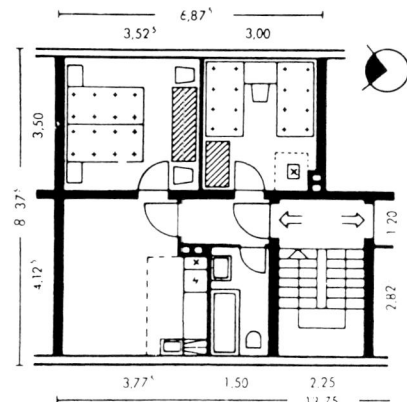

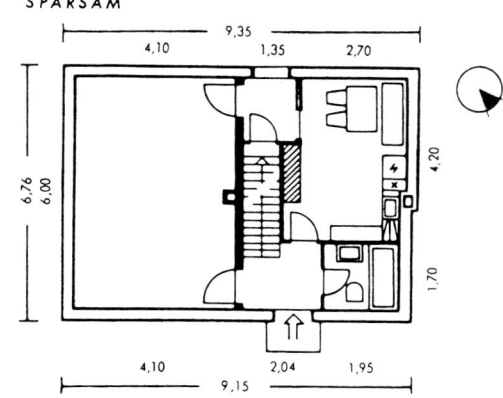

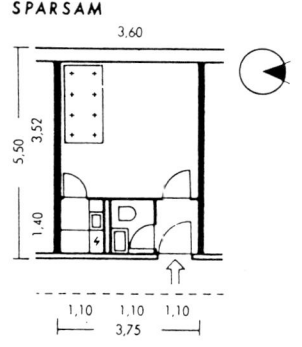

Beispiele für Grundrisse, ermittelt nach Analyse von 15 000 Grundrissen der Zwischen- und Nachkriegszeit, nach Spengemann 1977.

Klappmöbel wurden oft zu unentbehrlichen Einrichtungsgegenständen.

Technik im Haus

Geräte und Maschinen im Haushalt

✖ Elementarer Bestandteil der Idee vom „rationellen Einzelhaushalt" war die Technisierung der Hausarbeit. Der reale Hintergrund dieser Forderung war die seit Ende des 19. Jahrhundert fortgeschrittene Gas- und Elektrizitätsentwicklung.

Technik im Haus . . .

✖ Die haustechnische Infrastruktur, das heißt die zentralen Versorgungssysteme einschließlich der Heizung, der Toilette und des Bades wurden im 19. Jahrhundert als Reaktion auf die engen und oft miserablen Wohnbedingungen in den Städten auf den Weg gebracht. Die zentrale Wasserversorgung sollte einen Ersatz für die zunehmend verschmutzenden städtischen Gewässer bieten. Gas sollte zunächst Licht in die Straßen und Häuser bringen. Als schließlich die Elektrizität dem Gas die Konkurrenz ansagte, wurde ihre Verbreitung mit den Attributen „sauberer" und „ungefährlicher" als Gas vorangetrieben.

. . . Geräte und Maschinen im Haushalt

✖ Energie zu verkaufen, setzt Energieverbrauchsgeräte voraus. Ab den 1880er Jahren waren Gaskochgeräte und -bügeleisen technisch so weit gediehen, daß die Gasversorgungsunternehmen an eine breitere Einführung denken konnten. Etwa zum selben Zeitpunkt begann die elektrotechnische Industrie Strom nicht nur für Beleuchtungszwecke, sondern auch für den Betrieb von Haushaltsgeräten zu erproben. Kurz vor 1900 kamen die ersten Elektro-Bügeleisen und -Kochapparate auf den Markt - teure Luxusgegenstände, da kaum Stromleitungen in die Wohnungen verlegt waren. Erst mit der Rationalisierungseuphorie der 1920er Jahre wurde die Elektrifizierung der Wohnungen verstärkt in Angriff genommen, und ein größeres Angebot an Elektro-Haushaltsgeräten erschien auf dem Markt.

✖ Nicht die Elektrowärme, sondern der vielseitig verwendbare Elektromotor verhalf den elektrischen Haushaltsgeräten gegenüber der Gaskonkurrenz zum Durchbruch. Nach einem jahrzehntelangen Konkurrenzkampf bis in die Zeit nach dem Zweiten Weltkrieg wurde die Gasanwendung - bis auf das Kochen und Heizen - erst in den 1960er Jahren gänzlich aus den Haushalten verdrängt.

Zentralheizungssy-
stem aus den 1880er
Jahren, bestehend
aus einer Wasser-
heizung, die zentral
vom Küchenherd aus
betrieben wurde.

Wasser, Gas, Strom

Wasser _____ **1842** _____ **1880–1900** _____

Die Stadt Hamburg beginnt als erste mit dem Bau einer zentralen Wasserversorgung. In den folgenden Jahrzehnten bauen die meisten Großstädte Wasserwerke und -leitungen.

Die zentrale Wasserzuleitung bringt Cholera-, Typhus- und Ruhrepidemien in die Städte. Nicht bedacht worden war, daß mit steigendem Wasserverbrauch die Abwässer die Trinkwasserquellen verschmutzen. Mit zeitlicher Verzögerung wird die Kanalisation in Angriff genommen.

Gas _____ **1830er Jahre** _____ **1880** _____ **1912** _____

Die ersten Städte beginnen mit dem Bau von Gasanstalten zur Straßenbeleuchtung.

Gasverwendung im Haushalt (Beleuchtung, Heizen und Kochen) nimmt ihren Anfang.

Im Deutschen Reich sind in Bremen mit 83% aller Haushalte die meisten, in Schlesien mit 21% die wenigsten Haushalte mit Gas versorgt.

Strom _____ **1880er Jahre** _____ **1910** _____

Beginn der Elektrifizierung bei öffentlicher Beleuchtung, Straßenbahn, Telegraphie.

Selbst in der Reichshauptstadt Berlin sind nur 3,5% aller Wohnungen elektrifiziert.

Unablässig steigt die
mit großem Auf-
wand zu reinigende
Nur auf dem Land   Menge der mit
werden noch Brun-   Schmutz und Chemie   In den 1980er Jahren
nen benutzt.   belasteten Abwässer.   ist erstmalig die Rede
                                                  von Trinkwas-
                                                  sernöten.
1920er Jahre_____ **seit 1950**_____ **1980er Jahre**_____

_____**1942**_____**1951**_____**1970er Jahre**_____

11 Millionen von   43% der bundes-   Mit Beginn der
rund 20 Millionen   deutschen Haushalte   Erdgaslieferungen
deutschen Haushal-   (rund 17 Mio.)   verbessert sich die
ten benutzen   haben wieder Gasan-   Position
Gaskochgeräte - die   schluß.   des Gases für Wär-
vorerst höchste   **1958**   mezwecke im Haus-
Abgabe von Haus-   Trotz komfortabler   halt noch.
haltsgas ist erreicht.   Gasanschlüsse und
1947   gasbeheizten Haus-
In den Westzonen   haltsgeräten, z.B.
(spätere Bundesrepu-   Waschvollautomaten
blik) werden nur   kann die Gasgeräte-
noch 4,3 Millionen   industrie ihre Stel-
Gasherde gezählt.   lung nur bei Herd
                          und Heizung
                          behaupten.

1924_____**1945–1950**_____**1951–1955**_____**seit 1973**_____**seit 1985**_____

Beginn der verstärkten   Die Zerstörungen in   Beginn des Siegeszu-   Seit der Energiekrise   Energiebewußtsein
Haushaltselektrifi-   den Elektrizitätswer-   ges elektrischer   tritt die Notwendig-   und zunehmende
zierung   ken führen zu Verbo-   Haushaltsgeräte.   keit des Energiespa-   Sättigung der Haus-
1925-1928   ten der Inbetrieb-   **1960-1965**   ren ins öffentliche   halte mit Haushalts-
Innerhalb von drei   nahme von   Die durchschnittliche   Bewußtsein.   geräten führen zu
Jahren steigt die Zahl   Elektrogeräten.   jährliche Zunahme des   steter Verringerung
stromversorgter Haus-   Stromverbrauches im   der Zunahme des
halte in Berlin von   Haushalt liegt bei   Stromverbrauchs, der
27,4% auf 54,8%.   13%.   jährlich nur noch um
                                                                                                  1% steigt. Dennoch
                                                                                                  nimmt der absolute
                                                                                                  Stromverbrauch der
                                                                                                  Haushalte nach wie
                                                                                                  vor zu.

Gasbeleuchtung
um 1910

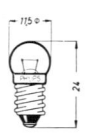

Beleuchtung, Heizung

✖ Bis in die Zeit nach dem Ersten Weltkrieg wurde hauptsächlich mit Petroleum und Gas beleuchtet, obwohl bereits um 1880, nach Einführung der Edison-Glühbirne, die elektrische Beleuchtung als zukunftsweisend angesehen wurde: heller, weniger gesundheitsschädlich und nicht entflammbar. Wegen der aufwendigen Installationen blieb sie jedoch bis in die 1920er Jahre nur den wohlhabenden Haushalten vorbehalten.

✖ Die meisten Wohnungen und Häuser werden heute mit Zentralheizungen beheizt. Der Wärmeerzeuger ist dabei ein öl- oder gasbefeuerter Kessel mit dem dazugehörigen Brenner. Häufig sind Heizung und Warmwasserbereitung aneinandergekoppelt. Bevor jedoch Gas-, Öl - und Nachtstromspeicherheizungen in der Bundesrepublik zum selbstverständlichen Wohnungskomfort wurden, war das Heizen der Wohnräume eine aufwendige Hausarbeit: Holz kleinmachen, Kohlen und Asche tragen, Öfen reinigen.

Gasofen mit Heizkörpern aus den 1920er Jahren.

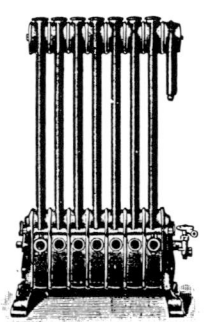

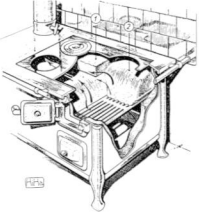

In den Küchen war der Kohlenherd oder die Kochmaschine Raumheizung, Warmwasserbereiter und Kochgelegenheit in einem.

Das Bad

✖ Trotz der seit Mitte des 19. Jahrhunderts verstärkten Bemühungen um Hygiene und dem Bau der zentralen Wasserbewirtschaftung war um die Jahrhundertwende der Besitz eines kompletten Badezimmers ein ungeheurer Luxus. In den breiten Bevölkerungsschichten sollten vielmehr die seit den 1870er Jahren vermehrt gebauten Volksbadeanstalten, Fabrik- oder Schulbäder genutzt werden.

Badezimmereinrichtung der Firma Schäffer & Walcker, um 1880

Badezimmer um 1900 mit Gasbadeofen, der gleichzeitig auch den Raum heizte

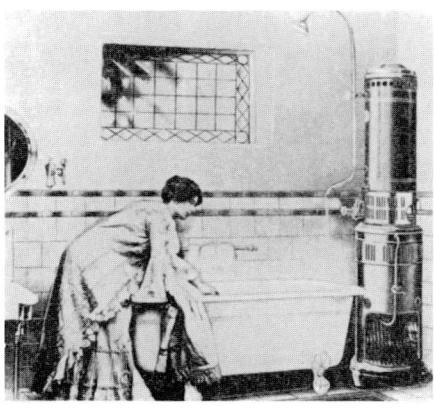

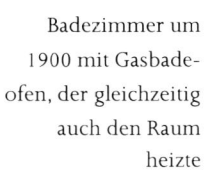

Stromrechnungsreklame von 1933

Wohnungsausstattung mit Badezimmer in deutschen Großstädten 1880 - 1910 (in v. H. aller Wohnungen)

Jahr	Berlin	München	Frankfurt	Hamburg
1880	3,4			
1885	4,5			6,6
1890			13,9*	8,9
1895	6,8	3,5		10,7
1900	8,4	9,2		13,1
1905	11,7			16,4
1910	13,5			20,9

* Prozentanteile der Haushalte mit Bad an der Gesamtzahl der Haushaltungen

1950 wird erstmalig im Ersten Wohnungsbaugesetz der Bundesrepublik der Einbau von Bädern als obligatorische Haushaltseinrichtung festgelegt.

1907 haben 54,2% aller Wohnungen in München eine eigene Toilette, 44,9% teilen eine solche mit bis zu 5 und mehr Mietparteien.

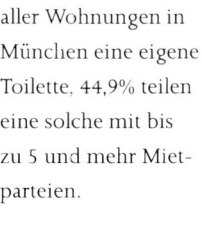

Kochen . . .

. . . mit festen Brennstoffen

emailierter Koch-
herd, 1907

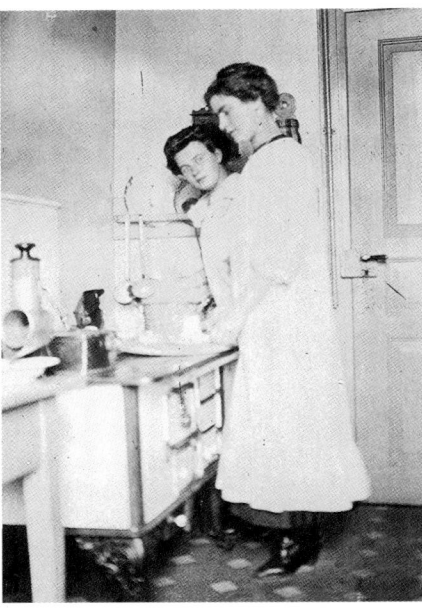

Am Kohleherd, um
1910

. . . mit Gas

Gasherd um 1930

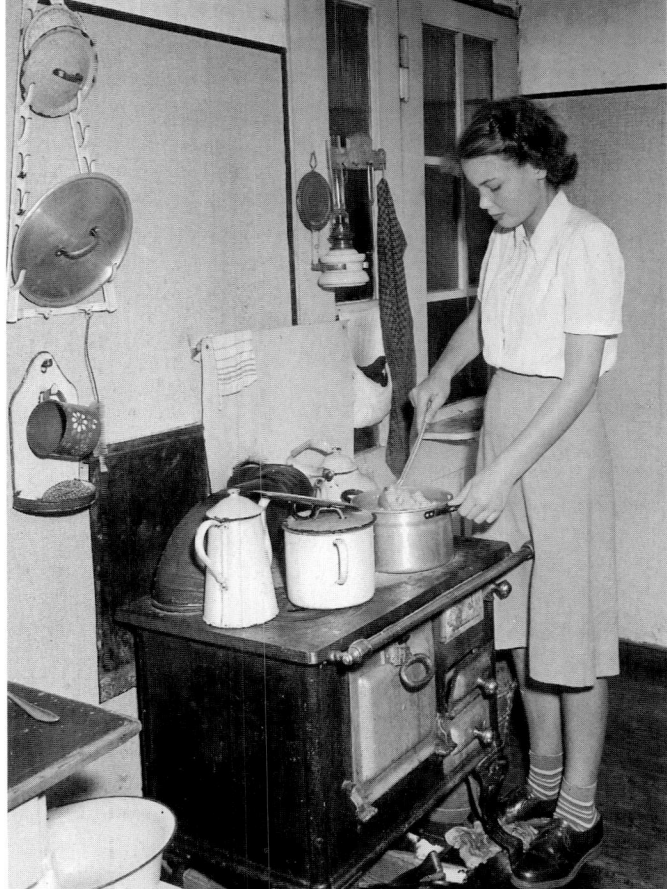

Die Folgen des Zweiten Weltkrieges forderten
ein Übermaß an technischer Selbsthilfe. Von
Gas und Strom oft abgeschnitten, war das
Kochen mit allem, was brannte, überlebens-
notwendig.

... mit Strom

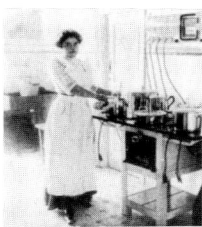

Die elektrische Küche
1907 bestand aus ein-
zelnen, direkt
beheizten Kochtöp-
fen, Pfannen usw.,
die jedes einzelnen
angeschlossen wurden.

Elektroplatten und
Elektro-Backofen,
1927

Elektroherd-Varia-
tionen, z. T. mit
Kohleabteil kombi-
niert, 1956

Elektrische Küche,
1908
Die Kochgeräte ste-
hen auf Heizplatten.

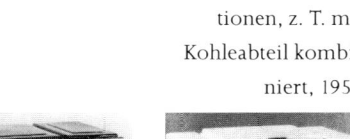

Mikrowellenherd,
um 1975

Kühlen und Spülen

1101

1102

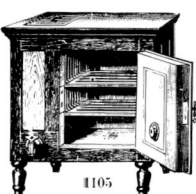

1105

Bis in die Zeit nach
dem Zweiten Welt-
krieg waren Eis-
schränke in
Gebrauch, die mit
regelmäßig zu wech-
selndem Stangeneis
gekühlt wurden.

Kühlschrank aus
massivem Eichenholz
mit Kacheln ausge-
legt, 1913

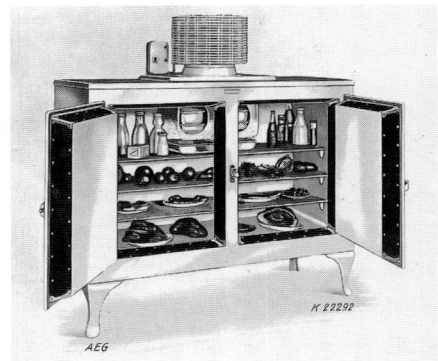

Kompressor-
Kühlschrank, 1929

Kompressor-
Kühlschrank, bei
dem der Motor
bereits im Gehäuse
untergebracht war,
1934

Die Gefriertruhe

Tiefgefrieren ersetzt
ab den 1960er Jahren
zunehmend das Ein-
machen von Nah-
rungsmitteln

Die Geschirrspülmaschine

Abwaschvorrichtung
von 1908

Geschirrspüler 1929

Küchentisch mit ein-
gebautem Spül-
becken, um 1930

Elektromotorische
Haushalts-
Spülmaschine, 1929

Wäsche waschen

Waschkesselöfen,
1890 - 1900

Wäschestampfer, 1918

die Waschmaschine

Der Elektromotor
trieb entweder den
Wasch-Rührflügel
oder den Wringer
an, um 1930

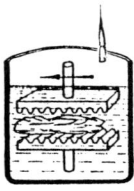

Waschbrettmaschine

Sprudelwascher

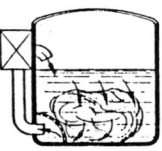

Pumpenwaschmaschine

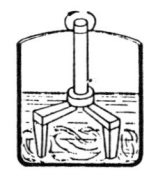

Quirlmaschine

Taumelscheibenmaschine

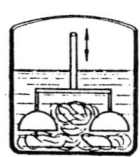

Saugglockenmaschine

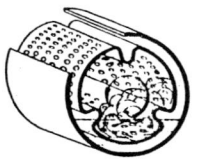

Trommelwaschma-
schine

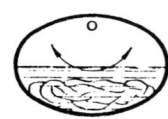

Schaukelwaschma-
schine

Kugelwaschmaschine

Gasbeheizter Dampf-
waschtopf, 1914

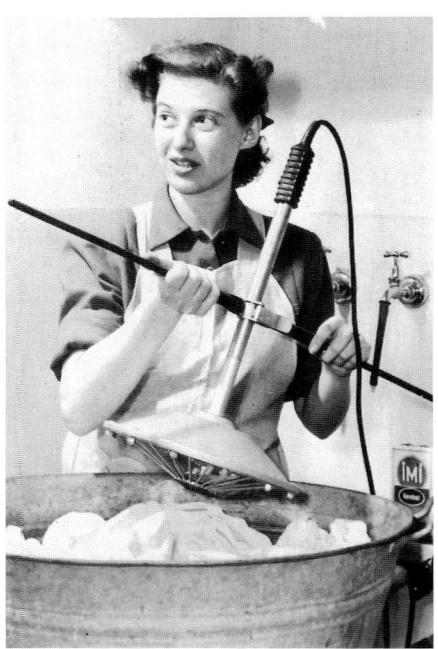

Waschen mit Ultra-
schall, 1950

Maschineneinrich-
tung einer Dorf-
waschküche im
Rheinland, um 1950

Waschmaschinen-
typen 1933

die Schleuder

Eine der ersten
Elektro-Schleudern,
1928

das Bügeleisen

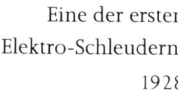

Elektrisches Bügelei-
sen, 1912

die Mangel

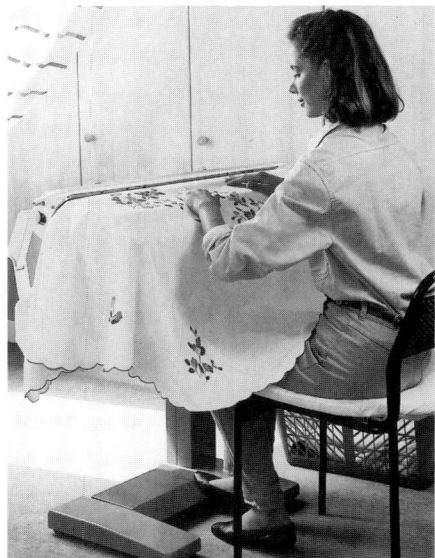

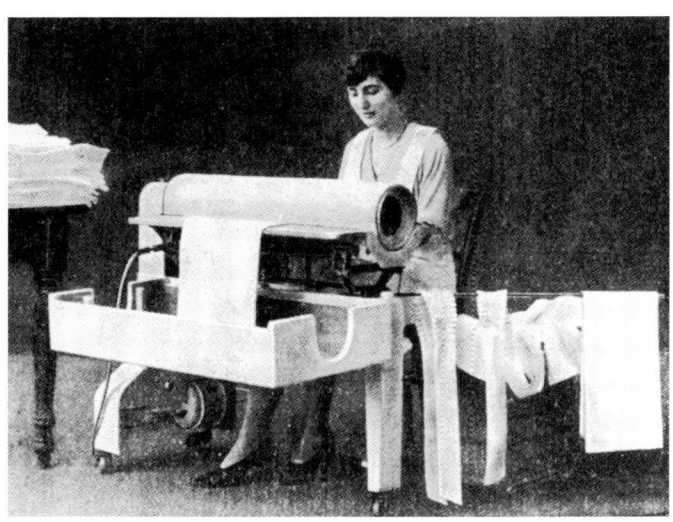

Gasbeheizte und elektromotorisch angetriebene Bügel-/Mangelmaschine, 1928

Reinigen

Der Handstaubsauger als Blasebalg zum Reinigen von Möbeln, Gardinen usw., 1926

Saugluftentstau-
bungsanlage, 1908
Im Keller stand eine
große Vakuum-
pumpe, die über
Luftschächte im
Mauerwerk mit den
Wohnungsräumen
verbunden war. Zum
Entstauben mußte
ein Schlauch am
Belüftungsrohr ange-
schlossen werden.

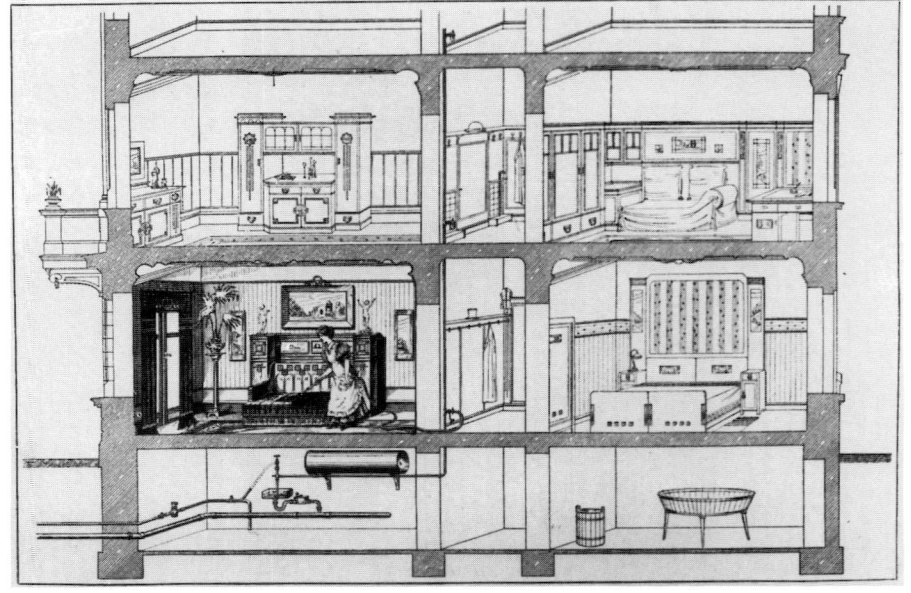

Transportable
„Rotor-Vakuum-
pumpe", 1912

Elektrizität in jedem Gerät
Foxtrot

Text und Musik von KARL ALFRE

Frauke Langguth

„Elektrizität in jedem Gerät" — Die Elektrifizierung der privaten Haushalte am Beispiel Berlins

1

„Alles elektrisch", Text von FELIX WOLF, Musik von LEOPOLD, MAASS, Moderner Musik- und Schallplatten-Verlag, Berlin-Halensee, Berlin 1933.

✘ „Alles geht elektrisch, was man heute tut, alles geht elektrisch, billig, schnell und gut. Kochen, braten, backen, fahren, Kraft und Licht, ohne Elektrizität geht es heute nicht!" heißt es in einem Schlagertext von 1933.[1] Betrachtet man den bundesdeutschen Durchschnittshaushalt, kann man dem fast 60 Jahre alten Schlager nur recht geben: Ohne Strom geht es kaum noch. Kaum ein Haushalt, in dem nicht elektrisch gekocht, gewaschen, gekühlt oder geheizt wird.

✘ Das sah in den dreißiger Jahren, auch wenn der oben zitierte Schlagertext Gegenteiliges behauptet, noch ganz anders aus. Zwar war eine Vielzahl elektrischer Haushaltsgeräte schon vor dem ersten Weltkrieg auf dem Markt, denn um 1910 gab es bereits elektrisch betriebene Glühlampen, Kaffeemühlen, Fleischzerkleinerungsmaschinen, Messerputz- und Eismaschinen, elektrische Staubsaugeranlagen, Bügeleisen, Kaffee- und Teemaschinen, Heizplatten, Milchwärmer, elektrische Warmwasserkannen und Haartrockenapparate. 1911 wurde als neueste Entwicklung eine elektrisch beheizte Waschmaschine vorgestellt. Doch der Gebrauch dieser elektrischen Haushaltsgeräte war nur wenigen Haushalten vorbehalten. Dies lag nicht nur an den zum Teil hohen Anschaffungs- und Betriebskosten, sondern auch daran, daß die überwiegende Mehrheit der Haushalte vor dem ersten Weltkrieg elektrische Geräte gar nicht benutzen konnte, da sie nicht an das Stromversorgungsnetz angeschlossen waren. In Berlin zum Beispiel hatten 1910 erst 3,5% aller Wohnungen einen Stromanschluß.[2] Bevor elektrische Geräte verwendet werden konnten, mußte die entsprechende Infrastruktur vorhanden sein. Darauf hatte der individuelle Haushalt wiederum nur wenig Einfluß. Das einzelne Wohnhaus beziehungsweise die einzelne Wohnung konnte nur an das Stromnetz angeschlossen werden, wenn ein Hausanschluß vorhanden war. Dies setzte eine Verkabelung der Straßen voraus, die in Berlin erst 1914 abgeschlossen war.

2

MATSCHOSS, CONRAD u. a: *50 Jahre Berliner Elektrizitätswerke 1884–1934*, hrsg. im Auftrag der Berliner Städtischen Elektrizitätswerke A.G. (=Veröffentlichungen der BEWAG, Reihe 2, Bd. 14), Berlin 1934.

✘ Die Haushalte spielten demzufolge nur eine untergeordnete Rolle innerhalb des Interessenbündnisses zwischen Geräteherstellern und Stromerzeugern. Entscheidender als der individuelle Entschluß, künftig elektrisch zu bügeln oder einen elektrischen Staubsauger zu benutzen, waren also die Bemühungen und Vorgaben der Elektroversorgungsunternehmen. Erst als die privaten Haushalte als relevante Stromverbraucher „entdeckt" waren, trieben die Elektrizitätsunternehmen die Haushaltelektrifizierung voran. Dabei ging es nicht, wie es die Elektrizitätswirtschaft aus heutiger Perspektive gern darstellt, in erster Linie um die Befreiung der Frau von lästiger Hausarbeit durch den Einsatz kraft- und zeitsparender Elektrogeräte, sondern um ein „Einpassen" des privaten Stromverbrauchs in die allgemeine Strombilanz der Unternehmen.

✖ Der folgende Beitrag wird die Geschichte der Elektrifizierung der privaten Haushalte seit den 20er Jahren am Beispiel Berlins verfolgen. Dabei wird es um zwei Schwerpunkte gehen. Anhand der Politik der Berliner Elektrizitätswerke AG (BEWAG) soll gezeigt werden, wie die Elektrizitätswerke Anfang der 1920er Jahre die Haushalte als Stromkunden entdeckten und umwarben. Außerdem wird gezeigt werden, mit Hilfe welcher absatzpolitischen Instrumente die Haushaltselektrifizierung erfolgreich auf den Weg gebracht wurde.

✖ Der zweite Schwerpunkt dieses Beitrages wird die Diskussion um die Einführung des elektrischen Kochens Ende der 1920er Jahre sein. Den Elektrizitätswerken ging es ab Mitte der 1920er Jahre nicht mehr allein um die Gewinnung der Haushalte als Stromkunden und um eine quantitative Steigerung des Stromverbrauchs. Auch der private Stromverbrauch wurde ab diesem Zeitpunkt sehr genau beobachtet, wissenschaftlich erforscht und die Auswirkungen der Verwendung einzelner elektrischer Geräte, wie zum Beispiel des Elektroherdes, berechnet. Ob ein Gerät förderungswürdig war, wurde von den allgemeinen absatzpolitischen Interessen des Unternehmens abhängig gemacht. Vor dem Hintergrund dieser absatzpolitischen Maßnahmen liest sich die Geschichte der Haushaltselektrifizierung auch als Geschichte der planmäßigen Steigerung des Stromverbrauchs bis hin zur heute so empfundenen Stromverschwendung.

„Alles elektrisch"

✖ Vor dem Ersten Weltkrieg spielte die Haushaltselektrifizierung innerhalb der betriebswirtschaftlichen Überlegungen der BEWAG nur eine untergeordnete Rolle. Die absatzpolitischen Maßnahmen konzentrierten sich vielmehr auf die Schlüsseltechnologie für die Einführung der Elektrizität: die 1881 von Edison erstmals in Europa vorgestellte elektrische Glühbirne. Als weitere Stromabsatzgebiete wurden nach der elektrischen Beleuchtung Industrie und Verkehr erschlossen. Ab den 1890er Jahren verkaufte die BEWAG neben sogenanntem „Lichtstrom" auch „Kraftstrom"; ab 1899 auch „Fahrstrom" zum Betrieb der S-Bahn. Im Vordergrund der absatzpolitischen Bemühungen standen die industriellen Großabnehmer. Der Verlauf der Elektrifizierung richtete sich in erster Linie nach den Standorten dieser Großkunden. Entlang der Hauptadern wurde dann das Kabelnetz erweitert, bis schließlich vor dem Ersten Weltkrieg alle Straßen im damaligen BEWAG-Versorgungsgebiet verkabelt waren. Es fehlten jedoch die entsprechenden Haus- und Wohnungsanschlüsse. „Der Elektrizitätsbedarf vieler Hausbewohner kann mangels Leitungen nicht befriedigt werden", hieß es 1911 in einer Leitschrift des Verbandes Deutscher Elektrotechniker.[3]

✖ Auch der Strom selber war noch eine teure Angelegenheit: 1916 kostete die Kilowattstunde nach dem Normaltarif für Beleuchtungszwecke 30 bis 40 Pfennig je nach Abnahme-

3
VERBAND DEUTSCHER
ELEKTROTECHNIKER
(Hg.):
*Leitsätze für die
Herstellung und
Einrichtung von
Gebäuden,
bezüglich Versorgung
mit Elektrizität,*
in: DETTMAR, GEORG:
*Die Elektrizität im
Hause,*
Berlin 1911,
S. 213–216.

menge. Die Elektrizitätswirtschaft mußte daher ständig gegen das Argument ankämpfen, elektrischer Strom sei ein Luxusgut.[4] In Kreisen der Elektrizitätswirtschaft wurde deshalb eine Senkung der Strompreise auf 10 bis 12 Pfennig pro Kilowattstunde als unbedingte Voraussetzung für die Erschließung neuer Stromanwendungsgebiete im Haushalt gesehen[5], denn die meisten Haushalte, die bis dahin an das Netz angeschlossen waren, benutzten die Elektrizität nur zu Beleuchtungszwecken.

✖ In Berlin waren bis zum Beginn des Ersten Weltkrieges erst 5,5% aller Wohnungen elektrifiziert; 1918 waren es dann 6,6%. Der Krieg und die nachfolgende Inflationszeit unterbrachen die Entwicklung der Berliner Elektrizitätsversorgung. Der private Stromverbrauch und die Zahl der Neuanschlüsse gingen zurück. Erst nach 1923 konsolidierten sich die Verhältnisse auf dem Strommarkt wieder. Mit „elementarer Wucht" setzte der „zehn Jahre lang zurückgedrängte Bedarf nach elektrischer Arbeit" wieder ein.[6] Anders als in der Vorkriegszeit wurde die Haushaltselektrifizierung jetzt zum erklärten Ziel der Berliner Elektrizitätswerke A. G., denn hier tat sich ein umfangreiches und vielversprechendes Arbeitsgebiet auf, dessen Sättigungspunkt noch in weiter Ferne lag. Zu dieser Einschätzung kam die BEWAG nach Auswertung der am 3. Mai 1925 vom Statistischen Amt der Stadt Berlin durchgeführten Wohnungszählung. Dabei wurde festgestellt, daß von den rund 1,04 Millionen Wohnungen im Berliner Stadtgebiet erst rund 250 000 an die Stromversorgung angeschlossen waren. Diese Zahl entsprach einem Elektrifizierungsgrad von etwa 24%.

✖ In der Folgezeit wurde daher die Haushaltselektrifizierung systematisch vorangetrieben. Als erster Schritt wurde nach der Devise „Gleiche Stromart, gleiche Spannung, gleicher Preis" die Vereinheitlichung der Stromversorgung beschlossen. Alle Abnehmer sollten künftig einheitlich mit 220 Volt Drehstrom versorgt werden. Ältere Anlagen mit anderer Spannung − 110 oder 120 Volt − sowie Gleichstromanlagen in den früher elektrifizierten inneren Stadtgebieten sollten langfristig umgestellt werden. Der Vereinheitlichung der Stromversorgung wurde von der BEWAG große Bedeutung zugemessen, da die bisherigen Verhältnisse als absatzhemmend empfunden wurden. Bislang war es zum Beispiel im Falle eines Umzugs in einen anderen Stadtteil nicht möglich gewesen, elektrische Geräte und Lampen weiter zu benutzen, wenn sie für eine andere Stromart oder Spannung vorgesehen waren.[7] Gleichzeitig wurde ein neues Tarifsystem eingeführt, nachdem der Verbraucher eine bestimmte monatliche Grundgebühr bezahlen mußte, die sich nach dem Anschlußwert seiner Elektrogeräte richtete, und eine Arbeitsgebühr je verbrauchte Kilowattstunde. Der kWh-Preis lag nun mit 16 bis 18 Pfennig deutlich niedriger als nach dem alten Tarifsystem.

✖ Außerdem wurde nach dem Motto „Elektrizität in jedem Gerät" eine umfangreiche Werbekampagne für den Stromverbrauch im Haushalt gestartet.[8] Dieser Werbeslogan war

---

4
Es gelte zu zeigen, heißt es 1918 in den „Mitteilungen der Berliner Elektrizitätswerke", einer Kundenzeitschrift, „(....) daß der elektrische Strom, am richtigen Ort und in geeigneter Weise gebraucht, durchaus nicht immer das teure Ding zu sein braucht, als das er oft mit Unrecht behandelt wird (....)", in: BEW-Mitteilungen, 6, 1910, S. 41−42.

6
Zur Zukunft der Berliner Stromversorgung. Neudruck zweier Denkschriften von 1925 bzw. 1927, Berlin 1929, S. 11.

8
Zur Gemeinschaftswerbung der Elektrizitätswirtschaft siehe: MUELLER, HERBERT FRANZ: „10 Jahre Gemeinschaftswerbung in der Elektrizitätswirtschaft", in: Elektrizitätswirtschaft 33, 1934, S. 106−109.

5
Siehe DETTMAR, 1911, wie Anmerk. 3, S. 209. Georg Dettmar war Leiter der 1911 gegründeten „Geschäftsstelle für Elektrizitätsverwertung". Er setzte sich schon früh für die Verwendung von Elektrizität im Haushalt ein und regte z. B. 1911 auch den Verband der Elektrotechniker an, die „Elektrizität im Hause" zum Thema einer Jahresversammlung zu machen.

7
BERLINER STÄDTISCHE ELEKTRIZITÄTSWERKE A.G.: Jahresbericht der Verkehrsdirektion (=Veröffentlichungen der BEWAG, Reihe 2, Bd. 2), Berlin 1925, S. 44.

9
Tätigkeitsbericht des
Werbeausschusses, in:
Elektrizitätswirt-
schaft 26, 1927, S.
182–185.
Die Werbemarke,
in: Elektrizitäts-
wirtschaft
25, 1925, S. 235–236.

1925 von der Werbeabteilung der Vereinigung der Elektrizitätswerke entwickelt worden und konnte gegen eine Lizenz-
abgabe von allen deutschen Elektrizitätswerken verwendet
werden. 1927 hatten bereits 350 Firmen die Nutzungsrechte
für diesen Werbespruch erworben.[9] Geworben wurde mit
Anzeigen in Zeitschriften und Tageszeitungen, Leuchtschrif-
ten und Lichtreklamen, Vorhangreklamen in Kinos und
Theatern, an Straßenbahnhaltestellen oder auf den Schutz-
umschlägen von Büchern aus der Stadtbücherei. Im Kino
gab es den Trickfilm *Tobias Ohneschwung* zu sehen, der die
Vorteile moderner elektrischer Beleuchtung gegenüber alt-
modischen Petroleumlampen demonstrierte. Die Vereinigung der deutschen Elektrizitätswerke hatte zwei zusätzliche
Werbefilme im Angebot: *Der elektrische Schwiegersohn* und
Wenn Frauen sich verbünden, die „reine Unterhaltung des Publi-
kums mit zwingender Hinführung auf angemessene Verwendung von Elektrizität" verbinden sollten.[10] Selbst die
Stromrechnungen wurden ausgenutzt, um für die Verwendung von elektrischen Haushaltsgeräten zu werben.

✖ 1924 griff die BEWAG eine Werbeidee aus der Vorkriegszeit wieder auf: Im BEWAG-Verwaltungsgebäude wurden ein
Ausstellungsraum für elektrische Haushaltsgeräte, Werkzeuge, Pumpen, Motoren und Beleuchtungsanlagen eingerichtet sowie eine Küche, ein Bade- und ein Herrenzimmer
mit den neuesten elektrischen Geräten. In den Folgejahren
wurden fünf weitere Vorführräume eröffnet. In ihnen sollte
kein Verkauf, sondern nur Beratung über die technischen
Besonderheiten, Handhabung und Verwendungsmöglich-
keiten der jeweiligen Geräte stattfinden. Besonderer Wert
wurde auf die praktische Demonstration der Geräte gelegt.
Dadurch sollten Berührungsängste vor unbekannten, neuen
Technologien abgebaut werden, denn die Benutzung elektrischer Geräte mußte den potentiellen Kunden in vielen Fällen
erst beigebracht werden. Die Beratungsstellen erfreuten sich
guten Zuspruchs: 1925 etwa wurden 13 600 Besucher ver-
zeichnet.

10
Siehe N. N.: *Tätig-*
keitsbericht des Werbe-
ausschusses,
wie Anm. 9, S.
183–185.

Ratenzahlungssystem „Elektrissima"

✖ Im folgenden soll ein absatzpolitisches Instrument der
BEWAG, das später auch von vielen anderen deutschen Elektrizitätswerken übernommen wurde, besonders vorgestellt
werden: das Ratenzahlungssystem „Elektrissima" oder „E3".
Mit Hilfe von „Elektrissima" konnte der Kauf von elektrischen Geräten, aber auch Wohnungs- und Hausanschlüsse
finanziert werden. Die BEWAG stellte sich dafür als Vor-
schußbank zur Verfügung. Das „E3"-Geschäft war folgendermaßen organisiert: Der Kunde füllte bei einem Installateur oder Elektrogeschäft, das Mitglied in der „E3"-Organi-
sation war, einen Antrag für ein Gerät oder eine Installa-
tionsarbeit aus.[11] Der Händler reichte den Antrag zur Geneh-
migung bei der BEWAG ein, die dann das Gerät oder die
Installation direkt beim Händler bezahlte und den Betrag in
Raten mit der monatlichen Stromrechnung wieder einzog.

11
Mitglied konnte
jeder Installateur
werden, der seit
mindestens sechs
Monaten eine Kon-
zession besaß, bzw.
jedes Elektrofachge-
schäft, das minde-
stens ebenso lange
bestand. Die
Geschäfte waren an
dem sechseckigen
„E3"-Schild im
Schaufenster zu
erkennen. Im Sep-
tember 1926 waren
bereits 1169
Geschäfte der Orga-
nisation beigetreten,
Ende 1927 waren es
2341, siehe Jahresbe-
richt der Abteilung
Elektrissima, 1927,
S. 9.

12
Vgl.. dazu z. B. die
Anschlußwerte in
Liste III der von der
BEWAG zum: „Elek-
trissima"-Geschäft
zugelassenen Geräte
vom November
1928; zu den
Anschlußwerten der
neuen Stromkunden
siehe *Geschäftsbericht*
1928, S. 41, sowie
Geschäftsbericht 1929
und 1930, jew. S. 41.

Hinter der Einrichtung dieses Finanzierungssystems steckten folgende absatzpolitische Überlegungen: Zum einen ging die BEWAG davon aus, daß viele potentielle Stromkunden sich zwar die Elektrizitätsverwendung leisten, jedoch nicht genügend Bargeld für die Anschaffung von Elektrogeräten bzw. zur Finanzierung eines Stromanschlusses aufbringen konnten. Zum anderen hatte man die Erfahrung gemacht, daß viele der seit Anfang der 20er Jahre hinzugewonnenen Stromkunden keine wesentliche Absatzsteigerung gebracht hatten. Rund 70% der neuen Stromanschlüsse lagen in einem Bereich unter 0,33 kW, was etwa der Anschlußleistung von sechs 50-Watt-Glühlampen oder einem Staubsauger von 90 bis 250 Watt und anderen elektrischen Klein- und Kleinstgeräten entsprach.[12] Viele der neuen Stromabnehmer verwendeten die Elektrizität weiterhin nur zu Beleuchtungszwecken, was für die BEWAG ein ungünstiges Anwachsen der Spitzenbelastung zur Folge hatte.

✖ „Elektrissima" wurde für die BEWAG zu einem vollen Erfolg. Bereits im ersten Jahr gingen für „E3" über 100 000 Anträge ein. 1928 waren es 170 000, 1930 dann 134 000 und 1931 nur noch 101 000[13]. die meisten Anträge im Rechnungsjahr 1926/27 konzentrierten sich auf die Finanzierung von Wohnungsinstallationen und Lampen. Rund 30 Prozent der neuen Wohnungsanschlüsse wurden in diesem Zeitraum über „Elektrissima" finanziert. Gleichzeitig ging rund ein Viertel des Zuwachses der Anschlußleistung (kW-Meßbereich) auf das Konto von „E3". Das Ratenzahlungssystem wurde von der BEWAG beibehalten bis 1941. Nach dem Krieg wurde „Elektrissima" 1949 wieder eingeführt mit der ausdrücklichen Begründung, daß die Elektrizitätswerke nun wieder vor einer ähnlichen Situation wie in den 20er Jahren stehen würden. Erst 1970 wurde das Ratenzahlungssystem von der BEWAG endgültig aufgegeben. Von 1949 bis 1969 hatte die BEWAG Kredite in Höhe von 157 Millionen bewilligt.

✖ Nicht zuletzt dank dieser direkten Fördermaßnahmen entwickelte sich die Haushaltselektrifizierung für die BEWAG in den 20er Jahren sehr günstig. Waren 1922 nur 11% der Berliner Haushalte an das Stromnetz angeschlossen, so steigerte sich ihre Zahl bis 1927 auf 50%. Im April 1927 wurde der 500 000. Stromzähler in Betrieb genommen, im selben Jahr gab es im BEWAG-Versorgungsgebiet bereits über 77 000 Hausanschlüsse.[14] Auch wenn die Zahl der angeschlossenen Haushalte dermaßen wuchs, daß im zeitgenössischen Sprachgebrauch von einer „Anschlußbewegung" die Rede war, verfügten die meisten Haushalte jedoch nur über wenige Elektrogeräte, die wiederum nur über eine niedrige Anschlußleistung verfügten und deshalb keine großen Stromverbraucher waren. Eine von der BEWAG 1928 durchgeführte Untersuchung, an der über eine Million Haushalte teilnahmen, hatte gezeigt, daß rund 40% der elektrifizierten Haushalte Strom nur zu Beleuchtungszwecken verwandten. Die restlichen 60% verwendeten folgende Elektrogeräte: Bügeleisen (56%), Staubsauger (27,5%), Heizkissen (16,3%), Heizsonnen und -öfen (7,4%) und elektrische Kochtöpfe,

13
BERLINER STÄDTISCHE
ELEKTRIZITÄTSWERKE
(Hg.):
Geschäftsberichte
1927–1931.

14
Die Zahl der Strom-
zähler
übersteigt die der
Haus-
anschlüsse um ein
Vielfaches, weil an
einem
Hausanschluß
mehrere
Wohnungsanschlüsse
und damit jeweils
einzelne Stromzähler
angeschlossen sein
konnten.

Kaffee- und Teemaschinen (5,9%). Elektrische Großgeräte wie Waschmaschinen, Kochherde und Backöfen, Warmwasserspeicher und Kühlschränke waren zum Zeitpunkt der Untersuchung in Berlin nur wenig verbreitet. So fanden sich insgesamt bei den rund 651 000 elektrifizierten Haushalten nur 2952 Waschmaschinen, 1126 Kühlschränke und 948 Warmwasserspeicher. Erst der Einsatz dieser Geräte versprach jedoch einen nennenswerten Stromabsatz im Haushalt. In Kreisen der Elektrizitätswirtschaft wurde daher seit Mitte der 1920er Jahre intensiv über die „Großelektrifizierung" des Haushalts nachgedacht.

„Die Zukunft gehört dem Elektroherd"

✖ Die Elektrowärme als neues Stromanwendungsgebiet rückte seit 1925 mehr und mehr in den Blickpunkt des Interesses.[15] Das Thema wurde auf Tagungen und Versammlungen diskutiert und auf Ausstellungen präsentiert. Im Vordergrund stand dabei zunächst die Frage des elektrischen Kochens. Obwohl sich mit der Einführung von Elektroherden große Absatzchancen aufgetan hätten, reagierte die BEWAG wie auch Vertreter anderer Elektrizitätswerke mit zurückhaltender Skepsis. Man befürchtete, daß das elektrische Kochen die Verbrauchsspitzenproblematik erneut verschärfen würde, wenn in den Kochzeiten neue Spitzenbelastungen entstehen würden. Außerdem könnte die abendliche Kochbelastung mit der Lichtspitze zusammenfallen. 1927 hatte sich die BEWAG deshalb noch ausdrücklich gegen jede Werbung für Strom zu Kochzwecken ausgesprochen. Die Befürworter der Elektrowärme hingegen versuchten durch Studien und Berechnungen zu beweisen, daß die Kochbelastung durch Zunahme der Gesamtbelastung und besseren Benutzungsfaktor ausgeglichen würde. Das elektrische Kochen wurde in der Folgezeit zum ersten Elektrizitätsanwendungsgebiet, das von der Elektrizitätswirtschaft systematisch erforscht wurde. Zum ersten Mal wurde versucht, im voraus zu berechnen, wie sich die Einführung bestimmter Geräte im Haushalt auf die Stromerzeugung und -verteilung auswirken würde. Zunächst stand dafür nur wenig statistisches Material zur Verfügung, da die Zahl der Elektroküchen in Deutschland noch nicht sehr hoch war. Ende 1929 waren es etwa 30 000 elektrische Küchen, das heißt 16 000 elektrische Herde, darunter 9000 Zwei-Platten-Herde und 12 000 Haubenkochgeräte.[16] Deswegen wurde häufig eine Studie der amerikanischen National Electric Light Association (NELA) aus dem Jahre 1925/26 angeführt. Die NELA-Studie kam zu dem Schluß: „Das Ergebnis der Untersuchung ist günstig. Der Anschluß elektrischer Herde ist ein gutes Geschäft für die Elektrizitätswerke, wenn sie durch geeignete Tarife Herdanschlüsse ermöglichen. Die Einnahmen liegen — bezogen auf das investierte Kapital — höher als bei irgendeinem anderen Stromverbraucher einschließlich Beleuchtung."[17]

15
Siehe dazu aus der Vielzahl der Publikationen zu diesem Thema zum Beispiel KRATOCHWIL, ROBERT: Elektrowärmeverwertung als Mittel zur Erhöhung des Stromverbrauchs, Berlin 1927 oder ZSCHINTZSCH, W: Die Elektrowärme — ein Wendepunkt in der Energieversorgung, in: Elektrizitätswirtschaft 34, 1935, S. 357–363.

17
LAUFER, JULIUS: Haushalt und Elektrizitätswerke, in: SIEMENS & HALSKE GMBH, SIEMENS-SCHUCKERT A. G., Siemens Jahrbuch 1929, Berlin 1929 S. 545–580, hier S. 553.

16
Nach Angaben der Vereinigung der Elektrizitätswerke, zitiert nach MÖRTZSCH, FRIEDRICH: Belastungsverhältnisse beim elektrischen Kochen, in: Belastungsverhältnisse beim elektrischen Kochen, in: Elektrizitätswirtschaft 29, 1930, S. 625–633.

✖ Jedes Elektrizitätswerk müsse jedoch selbst berechnen, welche Auswirkungen die Ausstattung der Haushalte mit Elektroherden auf die Werksbelastung habe. Dabei sollten folgende Faktoren berücksichtigt werden: Wie hoch ist die voraussichtliche Anzahl elektrisch kochender Haushalte, wie der wahrscheinliche zeitliche Verlauf der Kochbelastung und wie hoch der Kochstromverbrauch. In die Berechnung sollten auch die Lebensgewohnheiten der Haushalte wie etwa die Arbeitszeiten Eingang finden. In ländlichen Gebieten und Kleinstädten ohne relevanten industriellen Stromverbrauch wurde eine andere Belastung durch das elektrische Kochen erwartet als in Großstädten mit durchgehender Arbeitszeit, wo die meisten warmen Mahlzeiten abends gekocht wurden.

✖ In der Folgezeit wurden auch in Deutschland die physikalisch-technischen Grundlagen des elektrischen Kochens wissenschaftlich erforscht. Dazu wurde bei der Vereinigung der Elektrizitätswerke eine Forschungsstelle eingerichtet. Untersucht wurden experimentell und theoretisch unter anderem der Aufheizvorgang und die Wärmeübertragung beim Kochvorgang von der Platte auf das Kochgefäß bzw. Kochgut. Berechnet wurde auch, welchen Anteil der einzelne Herd an der Werksbelastung haben würde. Man bestimmte, daß bei einem Vollherd mit drei bis vier Platten und Bratofen mit einem Anschlußwert von 5,5 bis 6,5 kW mit einer mittleren Höchstlast von 3,5 und 4 kW pro Haushalt zu rechnen sei. Dieser Anteil nahm bei einer steigenden Zahl von Haushalten ab, da nicht alle Haushalte gleichzeitig dieselben Gerichte kochen würden. Zu ähnlichen Ergebnissen kamen empirische Untersuchungen, die in sogenannten „vollelektrifizierten" Siedlungen durchgeführt worden waren.[18] Alle Untersuchungen gingen abschließend davon aus, daß mit der Einführung des Elektroherdes sowie durch stärkere Verbreitung von Heißwasserspeichern die durchschnittliche Haushaltsstromabgabe wesentlich gesteigert werden könnte, ohne daß die Kraftwerksleistung in größerem Umfang erweitert werden müßte.

✖ Dennoch setzte die BEWAG sich erst ab 1931 für die Einführung des elektrischen Kochens ein. Deutlichstes Zeichen war der neugeschaffene Stromtarif zur „Belieferung von Elektroküchen" in Haushaltungen, der 1932 zu einem Grundpreistarif für hochelektrifizierte Wohnungen umgewandelt wurde. Die Kilowattstunde Strom kostete nach diesem Tarif nur noch 8 Pfennig im Gegensatz zum normalen Haushalttarif mit 20 Pfennig pro kWh.

✖ Hintergrund für diese Umorientierung in der Absatzpolitik war, daß die BEWAG infolge der Wirtschaftskrise 1930 zum ersten Mal weniger Strom als in den Vorjahren verkauft hatte. Um verlorene Industrieabgaben wieder auszugleichen, wurde zum „Kampf um Absatzneuland" (im Haushalt) aufgerufen.[19] Rückblickend wurde nun auch gerügt, daß sich die Absatzpolitik der vergangenen Jahre vornehmlich an der Verhinderung eines weiteren Ansteigens der Belastungsspitze orientiert hatte. Nach der Formel „Mehr

18
Als „vollelektrifiziert"
galten Wohnungen
bzw.
Siedlungen, die ausschließlich Strom
zum
Betrieb von
Haushaltsgeräten benutzten.
Im engeren Sinne
war
damit vor allem
elektrisches Kochen,
Warmwasserbereiten
und Heizen gemeint.
Siehe Schmude:
Die erste Verwendung
der Elektrizität
in größerem Umfang in
einer Siedlung und ihr
Erfolg,
in: *Elektrizitätswirtschaft* 30,
1931, S. 323–325.

19
Berliner Städtische
Elektrizitätswerke
A. G.:
Jahrbuch der
Verkehrsdirektion 1931
(=Veröffentlichungen
der BEWAG, Reihe 2,
Bd. 11),
Berlin o. J. (1931),
S. VI.

Kilowattstunden, nicht mehr Kilowatt" sollte bereits ab 1925 alles dafür getan werden, eine bessere Ausnutzung der vorhandenen Kraftwerksleistung zu erreichen. Daneben sollte versucht werden, die „Täler" in der Belastungskurve, also die Zeiträume, während derer nur wenig Strom verbraucht wurde, aufzufüllen. Ab 1927 wurde daher nur für Anlagen, die außerhalb der Spitzenzeiten Strom verbrauchten, für die Hebung des Sommerkonsums, des Sonntagsverbrauchs und für die Stromabnahme während der Nachtzeiten geworben. Zu Spitzenbelastungen kam es in Berlin zum einen im Verlauf des Vormittags wegen des industriellen Stromverbrauchs und zum anderen in den frühen Abendstunden wegen des Lichtstromverbrauchs. Die höchste Jahresbelastung wurde wegen der früh einsetzenden Dunkelheit in den Wintermonaten wochentags um siebzehn Uhr gemessen. Die BEWAG unterschied deshalb zwischen erwünschtem und unerwünschtem Stromverbrauch. Gefördert werden sollte deshalb unter anderem die Verwendung von Warmwasserspeichern und Kältemaschinen in Haushalt und Gewerbe. Nicht geworben werden sollte ausdrücklich für Wohnraumbeleuchtung und elektrisches Kochen.

✖ Während die Zurückhaltung in bezug auf das elektrische Kochen noch sehr groß war, bestanden gegenüber der Einführung von elektrischen Heißwasserspeichern keine Bedenken. 1929 wurde versuchsweise ein Heißwasserspeicher-Mietsystem eingeführt. Gegen eine monatliche Gebühr zwischen 3,75 und 5,00 Reichsmark wurden 30-, 50- und 80-Liter-Speicher vermietet. Der Strom wurde nach dem Nachtstrom-Speichertarif zu einem Arbeitspreis von 8 Pfennig pro Kilowattstunde abgegeben. Die Speicher wurden so installiert, daß die Aufladung jede Nacht automatisch mittels einer Schaltuhr erfolgte. Nur wenn der Kunde die Anlage ausschaltete, fand keine Wassererwärmung statt. Diese Technik förderte den täglichen Gebrauch eines Elektrogerätes. Das Vermietungsgeschäft, 1930 mit 1000 Speichergeräten gestartet, fand großen Anklang. Bis 1934/35 stieg die Zahl der vermieteten Speicher auf 7454 Stück.

✖ Ab 1931 änderte sich die Einstellung der BEWAG gegenüber dem elektrischen Kochen. Nun hieß es „Die Zukunft gehört dem Elektroherd". Systematisch wurde die Erschließung dieses neuen Absatzgebietes in Angriff genommen. Dabei kamen dem Elektrizitätswerk die Ergebnisse großangelegter Versuchsreihen zugute. Bereits seit 1927 hatte die BEWAG Kochversuchsanlagen in Privathaushalten betrieben. 1931 waren es 70 Haushalte, in denen Kochversuche durchgeführt und empirische Daten gesammelt wurden. Untersucht wurden neben den technischen Eigenschaften der Herde – die Haushalte waren mit Vollherden verschiedenster Fabrikate ausgestattet – auch Fragen der Installation, etwa die Zweckmäßigkeit von Schutzschaltern, Steckdosen für Zusatzgeräte, Nulleitern oder Erdung. Speziell für den Berliner Altbau wurden Einbauherdmodelle entwickelt, die in die vorhandenen gemauerten Kohle- oder Gasherde eingebaut werden konnten. Auf diese Weise konnte der Anschluß von

Elektroherden auch in Mietwohnungen, in denen baulich nichts verändert werden durfte, propagiert werden. Ein anderer Schwerpunkt wurde der Siedlungsneubau. Seit Anfang 1930 gab es in Berlin-Siemensstadt eine erste vollelektrifizierte Siedlung mit 500 Wohnungen. Auch hier wurde der Stromverbrauch gemessen und ausgewertet. Eine zweite vollelektrifizierte Siedlung wurde 1931 im Süden Berlins fertiggestellt. In der Siedlung, die aus 866 Wohnungen bestand, richtete die BEWAG zusammen mit der Firma Siemens eine Lehrküche ein, denn da die Elektroherde für die Hausfrauen etwas völlig Neues darstellten, wollte man eine, wie es hieß, „sorgfältige Unterrichtung" anbieten. Der „Siedlungshausdienst" suchte deshalb die Hausfrauen auf und lud sie zu Kochvorträgen und Vorführungen in der Lehrküche ein. Auch viele Berliner Schulen wurden in den folgenden Jahren mit elektrischen Lehrküchen ausgestattet.

✖ 1933 wurde die Einführung eines eigenen Vertriebssystems für Elektroherde beschlossen, da das „Elektrissima"-System wegen der relativ hohen Monatsraten nur für wenige Kunden in Frage kam. Über die „Elektrogemeinschaft BEWAG", der sich bis 1934 rund 1000 Elektroinstallateure und 150 Fachhändler anschlossen, wurden durch die BEWAG geprüfte und zugelassene Herde mit fünfjähriger Garantie vertrieben, die in monatlichen Raten abgezahlt werden mußten. Der Erfolg der Werbekampagnen und der neuen Stromtarife ließ sich an der steigenden Zahl der Elektroherde ablesen. 1932 waren im BEWAG-Versorgungsgebiet erst 2391 Herde installiert, 1933 waren es über 5000. 1936 wurde der 25 000. Herd angeschlossen.

Zusammenfassung

✖ An dieser Stelle soll die historische Darstellung abgebrochen werden. Die Politik der Haushaltselektrifizierung wurde von den Elektroversorgungsunternehmen in den 30er Jahren und verstärkt wieder nach dem Zweiten Weltkrieg nach dem oben beschriebenen Muster fortgeführt. Die Elektrizitätswerke betrachteten die Verbreitung und Entwicklung neuer Elektrogeräte und -technologien ausschließlich unter elektrizitätswirtschaftlichen Gesichtspunkten. Welchen Anschlußwert hatte das Gerät, welche Benutzungsdauer war zu erwarten, wann würde der Stromabnehmer das Gerät voraussichtlich benutzen? Auf der Grundlage der wissenschaftlichen Erforschung dieser elektrizitätswirtschaftlichen Aspekte wurden die absatzpolitischen Entscheidungen getroffen, die auch in den folgenden Jahrzehnten den Verlauf der Haushaltselektrifizierung entscheidend prägten. Was in diesem Aufsatz am Beispiel der Diskussion um die Einführung des elektrischen Kochens und der Warmwasserbereitung aufgezeigt wurde, ließe sich ähnlich beim elektrischen Kühlschrank, der Raumheizung und der elektrischen Waschmaschine beschreiben, die in der Folgezeit, insbesondere nach dem Zweiten Weltkrieg, als neue Stromanwendungsgebiete entdeckt und entsprechend gefördert wurden.

✖ Die Verbraucher waren über diese elektrizitätswirtschaftlichen Interessen an einer Absatzsteigerung bis in die siebziger Jahre kaum aufgeklärt. Kein Wunder, denn das Informationsangebot der Elektroversorgungsunternehmen und der Elektroindustrie beschränkte sich auf die Darlegung der Vorteile elektrischer Haushaltsgeräte. Sie wurden als modern, arbeits- und mühesparend, hygienisch, sauber, billig und bequem angepriesen und als Insignien des gesellschaftlichen und technischen Fortschritts gefeiert.

✖ Daß es nicht nur um den einzelnen Haushalt geht, sondern daß die Politik der Absatzsteigerung im Haushalt auch eine Politik der Förderung des Mehrverbrauchs bis hin zur unüberlegten Stromverschwendung war, wurde öffentlich nicht diskutiert. Nicht thematisiert wurde auch, daß durch die fortschreitende Elektrifizierung die Wahlmöglichkeiten der einzelnen Haushalte immer mehr eingeschränkt wurden. So blieb vor allem im Neubaubereich den Verbrauchern ab den 1930er Jahren nichts anderes übrig, als elektrisch zu kochen und zu heizen, da aufgrund fehlender Installationen die Verwendung anderer Geräte und Energiearten ausgeschlossen war. Auch auf dem Gerätemarkt wurden die Auswahlmöglichkeiten durch die Fortentwicklung der Haushaltselektrifizierung immer mehr eingeschränkt. So konnten sich etwa gasbetriebene Haushaltsgeräte wie der Gas-Waschvollautomat gegen die elektrische Konkurrenz nicht halten. Auch gegenüber der zentralen Belieferung durch das Monopol der regionalen oder lokalen Elektroversorgungsunternehmen hatte der einzelne Haushalt keine Alternative.

✖ Seit Anfang der siebziger Jahre, nicht zuletzt unter dem Eindruck der sogenannten Ölkrise, begannen die Stromabnehmer sich auch für den Stromverbrauch ihrer Haushaltsgeräte zu interessieren. Energiesparen wurde auch für den Haushalt zum Thema, gefördert durch die staatliche Bereitschaft zur Finanzierung einer Energieberatung. Seitdem ist viel diskutiert worden und einiges geschehen. Zahlreiche Konzepte direkter und indirekter Energieeinsparung wurden entwickelt ebenso wie neue Energietechniken.
Der neue Trend fand seinen Niederschlag sowohl bei der Elektroindustrie, die fortan Geräte produzierte, die deutlich weniger Strom verbrauchten, als auch bei den Elektroversorgungsunternehmen, die die Stromabnehmer inzwischen bereitwillig mit Energiespartips versorgen. Euphorie scheint dennoch längst nicht am Platze. Insbesondere aus der Perspektive der privaten Haushalte sieht es nicht selten so aus, als wenn die dringend erforderliche Wende in der Energiepolitik ausschließlich auf die individuelle Ebene des Stromsparens beschränkt bleiben soll.

Sibylle Meyer und Eva Schulze ✖

Fernseher contra Waschmaschine ✖

wie das Geschlechterverhältnis auf Technik wirkt[1] ✖

✖ „Wenn ich jetzt auf ein Gerät verzichten müßte – Fernseher oder Waschmaschine –, würde ich auf den Fernseher verzichten, denn diese Quälerei, die ich mit der Wäsche hatte, werd' ich nie vergessen. Mein Mann sagt, der Fernseher ist wichtiger – das hat er schon gesagt, als es um die Anschaffung ging. Aber er brauchte sich ja auch nie zu quälen mit der Wäsche, das ist natürlich 'ne andere Sache!"[2]

✖ Daß Technik Auswirkungen auf Hausarbeit und Familienleben hat, wird wohl heute kaum noch jemand bestreiten. Inwieweit aber die Familie Einfluß auf die Technik nimmt, ist eine viel weniger gängige Frage. Im folgenden wollen wir aber gerade dieser Frage nachgehen und zeigen, daß die Entwicklung technischer Geräte für den Haushalt nicht nur abhängig ist von technischen Innovationen, Herstellerinteressen oder Marktgesetzen, sondern daß auch Familien Einfluß darauf nehmen.

✖ Von besonderer Bedeutung ist dabei das Zusammenleben in Ehe und Familie, das durch soziale Strukturen, vor allem durch die Beziehung zwischen Mann und Frau, geprägt ist. Dieses Geschlechterverhältnis bedeutet in der bürgerlichen Gesellschaft die jeweilige Zuordnung zu verschiedenen gesellschaftlichen Funktionen. Der Mann ist für die Erwerbsarbeit und somit das Familieneinkommen und die Frau für Haushalt und Kinder zuständig, entsprechende Kompetenzen und Dominanzen für die unterschiedlichen Bereiche sind die Folge. Dies heißt zum Beispiel, daß die Verfügungsgewalt über das Familieneinkommen im Regelfall eher beim Mann liegt und die Verantwortung für die Kindererziehung der Frau zukommt. Konsum- und Anschaffungsentscheidungen werden zwar angeblich partnerschaftlich getroffen, aber Untersuchungen über eheliche Macht- und Entscheidungsstrukturen haben ergeben, daß Entscheidungen nicht gleichberechtigt getroffen werden. Da dem Mann als „Hauptverdiener" Entscheidungs- und Verfügungsdominanz über das Familieneinkommen zufallen, haben seine Interessen im Konsumverhalten bzw. bei Anschaffungsentscheidungen mehr Gewicht. Er prägt somit den Lebensstil der Familie deutlicher als die Frau oder die Kinder.

✖ Wir gehen von der These aus, daß diese ungleiche Machtverteilung zwischen Männern und Frauen in der Familie u. a. auch die Anschaffung von technischen Geräten bestimmt. Dieser Blick auf das Geschlechterverhältnis erklärt unserer Einschätzung nach nicht nur die unterschiedlich schnelle Anschaffung und Verbreitung einzelner Gerätetypen, sondern auch den Verlauf der technischen Entwicklung: Vergleicht man z. B. die Unterhaltungsgerätetechnik mit der Haushaltsgerätetechnik, zeigt sich, daß letztere eine erheblich langsamere Entwicklung und Verbreitung durchlaufen hat. Während man die Technisierung des Hausarbeitsbereiches als schleichenden Prozeß bezeichnen könnte, verlief die Technisierung der Unterhaltungs- und Kommunikationsbereiche in kurzen, schnellen Schüben.

Zur ungleichzeitigen Entwicklung und Verbreitung von Haushalts- und Unterhaltungstechnik

✖ Die technischen Prinzipien der meisten Haushaltsgeräte waren bereits sehr früh entwickelt. So gehen z. B. die Ursprünge der elektrischen Wärmeerzeugung, des motorischen Antriebs oder der Kälteerzeugung bis ins 19. Jahrhundert zurück. Oftmals stammten die Innovationen für die Haushaltstechnik aus anderen

1
Überarbeitete Fassung des Aufsatzes Fernseher contra Waschmaschine" – Wie Familienstrukturen auf Technik wirken, erschienen in:
WAGNER, GERT, NOTBURGA OTT und HANS-JOACHIM HOFFMANN-NOVOTNY: Familienbildung und Erwerbstätigkeit im demographischen Wandel, Berlin 1989, S. 251–262.

2
Zitat aus dem Interview mit Frau N., Jg. 1911, Heirat 1937, 2 Söhne (Jg. 1938 und Jg. 1941).
Im Rahmen des Projekts „Technik und Familie", das wir seit 1987 an der TU Berlin durchführen, werden Interviews mit Frauen verschiedener Heiratskohorten erhoben und ausgewertet.

✖

3
Alle folgenden
Ergebnisse zur
technischen Ent-
wicklung
und Verbreitung von
Haushaltsgeräten:
vgl. BUSSEMER,
HERRAD U.,
SIBYLLE MEYER,
BARBARA ORLAND
und EVA SCHULZE:
„Zur Sozialgeschichte
der Haushaltstechnik",
Erster Zwischen-
bericht,
Berlin 1985,
und zweiter
Zwischenbericht,
Berlin 1987

4
RIEDEL, HEIDE:
60 Jahre Radio,
Berlin, 1983, S. 7 ff.

5
RIEDEL, 1983,
wie Anm. 4., S. 13
vgl. LERG, WINFRIED:
Die Entstehung
des Rundfunks in
Deutschland,
Frankfurt/Main
1965.

6
Am 25. 5. 1933 ging
die erste Serie der
Volksempfänger in
Auftrag. Am 1. 1.
1934 betrug die Zahl
der Rundfunkteil-
nehmer bereits über
5 Mio.
FISCHER, KURT E.:
Dokumente zur
Geschichte des deutschen
Rundfunks und
Fernsehens,
Göttingen 1957,
S. 30 ff.

industriellen Bereichen, wurden aber sehr schnell auf Haushaltsgeräte übertragen. Dennoch wurde die industrielle Produktion dieser Geräte nur langsam begonnen, und noch erheblich länger dauerte es, bis die ersten Haushaltsgeräte von den Familien angeschafft wurden.[3]

✖ So kochte die Mehrzahl der deutschen Hausfrauen bis zum zweiten Weltkrieg – und viele noch in den 50er Jahren – auf Kohleherden, obwohl seit Jahrzehnten das Prinzip der Gas- und Elektroherde entwickelt war und verschiedene Gerätetypen auf dem Markt waren. Bereits ab 1860 wurden Gaswärmegeräte für den Haushalt entwickelt, nachdem durch die Erfindung des Bunsenbrenners (1855) die Voraussetzung dafür geschaffen war. Die Produktion von gasbeheizten Bügeleisen, Kochern und Herden setzte jedoch nur zögerlich ein, und erst ab ca. 1880 wurden gasbeheizte Geräte in nennenswertem Umfang verkauft. Gleichzeitig begannen Versuche, Elektrizität für die Beheizung zu nutzen, und 1886 kamen die ersten Kochplatten auf den Markt. Ca. 1925 kamen die ersten, in ihrer Funktionsweise unseren heutigen Elektroherden vergleichbaren Geräte auf den Markt. Diese technisch weitgehend ausgereiften Modelle fanden jedoch anfangs kaum Verbreitung in den Privathaushalten. Lediglich Zwei-Platten-Kocher wurden als Zusatzgerät zum Kohleofen in den 20er/30er Jahren gekauft und benutzt.

✖ Bei Waschgeräten ist die Zeitdifferenz von technischer Entwicklung und Verbreitung noch extremer. Obwohl bereits in den 20er Jahren verschiedenste Waschmaschinenmodelle entwickelt und gebaut wurden, war das Waschen mit Kessel und Waschbrett bis in die 60er Jahre – in Waschküche, Badezimmer oder auf dem Küchenherd – für die Mehrzahl der Hausfrauen üblich. Ab 1910 hatte es die Entwicklung von kleinen Elektromotoren ermöglicht, die bislang von Hand angetriebenen Geräte zu elektrifizieren. Zwar waren diese Waschmaschinen anfangs noch klobig, schwer und reparaturanfällig, jedoch ermöglichte ihre Weiterentwicklung in den nächsten Jahren den Bau von handlicheren und weniger reparaturanfälligen Maschinen. Ab Mitte der 20er Jahre kamen verschiedene elektrisch angetriebene, vor allem mit Gas beheizte Maschinen auf den Markt. Nennenswerte Verbreitung fanden Waschmaschinen jedoch erst in den 1960er Jahren – Ende der 1970er Jahre hatten erst 80 Prozent der Haushalte einen Waschvollautomaten.

✖ Eine ähnliche zeitliche Verzögerung zwischen technischer Entwicklung, Produktion und Verbreitung zeigt sich für alle größeren Haushaltsgeräte, also auch für Kühlschrank, Spülmaschine und Wäschetrockner. Bei kleineren Haushaltsgeräten war die Zeitspanne zwischen Entwicklung und Verbreitung kürzer: Die ersten Elektrobügeleisen wurden bereits wenige Jahre nach ihrer Erfindung von Großunternehmen wie AEG in Serienfertigung und folglich zu niedrigen Preisen produziert, und bereits kurz nach dem ersten Weltkrieg wurden erheblich mehr Elektrobügeleisen verkauft als gasbetriebene Bügeleisen.

✖ Im Gegensatz zur Ungleichzeitigkeit zwischen Entwicklung, Produktion und Verbreitung von Haushaltsgeräten gilt dies für Unterhaltungsgeräte nur in sehr viel geringerem Maße. Sobald die technischen Grundprinzipien entwickelt waren, wurden Serienproduktionen in Gang gesetzt, und auch die Verbreitung der Geräte in den Familien schritt schnell voran. Exemplarisch wollen wir dies für Radio und Fernsehen zeigen, dasselbe gilt jedoch auch für Plattenspieler und Videorecorder.

✖ Die Ursprünge des Radios gehen auf die Entdeckung der elektromagnetischen Wellen durch Heinrich Hertz 1889 zurück. Der nächste Schritt lag in der Entwicklung des Kristalldetektors (1898) durch Karl Ferdinand von Braun. Dabei wurden Schwingungen, die ein Sender ausstrahlte, in Töne umgesetzt, die dann mittels Kopfhörer abgehört werden konnten. Mit Hilfe dieses Gleichrichters für Hochfrequenzströme war bereits eine Frequenzabstimmung möglich. Kurz darauf wurden die elektronischen Verstärkerröhren (Glühkathodenröhren) 1904 bzw. 1906 von Fleming bzw. Lee de Forest entwickelt, die als Gleichrichter und zusätzlich als

Verstärker wirkten.[4] Mit diesen Erfindungen war bereits das Instrumentarium entwickelt, mit dem der Empfang von weiter entfernten Sendern möglich war. In der Zwischenkriegszeit wurde dieses technische Prinzip lediglich weiterentwickelt.

✖ Als 1923 in Deutschland die ersten Radiosendungen übertragen wurden, waren 500 Rundfunkteilnehmer gemeldet.[5] Innerhalb von drei Jahren wurde bereits die erste Million an Teilnehmern überschritten, und 1931 hatte jede vierte Familie ein Radiogerät. Durch die ab 1933 serienmäßige Produktion eines kostengünstigen Röhrengerätes[6], den sogenannten „Volksempfänger", der in einfacher Ausführung 75 RM kostete (im Vergleich dazu kostete eine elektrisch angetriebene und mit Gas beheizte Waschmaschine ab 250 RM aufwärts), wurde die Verbreitung nochmals gefördert, so daß sich 1939 die Hörerzahl der 10-Millionen-Grenze stark annäherte. Man kann also festhalten, daß die Verbreitung der Radiogeräte ebenso sprunghaft verlief wie deren technische Entwicklung und massenhafte Produktion.

✖ Auch beim Fernsehen ist der Schritt von der technischen Idee bis zur Verbreitung relativ kurz. Die Grundprinzipien der elektrischen Bildübertragung (Fotozellen aus Selen und Braunsche Kathodenstrahlenröhren) wurden vor der Jahrhundertwende entwickelt. Bereits 1884 hatte Paul Nipkow den ersten realisierbaren Fernseher entworfen.[7] Es bedurfte jedoch noch einer Reihe weiterer technischer Innovationen, so insbesondere die des Verstärkers (1906), um Fernsehgeräte herzustellen. Bis zum zweiten Weltkrieg waren die fundamentalen technischen Probleme des Fernsehens im Prinzip gelöst[8], einschließlich des Farbfernsehens. Nur der Krieg hatte die Durchsetzung des Gerätes in Deutschland verzögert. Als Anfang der 1950er Jahre die Produktion wieder anlief und im Dezember 1952 das erste Nachkriegs-Fernsehprogramm ausgestrahlt wurde, besaßen nur ca. 1000 Haushalte ein Gerät, aber schon im Herbst 1957 wurde die erste Million angemeldeter Geräte überschritten. Ca. 9 Millionen Fernsehhaushalte im Jahre 1964 bedeuteten schließlich, daß 55 Prozent aller Haushalte über ein Gerät verfügten; mit 16 Millionen Bildschirmen waren das 1970 bereits 85 Prozent, und schließlich wurden knapp vier Jahre später 95 Prozent erreicht.[9]

✖ Insgesamt kann man also eine unterschiedliche Entwicklungsgeschwindigkeit der Technisierung des Haushalts- bzw. Unterhaltungsbereichs festhalten. Die Zeitspanne zwischen technischer Innovation, deren Umsetzung in industrielle Produktion und Verbreitung in der Familie war bei Haushaltsgeräten erheblich länger als bei Unterhaltungsgeräten wie Radio und Fernsehen. Ähnliches gilt auch für Grammophon und später HiFi-Anlage oder Video.

Ursachen für die ungleichzeitige Entwicklung und Verbreitung von Haushalts- und Unterhaltungstechnik

Sucht man nach Ursachen für die verglichen mit Unterhaltungsgeräten verzögerte Akzeptanz und Verbreitung von Haushaltsgeräten, sind verschiedene Erklärungen relevant. Zur Jahrhundertwende nahmen lediglich einzelne größere Betriebe (z. B. AEG, Kontinental-Gasgesellschaft) die Produktion von Haushaltsgeräten auf, während der Hauptumfang der Produktion bei kleinen, meist nur für lokale Märkte produzierenden Handwerksbetrieben lag. Die größeren Elektrobetriebe entdeckten den Privathaushalt erst relativ spät als Absatzmarkt und nahmen entsprechend erst im Laufe der 1920er Jahre zögerlich die Produktion von Haushaltsgeräten auf.

✖ Weiterhin ist die Entwicklung der technischen Infrastruktur im Haushalt zu berücksichtigen, die die Grundlage für den Anschluß gas- oder elektrobetriebener Geräte bildete. In Berlin z. B. war die Verkabelung der Straßen − Voraussetzung für die Elektrifizierung der einzelnen Wohnungen − 1914 zwar abgeschlossen. Bis 1927 waren aber erst 50 Prozent der Berliner Haushalte an die Stromversorgung angeschlossen.[10]

7
KLOSS, ALBERT:
Von der Electricität zur
Elektrizität,
Basel 1987,
S. 243 ff.
HAGEMEYER,
FRIEDRICH W.
Information
und Kommunikation,
in TROITZSCH,
ULRICH, und
WOLFHARD WEBER
(Hg.):
Die Technik.
Von den Anfängen
bis zur Gegenwart,
2. Aufl., Stuttgart
1987,
S. 428 ff.

8
1933 arbeitete dann
der erste
Telefunken-15-kW-
Fernseher noch ohne
Ton, doch 1939 ist
der erste „Einheits-
fernseher" serienreif.
FISCHER 1957,
wie Anm. 6, S. 30 ff;
vgl. KAPPELMAYER,
OTTO:
Fernsehen von heute.
Die Vorgänge beim Fern-
sehen, Berlin 1936.

9
EURICH, CLAUS
und GERD
WÜRZBERG:
30 Jahre
Fernsehalltag.
Wie das Fernsehen unser
Leben verändert hat,
Reinbek 1983,
S. 51 ff.

10
Vgl. Beitrag von
LANGGUTH, FRAUKE
in diesem Band.

11

STATISTISCHES
BUNDESAMT:
Von den zwanziger zu den
achtziger Jahren.
Ein Vergleich der
Lebensverhältnisse
der Menschen,
Wiesbaden 1987,
S. 35 ff.

✖ Schließlich muß auf die Entwicklung der allgemeinen Kaufkraft der Bevölkerung verwiesen werden. Nur wenige konnten sich vor dem zweiten Weltkrieg Konsumartikel, die nicht dem unmittelbaren Lebensbedarf dienten, leisten. Ein Arbeiter hatte 1925 z. B. noch einen Stundenlohn von deutlich unter 1 RM, die tariflichen Wochenlöhne von gelernten Arbeitern überschritten kaum den Betrag von 42 RM. Von 1925 bis 1985 stiegen die Nettolohn- und Gehaltssummen je durchschnittlich beschäftigten Arbeitnehmer auf das 16fache. Um jedoch Verdienste und Einkommen unterschiedlicher Zeiträume vergleichen zu können, muß man ihnen die Kaufkraft des Geldes gegenüberstellen, die man durch Preisindizes bemessen kann. Setzt man hierzu den Preisindex für die Lebenshaltung von Arbeitnehmerhaushalten mit mittleren Einkommen für das Jahr 1925 = 100, so hat sich dieser Index innerhalb von zwei Generationen mehr als vervierfacht (auf das 4,183fache im Jahr 1985).[11]

✖ Neben der Technik- und Infrastrukturentwicklung, den Interessen von Geräteherstellern und Energieunternehmen und der Entwicklung des Einkommensniveaus kommt unseres Erachtens ein weiteres Ursachenbündel hinzu, nämlich der Einfluß der Familie auf die Verbreitung technischer Geräte und damit implizit auf deren Entwicklung. Eine genauere Analyse der Familienstruktur zeigt, daß die zeitlich versetzte Anschaffung der Geräte für die Bereiche Unterhaltung und Hausarbeit nicht nur vom Stand der jeweiligen Technikentwicklung und vom Ausmaß der Produktion der Geräte abhängig war, sondern auch von der unterschiedlichen Durchsetzbarkeit der Interessen von Männern und Frauen und damit letztlich vom Geschlechterverhältnis.

✖ Als Beleg hierfür haben wir Kaufentscheidungen für solche Geräte miteinander verglichen, die erstens gleichzeitig auf dem Markt waren, zweitens für die Hausarbeit bzw. Unterhaltung einen ähnlichen Stellenwert hatten und drittens ähnlich teuer waren. Für die 1920er/30er Jahre wählten wir die Bratröhre im Vergleich zum Radio und für die 1950er/60er Jahre die Waschmaschine verglichen mit dem Fernseher.

✖ In den 1920er/30er Jahren benutzten die meisten Hausfrauen noch einen Kohleherd zum Kochen oder Backen. Einige von ihnen hatten zusätzlich einen Gas- oder Elektrokocher. Um „richtig zu kochen", wurde im Winter wie im Sommer der Kohleherd angeheizt, was im Sommer eine unerträgliche Hitze in der Küche verursachte. Wollte man hingegen nur kleinere Speisen erwärmen, z. B. Milch erhitzen, wurde ein Kocher benutzt, zum Backen und Braten diente die Röhre im Herd.

✖ Für das Gelingen war es notwendig, die Hitze im Herd konstant zu halten und je nachdem mehr Ober- oder Unterhitze herzustellen, wozu man kontinuierlich nachlegen und die Glut beobachten mußte. Der Sonntagskuchen oder -braten war deshalb eine ständige Zitterpartie: „Gelingt er oder gelingt er nicht?" Die Frauen erinnern sich heute noch mit Unbehagen daran und berichten, wie schwierig die Benutzung der Bratröhre des Kohleherdes war und wieviel Geschick und Erfahrung man dazu brauchte.

✖ Die Anschaffung von Elektroherden, die ab Ende der 1920er Jahre auf dem Markt waren, hätte viele Koch- und Backprobleme auf einmal gelöst: Das tägliche Anheizen des Kohlekochherdes wäre nicht mehr nötig gewesen – die Benutzung des Gerätes hätte sich auf die Wintermonate und auf das Heizen der Küche beschränkt. Jedoch konnten sich die wenigsten Familien einen E-Herd leisten. Eine preiswertere Alternative war eine separate Gas- oder Elektrobratröhre. Frauen erzählten uns, daß dies damals der „Traum jeder Hausfrau" war. In einer Elektro- oder Gas-Bratröhre sahen sie eine erhebliche Erleichterung der Hausarbeit – nicht zuletzt deswegen, weil damals noch regelmäßig gebacken wurde.

✖ Dennoch wurde in den meisten Familien zuerst ein Radio gekauft. Die Entscheidung „zuerst ein Radio, später die Bratröhre" versprach einen „Anschluß an die Welt", Unterhaltung und Kulturgenuß, den viele sich als Konzert- oder Theaterbesuch nicht hätten leisten können. Trotz dieser Möglichkeiten, die das Radio für alle Familienangehörigen bot, waren es vor allem die Männer, die ein begeistertes Interesse für diese neue Technik hatten. Die Frauen standen der Anschaffung eines solch teuren Gerätes eher zögerlich gegenüber. Zumeist machten sich die Männer nicht nur für den Kauf eines Radioapparates stark, sie waren es auch, die die Programme auswählten und einstellten, das Gerät reparierten etc. Radiobasteln war in den 1920er/30er Jahren ausschließlich ein Hobby der Männer, vergleichbar dem Motorrad- oder Autobasteln in der Nachkriegszeit.

✖ Ähnlich verlief die Kaufentscheidung dann in den 1950er/60er Jahren, als es darum ging, eine Waschmaschine und/oder einen Fernseher anzuschaffen. Obwohl Waschen ohne Maschine eine zeitintensive und körperlich sehr anstrengende Arbeit war, die die Hausfrau überwiegend allein verrichtete, wurde in den meisten Familien der Fernseher vor der Waschmaschine angeschafft.

✖ Bis weit in die 1960er Jahre hinein wurde die große Wäsche einmal im Monat in der Waschküche gewaschen. Dies galt für Familien in städtischen Mietshäusern. Hausfrauen in Einfamilienhäusern hatten meist eine eigene Waschküche, die sie mit keiner anderen Wäscherin teilen mußten. Die kleine Wäsche wurde zwischendurch in der Küche in einem Waschtopf auf dem Herd oder im Bad gewaschen. Falls Windeln anfielen, mußte täglich gewaschen werden. Die aufwendige Waschprozedur — Holz und Kohlen hochtragen, anheizen, Wasser einfüllen und erhitzen, Wäsche einweichen, abkochen, spülen, stärken oder bläuen — dauerte fast zwei Tage. Bestimmte Arbeitsgänge, z. B. das Umladen der kochenden Wäsche vom Kessel in die Wanne, das Auswringen großer Stücke mit der Hand, waren allein fast nicht zu bewältigen. Hilfe beim Waschen hatten jedoch die wenigsten Hausfrauen. Nur finanziell besser gestellte Familien konnten sich eine Waschfrau oder ein Dienstmädchen leisten. Auch die Wäsche außer Haus zu geben, war für die meisten Haushalte zu teuer.

Obwohl in den 1950er Jahren das Waschen mit der Hand gängige Praxis blieb, stiegen gleichzeitig die Sauberkeitsstandards und die Menge der zu behandelnden Wäsche erheblich. Während es in der Vorkriegszeit noch üblich war, höchstens einmal wöchentlich die Oberhemden, Blusen und Leibwäsche sowie einmal im Monat die Bettwäsche wechseln, wurden in den 1950er Jahren Wäsche und Kleidung schon wesentlich häufiger gewechselt. Dennoch wurde in den meisten Familien keine Waschmaschine gekauft, sondern ein Fernseher. Beides gleichzeitig zu kaufen, war für die meisten Haushalte undenkbar, schon allein der Kauf eines Fernsehers kostete in den 1950er Jahren das Durchschnittsmonatsgehalt eines Arbeiters.

✖ Diese Favorisierung des Fernsehers gegenüber der Waschmaschine zeigt auch ein Vergleich der statistischen Verbreitungszahlen beider Geräte. 1958 hatten 15 Prozent aller Haushalte ein Fernsehgerät und nur 23 Prozent eine Waschmaschine. Gemeint sind hier alle Waschmaschinentypen — Voll-, Teilautomaten und sonstige Waschgeräte. Acht Jahre später waren schon 66 Prozent aller Haushalte im Besitz eines Fernsehers, aber nur 51,1 Prozent der Haushalte hatten bis dahin eine Waschmaschine gekauft. Das bedeutet eine Steigerungsrate von 28,1 Prozent bei der Waschmaschine und 51 Prozent beim Fernseher.[12] Diese Zahlen zeigen, daß dem Fernseher eine viel höhere Bedeutung beigemessen wurde. Der Kauf einer Waschmaschine, die das Waschen erheblich erleichtert hätte, wurde in den meisten Familien erst einmal zurückgestellt.

✖ Für beide Gerätepaare läßt sich also zeigen, daß der Kauf des Unterhaltungsgerätes vor dem zeitgleich relevanten Haushaltsgerät vorgenommen wurde. Die Interviews, die wir mit vielen — insbesondere älteren — Hausfrauen geführt haben, belegen, daß diese Entscheidung aufgrund des Interesses der Männer an der Unterhaltungstechnik getroffen wurde.

12
Eigene Berechnungen nach Daten des EVS; STATISTISCHES BUNDESAMT WIESBADEN (Hg.): Fachserie 15, *Einkommens- und Verbrauchsstichproben 1962/3 ff.* Jeweils Heft 1, *Ausstattung privater Haushalte mit ausgewählten langlebigen Gebrauchsgütern.*

✖ Die Männer bestanden auf der Anschaffung „ihrer Geräte" und stimmten dann erst − je nach Höhe des Einkommens früher oder sehr viel später − dem Kauf des entsprechenden Haushaltsgerätes zu. Die Durchsetzung ihres stärkeren Interesses an der Unterhaltungstechnik wurde häufig von dem Argument begleitet, die Möglichkeit, Unterhaltung und Information zu konsumieren, käme der ganzen Familie zugute. Andere Überlegungen, z. B. durch entsprechende Geräte die Hausarbeit zu erleichtern, wurden weder angestellt noch realisiert.

✖ Die durchgeführten Interviews belegen unsere Annahme, daß bei der Entwicklung und Formulierung von Interessen sowie deren Durchsetzung in der Familie geschlechtsspezifische Unterschiede bestehen. Frauen erklären sich für das Gesamtwohl der Familie zuständig, ihre eigenen, vielleicht davon abweichenden Interessen können sie nur schwer formulieren und noch schwerer durchsetzen. Im Hinblick auf die Anschaffung von langlebigen Gebrauchsgütern bedeutete dies, daß eine „gute" Hausfrau und Mutter sich der Anschaffung eines Radios oder Fernsehers kaum verschließen konnte, weil das Gerät der ganzen Familie zugute kam. Ihre Interessen an Arbeitserleichterungen im Haushalt mußten demzufolge zurückgestellt werden.

✖ Als Hauptverdiener bestimmte der Mann die Aufteilung des Haushaltsbudgets, die Höhe des Haushaltsgeldes, und auch die Entscheidungen für den Erwerb von Konsumartikeln wurden von ihm getroffen. An diesem Zusammenhang hat sich bis heute prinzipiell nur wenig geändert, nach wie vor stehen die Interessen der Männer im Mittelpunkt, so daß sie den Konsum- und Lebensstil der Familie deutlicher prägen als Frauen und Kinder.

✖ Aus diesen innerfamiliären Strukturen, die sich also auch im Anschaffungsverhalten von Konsumgütern niederschlagen, resultiert unsere Annahme, daß die zeitlich versetzte Anschaffung der Geräte für die Bereiche Unterhaltung und Hausarbeit nicht nur abhängig ist vom Stand der jeweiligen Technikentwicklung und dem Ausmaß der Produktion der Geräte, sondern auch von der unterschiedlichen Durchsetzbarkeit der Interessen von Männern und Frauen und damit letztlich vom Geschlechterverhältnis.

An den Grenzen des ▼

technischen Haushalts-Fortschritts ▼

▼

▼
▼
▼

**An den Grenzen des
technischen Haushalts-Fortschritts**

▼ Seit Beginn der 1980er Jahre ist der Markt der Elektrogeräte für den Haushalt weitgehend gesättigt. In den meisten Haushalten sind die Rationalisierungsmöglichkeiten durch technische Haushaltshilfen nahezu ausgeschöpft.

▼ Kaum war dieser Entwicklungsstand erreicht, waren seine Möglichkeiten bereits durch die Energiekrise wieder in Frage gestellt. Seitdem wächst das Problembewußtsein über die Umweltschädigungen.

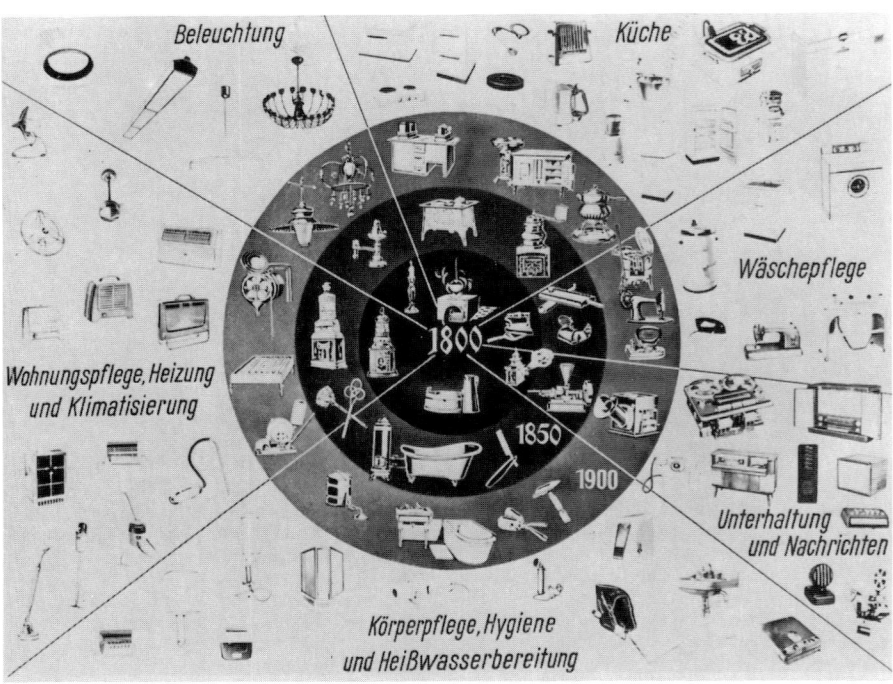

Wechselwirkungen: Haushalt, Umwelt, Ernährung

▼ Beispiele für die Betroffenheit der Haushalte:
Schadstoffbelastung des Trinkwassers und anderer Lebensmittel

▼ Beispiele für die Beteiligung der Haushalte: das alltägliche Wäschewaschen mit hohem Strom- und Wasserverbrauch sowie die Abwasserbelastung durch die Waschmittel

▼ Die Kehrseite:
umweltgerechtes Verhalten und die erforderliche Informationsbeschaffung über Alternativen erhöhen den Zeitaufwand für die Hausarbeit.

▼

An den

Grenzen

des

technischen

Haushalts-

fortschritts

Energieeinsparung bei ausgewählten Elektrohausgeräten 1978 bis 1985

Waschmaschine
17,6 %

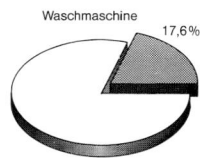

Geschirrspüler
28,9 %

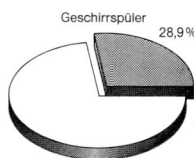

Elektroherd (Backofen)
15,7 %

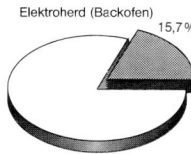

Kühlschrank
21,5 %

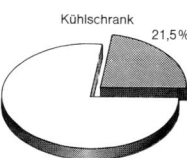

Gefrierschrank
31,3 %

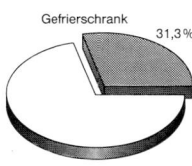

Gefriertruhe
43,1 %

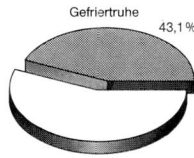

Im Jahr 1980 verpflichtete sich die deutsche Elektrohaushaltsgeräteindustrie, die Energieverbrauchswerte der von ihr hergestellten Geräte zu senken. Seitdem sind beträchtliche Energieeinsparungen durch konstruktive Maßnahmen bei einzelnen Geräten erreicht worden.

Stromverschwender: Privater Haushalt

▼ Die unablässig erweiterte technische Ausstattung der privaten Haushalte zeigt sich vor allem in der Energiebilanz. In der Nachkriegszeit erwies sich der Stromhunger der Haushalte als scheinbar unersättlich.

▼ Von 1960 bis 1986 stieg der Stromverbrauch der privaten Haushalte von knapp 13 Mrd. Kilowattstunden auf über 97 Mrd. Kilowattstunden. Im Unterschied zu allen anderen Stromabnehmergruppen haben die privaten Haushalte als einzige ihren Anteil an der gesamten Stromabnahme von ca. 16 % 1960 auf 29,3 % 1986 erhöht. Obwohl der absolute Stromverbrauch der Haushalte nach wie vor zunimmt, hat sich dennoch der Anstieg seit Ende der 1970er Jahre verlangsamt.

Anteil der privaten Haushalte am gesamten
Stromverbrauch in der Bundesrepublik Deutschland
(nach VDEW)

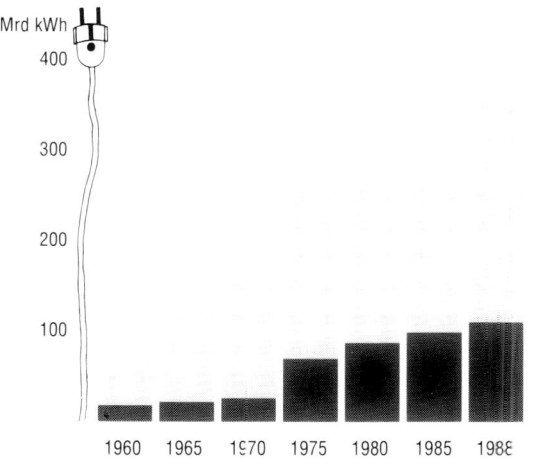

Dem gewachsenen Energiebewußtsein gemäß hat sich mittlerweile die Energieverkaufspolitik geändert. Die Devise der Elektrizitätswirtschaft lautet heute:

„Immer weniger Strom pro Anwendung, immer mehr Anwendung mit Strom!"

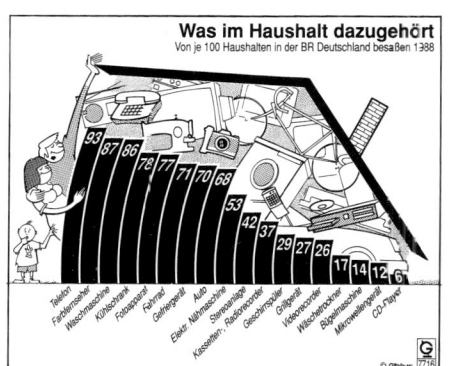

Was im Haushalt dazugehört
Von je 100 Haushalten in der BR Deutschland besaßen 1988

Zahlreiche Haushalte haben schon alles, was es an Haushaltsgeräten zu kaufen gibt. Dennoch gibt es immer wieder neue „Renner", wie z. B. der Videorecorder. 1982 nur in jedem 17. Haushalt vorhanden, war fünf Jahre später, 1987, bereits jeder dritte Haushalt damit ausgestattet.

▼

An den
Grenzen
des
technischen
Haushalts-
fortschritts

Wasserschlucker: Privater Haushalt

▼ Haushalte und Kleingewerbe verbrauchen zusammen etwa 74% des Trinkwassers der öffentlichen Wasserversorgung. Nach dem Zweiten Weltkrieg ist der Wasserverbrauch der privaten Haushalte fast um ein Drittel gestiegen. In den Jahren 1950 bis 1970 stieg er von 85 l auf 118 l und bis 1978 auf 136 l. Heute werden ca. 146 Liter reinstes Trinkwasser pro Kopf und Tag verbraucht, davon nur 3 bis 6 l für die Ernährung. Der Rest muß allerdings ebenso auf Trinkwasserstandards gebracht werden. Nun zahlt sich negativ aus, daß man beim Ausbau der öffentlichen Wasserversorgungsanlagen darauf verzichtet hat, Brauch- und Trinkwasser in getrennten Leitungen in die Wohnungen zu bringen.

▼ Die Gründe für die rapide gestiegene Wassernutzung sind die Verbesserungen der häuslichen sanitären Einrichtungen, aber auch der verstärkte Einsatz von wasserverbrauchenden Geräten, wie Wasch- oder Spülmaschinen.

Täglicher Wasserverbrauch im privaten Haushalt pro Einwohner der Bundesrepublik Deutschland (1950–1987) (nach: BGW-Wasserstatistik)

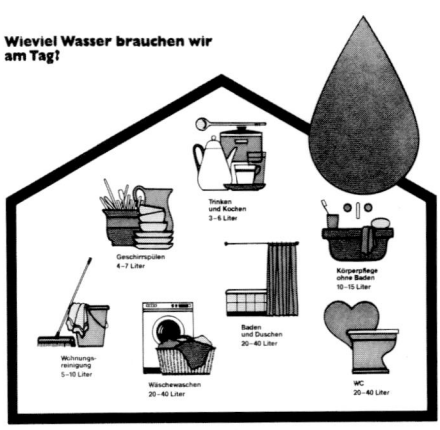

Wieviel Wasser brauchen wir am Tag?

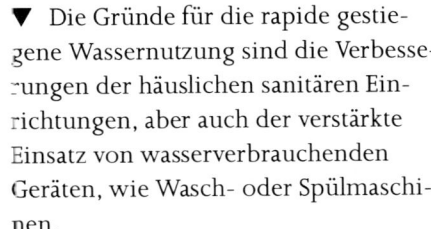

1950   85 Liter

1957   91 Liter

1961   98 Liter

1963   105 Liter

1967   116 Liter

1971   124 Liter

1975   132 Liter

1979   139 Liter

1987   146 Liter

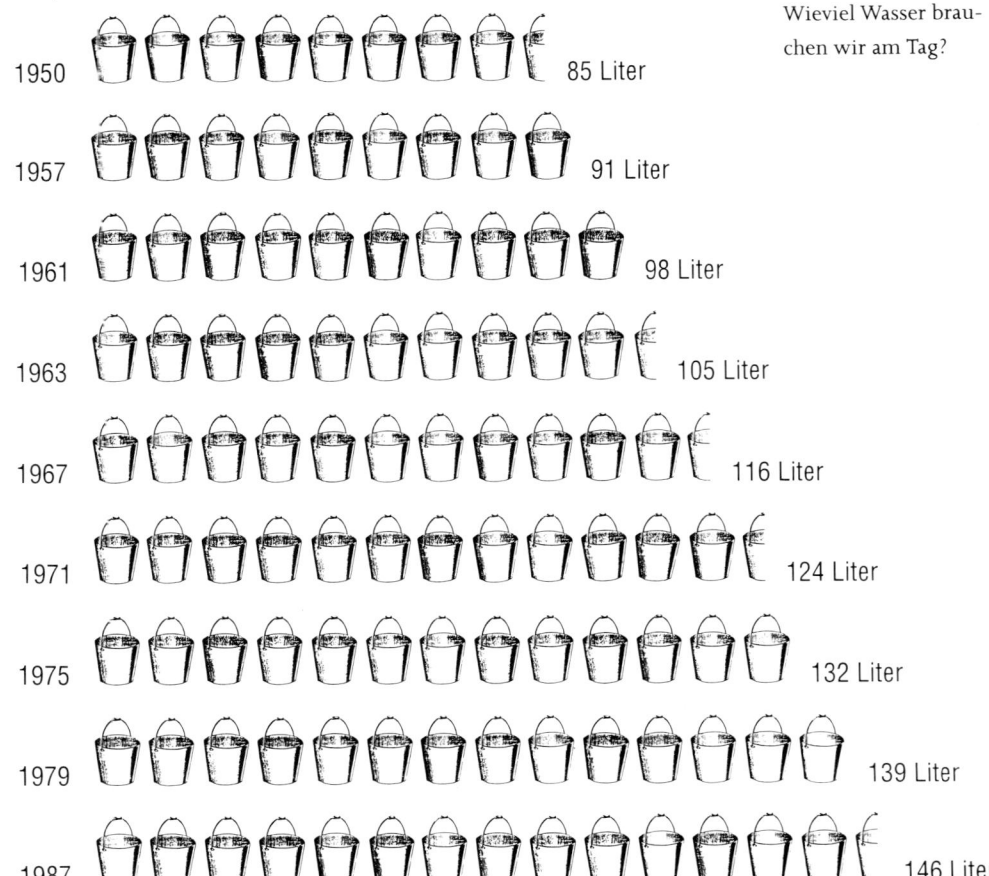

▼

An den
Grenzen
des
technischen
Haushalts-
fortschritts

Müllproduzent: Privater Haushalt

▼ Seit dem Zweiten Weltkrieg sind die Hausmüllmengen unablässig gewachsen. Die Kehrseite von Wirtschaftswunder und Konsumsteigerung zeigt sich in den „Altlasten".

Wie werden wir unseren Müll los?

Heute fallen pro Bundesbürger und Jahr fast 500 kg Müll an. Das bringt im Jahr 29 Millionen Tonnen, die auf 1 Million Eisenbahnwaggons verladen, von Berlin bis Zentralafrika reichen.

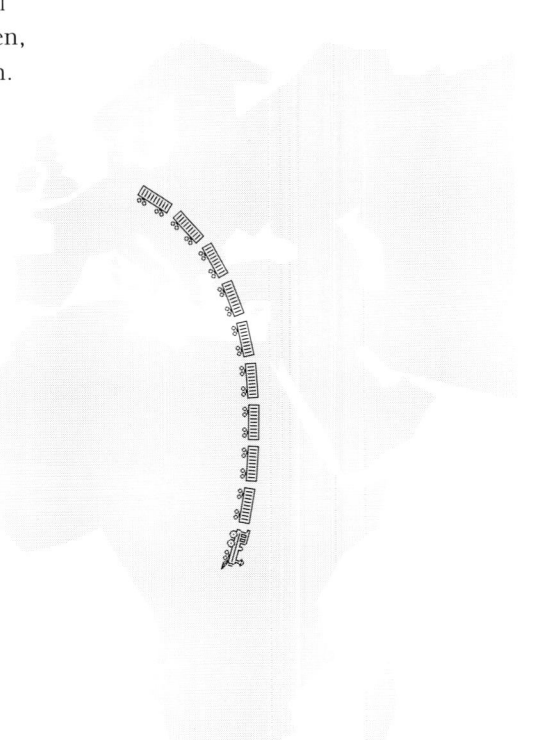

Küche . . .
. . . und Kosten

▼ Sparsamkeit muß vergessen, wer die rationelle Kücheneinrichtung ernst nimmt. Eine nach allen ergonomischen und arbeitstechnischen Gesichtspunkten gestaltete Einbauküche mit aufwendigen Installationen und Gerätepark ist teuer. Damit wurde die Küchenrationalisierung ebenso zu einer Frage von Wohnstil und Prestige, ablesbar an der „Verpackung" der Küche, z. B. massiven Eichenholzfronten. Längst sorgen allerdings gesundheitsgefährdende Mate-

rialverarbeitungen in der Küche für neue Kaufanreize, z. B. für „Bio-Küchen" mit geringen Formaldehyd-abgaben.

Kochen und Energieverschwendung

▼ Mittlerweile wird nur noch in etwa jedem fünften bundesdeutschen Haushalt mit Gas gekocht. Kohleherde sind außer in vereinzelten landwirtschaftlichen Haushalten gar nicht mehr zu finden. Obwohl seit der Energiekrise 1973 ein bewußter Umgang mit der Stromverwendung gefordert wird und obwohl immer wieder davon die Rede ist, daß Strom möglichst nicht als Wärmeenergie verwendet werden soll, konnte sich der Elektroherd seit Anfang der 1970er Jahre stetig weiter durchsetzen.

Konservieren:
mehr Abfall, mehr Energie

▼ Obwohl bereits in den 50er Jahren Versuche unternommen wurden, Tiefkühlkost in größerem Stil auf den Markt zu bringen, war die bundesdeutsche Bevölkerung erst ab Mitte der 60er Jahre aufnahmebereiter für diese Konservierungsmethode.
1962/63 verfügten über 51,8 Prozent aller Haushalte über einen Kühlschrank, 2,7 Prozent über ein Gefriergerät. 1984 hatten 99 Prozent aller Haushalte einen Kühlschrank mit Eisfach, 50 Prozent ein Gefriergerät.
▼ Betrachtet man den Weg, den die Tiefkühlkost von der Fabrik bis in den Haushalt zurückzulegen hat, so erweist sich die aus Gründen der Zeitersparnis geschätzte und als gesundheitlich unbedenklich angesehene Tiefkühlung von Lebensmitteln als energieintensivste Lebensmittelverarbeitung überhaupt.

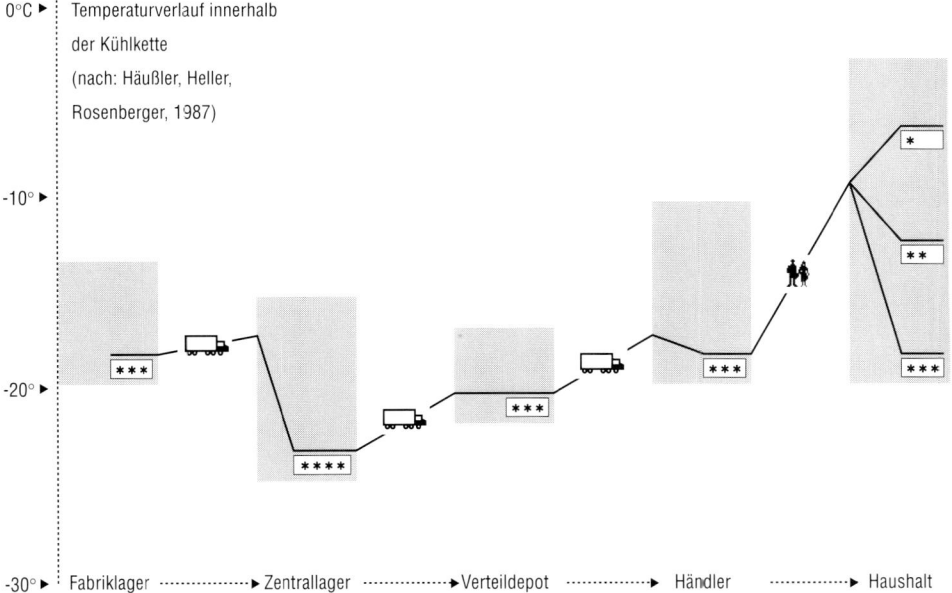

0°C ▶ Temperaturverlauf innerhalb der Kühlkette (nach: Häußler, Heller, Rosenberger, 1987)

-10° ▶

-20° ▶

-30° ▶ Fabriklager ·········▶ Zentrallager ·········▶ Verteildepot ·········▶ Händler ·········▶ Haushalt

Der vermehrte Einsatz von Kühlgeräten unterstützte besonders die Verwendung von Plastikfolien und -behältern zur häuslichen Konservierung.

Kochen und Gesundheit

▼ Mit Kohleherden hätte sich wohl auf Dauer kaum eine „Fertignahrungskultur" entwickeln können. Heute sind etwa 90 Prozent der Lebensmittel weiterverarbeitet. Immer mehr Fertiggerichte, Backmischungen, Tiefkühlprodukte und „Fast Food"-Artikel überschwemmen den Markt. Pro Jahr rechnet man mit 1.000 bis 2.000 neuen Produkten.

**Cadmium -
Belastung der Umwelt!**

**Nitrat -
Gefahr für die Gesundheit?**

**Was tun gegen
Salmonellen-Infektionen?**

„Rückständige" Lebensmittel

▼ „Was bringe ich mit den Lebensmitteln sonst noch alles auf den Tisch?"
Pestizide, Düngemittel, Tierarzneimittel usw. als Rückstände aus der landwirtschaftlichen Produktion, Quecksilber, Blei, Cadmium, polychlorierte Biphenyle (PCB), Hexachlorbenzol (HCB) usw. als Rückstände aus industrieller Produktion und Kraftfahrzeugverkehr, die große Zahl möglicher Schadstoffe zu überblicken und die Gefahren abzuschätzen, wird immer schwieriger.

Putzen und Chemie

▼ Wo immer heute im Haushalt geputzt, gereinigt, entstaubt, poliert, gespült usw. wird, kommt jede Menge Chemie zum Einsatz. Für diese aufwendigen Arbeiten stehen auch „nur" zwei Maschinen zur Verfügung: der Staubsauger und die Geschirrspülmaschine. Und letztere steht „nur" in etwa jedem dritten Haushalt, gehört also noch nicht zum Standard.

Macht Putzen Menschen und Umwelt krank?

▼ Diese in der Vergangenheit immer häufiger gestellte Frage kann nur indirekt beantwortet werden, sieht man von den Vergiftungen und Verätzungen ab, die vor allem Kinder besonders gefährden. Allergien können durch den Einsatz von Haushaltsreinigungsmitteln entstehen oder verstärkt werden.

Wäsche waschen und Umwelt

▼ Den Löwenanteil am Verbrauch von Wasch- und Reinigungsmitteln machen mit etwa 70 Prozent die Voll-, Haupt- und Feinwaschmittel, Weichspüler, Enthärter und sonstige Zusatzpräparate aus, die durch maschinelles Waschen in die Kanalisation, Kläranlagen und schließlich in die Gewässer fließen. Zudem zählen die Waschgeräte zu den Wasser- und Energie-Großverbrauchern im Haushalt.
Nicht erst seit der Phosphat-Diskussion ist klar: Niemand wäscht seine Hemden in Unschuld!

Silke Schwartau-Schuldt

Ökostreß im Haushalt

Die Last der Ökologie

▼ Lange genug sind wir mit unserer Umwelt so umgegangen, als hätten wir noch eine zweite in Reserve. Mit scharfen Reinigungsmitteln wurde schnell alles blitzblank geputzt, leere Batterien landeten problemlos im Müll, und eingekauft wurde vorrangig unter ökonomischen Gesichtspunkten im preiswertesten Supermarkt. Viel Zeit blieb z. B. übrig für das Engagement in der Frauengruppe oder politisches Fachsimpeln über umweltverschmutzende Industriebetriebe. Aktuelle Nachrichten über sterbende Wälder, schadstoffbelastete Lebensmittel oder verschmutzte Luft haben uns betroffen gemacht – aber es fehlte oft das umweltpolitische Engagement im eigenen Haushalt.

▼ Tatsache ist jedenfalls, daß der Abfallberg, den die privaten Haushalte durch ihr Konsumverhalten entstehen lassen, in den letzten 30 Jahren nicht nur fünfmal so groß, sondern auch sehr viel giftiger geworden ist. Jeder Bundesbürger verbraucht ca. 40 kg Chemie im Jahr. Jeder Autobesitzer, der ohne abgasentgiftenden Katalysator fährt, trägt erheblich zur Luftverschmutzung und zum Waldsterben bei.

▼ Umweltschutz im Haushalt beginnt beim Einkauf, beim Hausputz, bei der Ernährung, bei der Fahrt zur Arbeit und endet bei der Müllbeseitigung. Nicht nur Preis und Qualität der Produkte sollten bei der Kaufentscheidung im Mittelpunkt stehen, sondern auch die mit dem Gebrauch oder Verbrauch des betreffenden Konsumgutes verbundenen ökologischen Folgeschäden wie Luft-, Wasser- und Bodenverschmutzung.

▼ Umweltschutz im Haushalt ist „überlebenswichtig", doch kann jeder einzelne durch sein Verhalten wirklich dazu beitragen, daß das ökologische Gleichgewicht wiederhergestellt wird? So melden sich auch Stimmen, die sich vom „Joch der Ökologie" unter Druck

gesetzt fühlen. Es darf nicht verschwiegen werden, daß ökologische Hausarbeit sehr viel Zeit und Kraft erfordert. Die Einkaufswege zum Öko-Schlachter oder „biologisch-dynamischen Wochenmarktstand" sind häufig sehr weit. Der ökologische Hausputz ohne scharfe Chemie bedeutet mehr Zeit- und Kraftaufwand als bisher. Mit der Zubereitung von Vollwert-Ernährung ist man wesentlich länger beschäftigt als mit dem Aufwärmen eines Fertiggerichtes aus der Dose. Die getrennte Müllbeseitigung zieht viele zusätzliche Wege zum Altpapier-, Altglas- oder Altkleidercontainer nach sich. Sondermüll muß einer gesonderten Beseitigung zugeführt werden.

Wer den größten Umweltsünder, das Auto, grundsätzlich in der Garage stehen läßt und aus ökologischen Gründen den gesamten Einkauf – auch noch mit mehreren Kindern – per Fahrrad erledigt, betreibt viel individuellen Aufwand.

Zu einer ökologischen Haushaltsführung gehört eine umfassende Informationsbeschaffung. Sie erfordert viel Zeit und ist oft mit der Unsicherheit verbunden, ob die Information noch aktuell ist, denn ein Waschmittel, das heute als umweltverträglich bewertet wird, kann morgen schon wieder als Umweltsünde gelten.

▼ Das langerstrebte Ziel von Haushalts- und Arbeitswissenschaftlern, Hausarbeit zu rationalisieren und auf ein Minimum zu reduzieren, wird durch ökologisches Haushalten nicht erreicht. Hausarbeit steht heute mehr denn je im Spannungsfeld zwischen ökologischem und rationellem Handeln, und Hausfrauen und Hausmänner sind wieder stärker im eigenen Haushalt eingebunden. Aber sind solche Zielsetzungen zugunsten einer saubereren Umwelt wirklich sinnvoll, und führt der „Ökostreß" in der heimi-

schen Küche dazu, daß das Ozonloch
kleiner und unsere Flüsse wieder sauberer geworden sind?

Schwierigkeiten bei der Informationsbeschaffung

▼ Haushalte, die sich umweltbewußt
verhalten wollen, haben es schwer, sich
die hierfür notwendigen Informationen zu beschaffen. Fast täglich werden
sie durch die Medien mit neuen
Berichten über die Umweltbelastung
konfrontiert. Viele dieser Meldungen
machen Angst, schaffen Verunsicherung, versuchen zu beschwichtigen
oder sind so vage gehalten, daß der
Verbraucher sich eher desinformiert als
informiert fühlt und oft nicht mehr
weiß, wem und was er glauben kann.
Wer hilft nun dem Verbraucher, sich im
Dschungel der Informationen zurechtzufinden?
Zunehmend haben sich in den letzten
Jahren die Verbraucherzentralen und
ihre Beratungsstellen – Adresse und
Telefonnummer der nächsten Beratungsstelle findet man in jedem Telefonbuch – zu Spezialisten in Sachen
„umweltbewußtes Verhalten im Alltag"
entwickelt. Sie bieten schriftliche, telefonische und persönliche Beratung an,
geben Hilfen für den umweltbewußten
Einkauf durch Informationen über
umweltschonende Produkte und deren
Warenzeichen, führen Veranstaltungen
wie Vorträge, Gruppenberatungen und
Kurse zu Umweltthemen durch und
setzen sich auch als politische Interessenvertretung für den Schutz der
Umwelt ein.
▼ Weitere Informationen liefert die
Stiftung Warentest. Sie führt unabhängige Untersuchungen von Konsumgütern und Dienstleistungen durch, die
Ergebnisse werden monatlich in der
Zeitschrift „Test" veröffentlicht. Seit
einigen Jahren bezieht sie verstärkt
ökologische Aspekte in ihre Arbeit ein.
Umweltverbände und Umweltinitiativen, wie z. B. Greenpeace, Robin
Wood, Bund für Umwelt- und Naturschutz Deutschlands u. a. m. setzen sich
auf unterschiedliche Weise für den

Schutz der Umwelt ein. Neben öffentlichkeitswirksamen Aktionen geben sie
auch Informationschriften heraus, die
konkrete Hilfe für umweltbewußtes
Verhalten geben.
Auch Städte und Kommunen haben in
jüngster Zeit Umweltberatungsstellen
eingerichtet, die die Bedeutung einer
umweltfreundlicheren Haushaltsführung als Schwerpunkt ihrer Arbeit
sehen, sich jedoch schwertun, Kritik an
Umweltbelastungen zu üben, z. B. an
Müllverbrennungsanlagen, die in der
Verantwortung der jeweiligen Kommune liegen. Bei Informationen von
seiten der Industrie und des Handels
zum Thema Umwelt darf nicht außer
acht gelassen werden, daß es in der
Natur der Sache liegt, daß deren vorrangiges Interesse darin liegt, ihre Produkte zu verkaufen und den Umsatz
ihres Unternehmens zu steigern. Es ist
deshalb nicht verwunderlich, daß
zunehmend versucht wird, die Belange
des Umweltschutzes mit diesem Ziel in
der Öffentlichkeitsarbeit zu verknüpfen.
▼ Es ist hilfreich, bei jeder Information zu wissen, wer der Herausgeber ist
und welche Interessen er verfolgt. So
können Informationen in ihrer Bedeutung für umweltbewußtes Handeln im
Alltag besser eingeschätzt werden.

Verursacher der Umweltverschmutzung

▼ An der Belastung der Umwelt sind
Industrie, Landwirtschaft, Kraftfahrzeugverkehr und nicht zuletzt die privaten Haushalte beteiligt, jedoch gehen
auch Expertenmeinungen auseinander,
wenn es darum geht, den jeweiligen
Anteil an der Umweltverschmutzung
präzise einzuschätzen. In unterschiedlichen Gutachten werden ca. ein bis zwei
Drittel der gesamten Boden-, Luft- und
Wasserverschmutzung den Haushalten
zugeschrieben. Das Umweltgutachten
von 1987 nennt Zahlen: So sind die privaten Haushalte mit 45 % am Gesamtenergieverbrauch beteiligt, bei der
Luftverschmutzung mit Schwefeldioxid
beträgt der Anteil der Haushalte 16 %,
und bei der Verunreinigung der

Gewässer mit Stickstoff wird ihre Beteiligung mit 23 % angegeben.

▼ Leider werden bei vielen Statistiken zu den privaten Haushalten auch die sogenannten „Kleinverbraucher" mit hinzugerechnet. Dazu gehören nach amtlicher Definition „Handels-, Gewerbe- und Landwirtschaftsbetriebe, öffentliche Einrichtungen und militärische Dienststellen".

Die gesamte Umweltbelastung, die von diesen Stellen ausgeht, erscheint in den Statistiken als Umweltbelastung der privaten Haushalte. Deshalb fällt die Umweltbelastung durch Privathaushalte in vielen Berechnungen zu hoch aus. Trotzdem sollte sie nicht gering geschätzt werden, da die Belastung von Luft, Boden und Wasser, z. B. durch Waschmittel, Müll oder Kraftfahrzeugverkehr, teilweise ganz erheblich ist.

▼ Wo liegen nun die Ursachen? Trotz der Vielschichtigkeit und Verflechtung auch mit anderen Verursachern sollen einige Bereiche näher beleuchtet werden, insbesondere auch im Hinblick darauf, daß hier Handlungsmöglichkeiten für private Haushalte aufzuzeigen sind, sich umweltbewußt zu verhalten.

▼ **Abfall:**

Von Jahr zu Jahr fällt in den Haushalten mehr Müll an. Je Bundesbürger ergibt sich eine Durchschnittsmenge von 500 kg pro Jahr, das sind mehr als 1 kg Abfall pro Person und Tag. Die Müllbeseitigung wird immer problematischer, da giftige Stoffe von Mülldeponien ins Grundwasser gelangen können oder bei der Müllverbrennung schädliche Bestandteile (z. B. Dioxin) in die Luft gelangen.

▼ **Chemie im Haushalt:**

„Scharfe Chemie" verringert die mechanische Arbeit und die Zeit zum Reinigen, aber alle umweltbelastenden Inhaltsstoffe der Putz- und Waschmittel gelangen ins Abwasser. So werden im Jahr ca. 1,5 Millionen Tonnen Wasch-, Spül- und Reinigungsmittel verbraucht. Würde man die Produktionsmenge in Würfel mit zwei Meter Seitenlänge füllen und diese aneinanderreihen, so reichte die Würfelreihe, die einer Jahresproduktion entspricht, von Flensburg bis München. Diese Menge gelangt im Laufe eines Jahres wieder in die Umwelt!

▼ **Wasser:**

Wasser ist ein lebenswichtiger Stoff, der vielfach verschmutzt und verschwendet wird. Der Gesamtverbrauch pro Person und Tag liegt zur Zeit bei ca. 140 Litern, 1950 reichten noch 85 Liter aus. Bei der Toilettenspülung, beim Sprengen des Rasens oder beim Wäschewaschen wird literweise wertvolles Trinkwasser verbraucht. Einfache Sparmaßnahmen, wie z. B. wassersparende Armaturen und Toilettenspülung, könnten dazu führen, den Wasserverbrauch deutlich zu reduzieren.

▼ **Verkehr:**

Trotz drohender Klimakatastrophe, Smog und Waldsterben – zu wenige Autofahrer achten auf den Umweltschutz. Stickoxide und Kohlenmonoxid entweichen tonnenweise aus den Kraftfahrzeugen, Katalysatoren gehören noch längst nicht zur Standardausrüstung. Ein Tempolimit, das die Schadstoffimmissionen verringern würde, wird von vielen Autofahrern energisch bekämpft, der Verkehrslärm ist für Millionen von Menschen zu einem ernsten Problem geworden.

▼ **Energie:**

Die Möglichkeiten des Energiesparens werden von vielen Haushalten nicht ausreichend genutzt. Maßnahmen zur Wärmedämmung, energiesparende Haushaltsgeräte, Thermostatventile oder doppelt verglaste Fenster findet man längst nicht in allen Häusern und Wohnungen. Trotz dringender Appelle wird beim Heizen, bei der Warmwasserbereitung oder dem Betrieb von Haushaltsgeräten unnötig viel Energie verbraucht.

Was macht es den Haushalten so schwer, sich umweltgerecht zu verhalten?

▼ Umweltschonendes Haushalten ist häufig schwieriger, als es auf den ersten Blick erscheint. In Abhängigkeit davon, wie konsequent ein Haushalt ökologisch geführt wird, muß man davon ausgehen, daß mehr Zeit, mehr Kraft und mehr finanzielle Mittel aufgewendet werden müssen.
Die Grundprinzipien einer rationellen Haushaltsführung werden insbesondere in der Umstellungsphase außer Kraft gesetzt. Hat der Naturgarten sein ökologisches Gleichgewicht gefunden, funktionieren Fahrgemeinschaften oder Lebensmittel-Kooperative mit Öko-Bauern und klappt das Kochen der Vollwertgerichte, dann sinkt auch die individuelle Belastung. Aber gerade am Anfang ist der „Ökostreß" besonders groß, und viele scheuen den ersten Schritt. In vielen Bereichen wird den Verbrauchern das ökologische Haushalten von Industrie und Gesetzgeber zusätzlich erschwert:

▼ Z. B. Einweg-Glasflaschen:
Obwohl Mehrweg-Flaschen weitaus umweltfreundlicher sind als Einweg-Flaschen, werden Wein, Essig, Öl oder Säfte zum großen Teil noch in Einweg-Flaschen angeboten. Die Appelle des Bundesumweltministeriums an die Hersteller, mehr Mehrweg-Flaschen anzubieten, fanden bisher nicht die entsprechende Resonanz.
Einweg-Flaschen können zwar in Altglas-Container abgegeben werden, wesentlich umweltgerechter wäre eine stärkere Ausdehnung des Mehrweg-Systems.

▼ Z. B. überflüssige Verpackungen:
Unmengen von Verpackungsmüll werden den Verbrauchern zwangsweise zugemutet, weil Lebensmittel, Kosmetika oder Haushaltswaren zu aufwendig verpackt sind. Zahncreme im Umkarton oder Äpfel eingeschweißt auf dem Folientablett – viele Verpackungsmaterialien müssen zwangsweise mitgekauft werden, obwohl sie im Grunde überflüssig sind und den Müllberg vergrößern. Außerdem müssen die Verbrau-

cher zweimal für den überflüssigen Verpackungsmüll bezahlen, einmal sind die Kosten im Einkaufspreis enthalten, und ein weiteres Mal muß für die Müllbeseitigung bezahlt werden. Selbst wenn alle Papiere und Pappen in Altpapier-Container gebracht werden, gelangen Plastikabfälle oder Dosen noch immer in den Hausmüll. Auch das Sammeln von Aluminiumresten führt eher dazu, daß die Produktion von Alu-Dosen oder Alu-Folien als ökologisch akzeptabel angesehen wird. Einzig richtig ist die Vemeidung von problematischen Abfällen im Verpackungsbereich.

▼ Z. B. irreführende Werbung:
Solange es keine ausreichenden gesetzlichen Richtlinien für Produkte aus ökologischer Produktion gibt, fahren viele dubiose Anbieter auf dem Öko-Trittbrett mit, und ökologisch orientierte Käufer werden durch irreführende Werbung eingefangen und dazu gebracht, umweltfeindliche Produkte zu kaufen. Denn „Bio" und „Natur" auf das Etikett zu schreiben, erhöht in den meisten Fällen die Umsätze und bringt mehr Gewinn. Fälle, in denen z. B. konventionell angebautes Gemüse in „Bio-Gemüse" umetikettiert wird, gibt es leider immer wieder. Der Gesetzgeber muß hier aktiv werden und verbindlich definierte Qualitätskennzeichen für ökologisch erzeugte Produkte festlegen.

▼ Z. B. unzureichende Kennzeichnung der Inhaltsstoffe:
Wer möchte nicht gerne Naturkosmetik kaufen und weiß die naturnahen Attribute auf der Verpackung wie „mit Mandelöl" oder „Schönheit mit Pflanzen" zu schätzen. Doch es zeigt sich später oft, daß die angebliche „Naturcreme" Formaldehyd und Paraffinöl enthält und deshalb mit Sicherheit aus dem Chemielabor stammt. Da die Inhaltsstoffe bei Kosmetika, Farben und Lacken nicht der Deklarationspflicht unterliegen, gibt es über sie meistens nur ein großes Rätselraten. Auch hier sind dringend eindeutige gesetzliche Regelungen notwendig, damit der Verbraucher nicht in die

„Öko-Falle" tappt. Da im Zuge des kommenden EG-Binnenmarktes die Produktvielfalt zunimmt, werden Qualitätsvergleiche immer schwieriger. Deshalb ist ohne eine umfassende Deklarationspflicht für alle Produkte des täglichen Lebens die erforderliche Markttransparenz nicht gegeben.

Kosten der Umweltbelastung-Verursacherprinzip muß zur Anwendung kommen

▼ Wenn die Umweltkatastrophe durch ökologisches Haushalten allein nicht aufzuhalten ist, was muß dann getan werden, um unseren Kindern und Enkeln eine lebenswerte Umwelt zu hinterlassen? Die Lösung ist klar: Das Verursacherprinzip muß zur Anwendung kommen.
▼ Drastisch höhere Umweltabgaben und Öko-Steuern auf umweltfeindliche Produkte sind dringend vonnöten, damit sich die Industrie auf umweltfreundlichere Alternativen besinnt. Wir können mit den Umweltproblemen nur fertig werden, wenn wir die Verursacher zur Verantwortung ziehen. Bisher müssen alle, die ökologisch wirtschaften und haushalten, häufig mehr bezahlen. Milch in Mehrweg-Flaschen ist beispielsweise derzeit in Hamburg mit DM 1,84 pro Liter im Durchschnitt DM 0,70 teurer als die gleiche Milchsorte aus der Einweg-Pappverpackung. Eine Familie mit zwei Kindern zahlt fast DM 40 im Monat mehr, wenn nur Milch aus Mehrweg-Flaschen getrunken wird.
▼ Wer ungebleichte, dioxinfreie Kaffeefilter kauft, die unserer Gesundheit und dem Abwasser weniger schaden, muß pro Paket DM 0,50 mehr bezahlen als für normales, gebleichtes Papier. Bio-Lebensmittel liegen ohnehin mehr als das Doppelte über den sonst üblichen Ladenpreisen, und bei manchen Bio-Läden und Reformhäusern kann man eher von „Lebensmittel-Boutiquen" sprechen. So wichtig die Unterstützung einer ökologischen Landwirtschaft auch ist, warum müssen nur die umweltbewußten Käufer zahlen? Der Spieß muß umgedreht werden!

▼ Auch zur Verringerung der Umweltbelastung durch den Kraftfahrzeugverkehr müßten andere Wege beschritten werden. So reicht es nicht aus, den Einbau von Katalysatoren langfristig durch Steuerersparnisse zu begünstigen. Da die Anfangsinvestition − Kauf und Einbau des Katalysators − erst einmal von umweltbewußten Autofahrern getätigt werden muß, fahren „Luftverschmutzer" ohne Abgasreinigung letztlich billiger. Darüber hinaus sollten auch diejenigen durch Steuerermäßigungen „belohnt" werden, die auf den öffentlichen Nahverkehr umsteigen oder durch Bildung von Fahrgemeinschaften ihren Beitrag dazu leisten, die Umwelt zu entlasten.
▼ Ähnliches gilt für den Bereich „Abfall". Nicht nur die Verwertung sollte im Mittelpunkt stehen, sondern Abfallvermeidung müßte das oberste Ziel sein und entsprechend vorangetrieben werden. Hier könnte das Verursacherprinzip z. B. dadurch Anwendung finden, daß im Verkaufspreis von Einweg-Verpackungen oder Batterien die Kosten für die spätere Müllbeseitigung enthalten sein sollten.
▼ Auch die Sparanreize beim Verbrauch von Wasser und Energie sind längst nicht ausreichend. Höhere Grundgebühren schlagen überdimensional zu Buche, d. h., wer viel verbraucht, bekommt es meistens auch noch billiger. Statt dessen sollten die Verbrauchsabrechnungen für Wasser und Energie wie folgt sein: Niedriger Verbrauch gleich geringer Preis und hoher Verbrauch gleich hoher Preis. Solche ökologisch orientierten Staffelpreise würden möglicherweise auch bei Industriebetrieben dazu führen, verstärkt über Energiesparen nachzudenken und sich umweltbewußter zu verhalten.

Umweltbewußt handeln

▼ Trotz aller Widrigkeiten, die umweltbewußtes Haushalten oft sehr erschweren, sollte jeder Haushalt Verantwortung für die Umwelt mit übernehmen. Schutz der Umwelt − das darf nicht nur eine allgemeine unverbindliche Forderung bleiben. Es muß eine Aufforderung zum persönlichen Tun sein. Jeder sollte durch sein Verhalten dazu beitragen, die ökologischen Folgeschäden des Konsums möglichst gering zu halten. Letztlich dient es auch dem persönlichen Gesundheitsschutz, wenn beispielsweise Lacke mit weniger Lösungsmitteln angewendet werden oder statt des Autos häufiger das Fahrrad zum Einkaufen benutzt wird. Wichtig ist auch das Verhalten der Verbraucher am Markt. Durch verstärkte Nachfrage nach umweltschonenden Produkten werden wichtige Akzente für die Anbieter gesetzt. Werden umweltschädliche Produkte nicht oder nur in wesentlich geringerem Umfang gekauft, wie es beispielsweise bei phosphathaltigen Waschmitteln der Fall war, werden die Hersteller umweltgerechtere Produkte produzieren. Vergleichbares Verhalten ist auch bei der Nachfrage nach Lebensmitteln möglich. So wird durch den Kauf ökologisch erzeugter Nahrungsmittel eine umweltschonende Landwirtschaft unterstützt. Auch wenn „Bio-Käufer" dadurch nicht verhindern, daß die konventionelle Landwirtschaft weiterhin Agrarchemikalien einsetzt und dadurch die Gefahr der weiteren Trinkwasserverunreinigung besteht, forcieren sie ökologische Folgeschäden nicht, sondern unterstützen die Erhaltung intakter Öko-Systeme.

▼ Wir müssen mit dem Umweltschutz beginnen, wo es nur irgend möglich ist, nicht zuletzt auch unserer Gesundheit zuliebe, wie im folgenden anhand einiger Beispiele erläutert werden soll.

▼ So nützt es der eigenen Gesundheit und der Umwelt gleichermaßen, ungebleichte Papier-Kaffeefiltertüten zu verwenden, da zum einen beim Gebrauch kein Dioxin in den Kaffee übergehen kann und zum anderen bei seiner Herstellung keine Dioxine und Furane ins Abwasser gelangen können, denn diese Ultragifte entstehen nur beim Bleichen mit Chlor. Wird kein Fleisch u. a. m. gekauft, daß in mit FCKW aufge-

schäumten Folientabletts und/oder in PVC-Folien verpackt ist, so wird zum einen die Aufnahme von gesundheitsschädlichen Weichmachern verhindert und zum anderen die Umweltbelastung eingeschränkt, die sowohl von der Produktion als auch durch die Entsorgung – Müllverbrennung – dieser Materialien verursacht wird. Es gelangt also weniger FCKW in die Umwelt, und bei der Verbrennung werden letztlich weniger Dioxine freigesetzt, die bekanntlich beim Verbrennen von PVC entstehen.

Werden umweltfeindliche Produkte konsequent gemieden, wie z. B. Spraydosen mit FCKW oder Möbel aus Tropenhölzern, so hat das in vielen Fällen auch eine Signalwirkung bei den Herstellern: Sie werden gezwungen, auf eine umweltschonendere Produktion umzustellen, um keine finanziellen Verluste zu haben.

Durch Konsum oder Konsumverzicht hat der private Haushalt somit die Möglichkeit, Einfluß zu nehmen und Umweltgefahren entgegenzuwirken. Deshalb ist er hier besonders gefordert, auch wenn die Informationsbeschaffung zur ökologischen Haushaltsführung oft schwierig ist.

▼ Aber umweltgerechtes Verhalten des einzelnen genügt nicht, es muß durch politisches Handeln ergänzt werden.

Veränderungen durch politisches Handeln

Die großen Umweltprobleme unserer Zeit, wie Ozonloch, Waldsterben oder Klimakatastrophe, können nicht von den privaten Haushalten gelöst werden. Ökologisches Haushalten mit einem großen individuellen Aufwand an Zeit und Kraft sollte nicht dazu führen, daß berechtigte Forderungen zur Erhaltung unserer Umwelt in Vergessenheit geraten. Mit Engagement und Kritikfähigkeit sollten wir für unsere Umwelt eintreten.

▼ Zu den wichtigen umweltpolitischen Forderungen gehören:

▼ Eine deutliche Verschärfung des Strafrechts. Die momentan gültigen

Gesetze sind nicht dazu geeignet, Umweltsünden zu unterbinden. Die Strafen müssen drastisch verschärft werden, Umweltstraftaten dürfen keine Kavaliersdelikte mehr sein. Insbesondere nachts und an den Wochenenden fehlen die Kontrollen.

▼ Das Steuer- und Abgabensystem sollte sich an ökologischen Werten orientieren. Alle umweltbelastenden Produkte oder Produktionsweisen sollten verteuert werden, so daß sich eine umweltgerechtere Produktion lohnt. Im Hinblick auf den Treibhauseffekt in der Erdatmosphäre wäre beispielsweise eine Abgabe auf den Ausstoß von Kohlendioxid erforderlich. Mit speziellen Förderprogrammen für eine bessere Wärmedämmung oder die Nutzung von Sonnen- und Windenergie könnte der Energiebedarf von Haushalten und Industrie gesenkt werden. Die Einführung einer Umweltabgabe für Autos ohne Abgasentgiftung würde den Kauf von Katalysatoren begünstigen.

▼ Grenzwerte für Schadstoffe sind allzu oft an technologischen Möglichkeiten orientiert. Aus gesundheitlichen Gründen müßten viele Grenzwerte sehr viel niedriger sein, zumal unser Körper über die Nahrung und über die Atemluft mit Tausenden von chemischen Stoffen in Verbindung kommt.

▼ Umweltfeindliche Produkte oder Produktionsverfahren müssen rigoros verboten werden. Es kann nicht angehen, daß in der Landwirtschaft noch immer Pestizide eingesetzt werden, die sich zwischenzeitlich schon im Trinkwasser wiederfinden. Oft ist unverständlich, warum giftige Chemikalien nicht verboten werden oder bis zum Verbot lange Übergangsfristen gelten.

▼ Für jeden Bezirk, jede Stadt und jedes Bundesland muß es genaue Daten zur Umweltsituation geben. Für die Ermittlung der Daten sind die Verursacher der Schadstoffbelastung zuständig. Die Kosten für die Schadstoffanalysen sollten nicht − wie bisher meist üblich − dem Verbraucher in Rechnung gestellt werden. So muß es z. B. für Anwohner in der Nähe von Industriebetrieben möglich sein zu erfragen, wie hoch die Umweltbelastung in ihrer Umgebung ist und ob und in welcher Höhe selbsterzeugte Nahrungsmittel mit Schadstoffen belastet sind.

▼ In der Umweltpolitik muß die Müllvermeidung stärker als bisher berücksichtigt werden. So nimmt die Zahl der Einweg-Dosen noch immer zu, wünschenswert wäre, daß die umweltgerechtere Mehrweg-Flasche mehr und mehr zur Pflicht wird. Und auch unsinnige und überflüssige Verpackungen für Konsumgüter haben aufgrund der Müllprobleme in allen Bundesländern schon lange keine Daseinsberechtigung mehr.

Fazit

Umweltschutz wird auch weiterhin zu den vordringlichsten Aufgaben gehören. Von allen Beteiligten ist ein Ausgleich zwischen ökologischem und ökonomischem Handeln gefordert. Deshalb müssen sich private Haushalte, Gesetzgeber, Landwirtschaft, Industrie und Handel stärker als bisher an ökologischen Werten orientieren und sich zu ihrer Verantwortung bekennen, damit wir unseren Kindern eine lebenswerte Umwelt hinterlassen.

✚ Im Mittelpunkt allen Haushaltge-
schehens stehen Menschen mit ihren
individuellen, oft nicht planbaren
Bedürfnissen. Diese bestimmen die
Ziele und Aufgaben der Haushaltsführ-
rung. Die Beziehungen der Haushaltsmitglieder untereinander prägen auch
die Verantwortlichkeit für die Hausarbeit. Mit anderen Worten: sie bestimmen, wer welche Arbeiten im Haushalt
ausführt.

✚ In den letzten Jahrzehnten ist eine
deutliche Vervielfachung der Lebensformen spürbar. Wer mit wem heute
einen gemeinsamen Haushalt führt,
diese Frage fällt nicht mehr so eindeutig aus: eine Familie mit Kindern ist
nicht mehr die statistisch häufigste
Haushaltseinheit.

✚ Auf den ersten Blick scheinen die
Frauen durch die Abkehr vom traditionellen Familienideal begünstigt. Frauen
entwickeln ihre Lebensplanungen nicht
mehr ausschließlich von der Familie
her. Sie verstehen sich als eigenständige
Personen mit individuellen Wünschen
und Zukunftsvorstellungen und fordern partnerschaftliche Teilung der
Erziehungsaufgaben und Hausarbeit.

✚ Wie die Forderung nach partnerschaftlicher Arbeitsteilung zeigt, hat
die Technik die Arbeit im Haushalt
nicht überflüssig gemacht. Statt dessen
haben sich die Anforderungen und
Belastungen verschoben. Die körperlichen Anstrengungen wurden reduziert,
andererseits wurde der Zeitgewinn,
wie z. B. bei der Wäschepflege, durch
erhöhte Sauberkeitsansprüche wieder
eingeholt. Zugenommen haben die
Anforderungen an die Erziehung der
Kinder und die Pflege bedürftiger
Menschen, sowie die organisatorischen, verwalterischen Tätigkeiten und
Beschaffungsarbeiten bei wachsendem
Konsum.

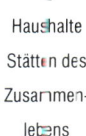
Haushaltsgrößen

Haushaltsgrößen
1900 und 1986

✚ Auch heute noch lebt die Mehrheit
der Bevölkerung nach traditionellen
Mustern, d. h. als Ehepaar mit oder
ohne Kinder. Allerdings wird immer
später geheiratet und nach einer Schei-
dung wagen immer weniger eine
zweite Ehe. Während in den fünfziger
Jahren in einer Familie 2 bis 3 Kinder
lebten, sind es heute statistisch 1,6.
✚ Zudem wächst der Anteil derer, die
bewußt von dieser Lebensform abwei-
chen. Am deutlichsten zeigt sich dieser
Wandel an der steigenden Zahl nicht-
ehelicher Lebensgemeinschaften und
an der Zunahme der Einpersonenhaus-
halte. Letztere sind zwischen 1950 und
1987 von 18,5 Prozent aller bundesdeutschen Haushalte auf 33,46 Prozent

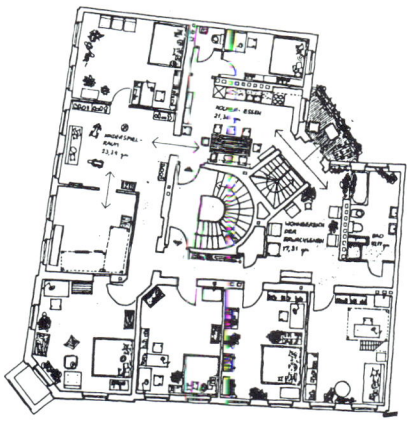

Grundriß einer Wohngemeinschafts-
wohnung, umgebaut 1979

gestiegen. In manchen Städten, wie
Berlin, liegt ihr Anteil bei über 50 Prozent. Über die Hälfte der Einpersonen-
haushalte sind Rentnerhaushalte, in
denen eine Person - meist nach dem
Tod des Partners - erzwungenermaßen
alleine leben. Die bewußten „Singles"
sind dagegen in der Gruppe der 25- bis
45-jährigen zu finden.

✚ Auch die Zahl derjenigen, die ihr
Kind alleine großziehen, ist ständig
gestiegen. 1976 waren lediglich neun
Prozent aller Familien mit Kindern
unter 18 Jahre Alleinerziehende, 1982
waren es 11,4 Prozent und 1985 12,8
Prozent. Die Mehrzahl der Alleinerziehenden (85,3 Prozent) sind Frauen.

Zwischen drei Welten –
Mütter, Hausfrauen, erwerbstätige Frauen

✚ Oft heißt es, die Technisierung im Haushalt hätte den Frauen die Erwerbstätigkeit ermöglicht. Die Tabelle zeigt jedoch, daß die Erwerbstätigenquote bei Frauen seit Beginn dieses Jahrhunderts konstant hoch und erst in den letzten Jahren ein wenig angestiegen ist. Da die heute übliche Ausstattung der Haushalte mit haushaltstechnischen Hilfen sich erst seit Mitte der 1970er Jahre zum Standard entwickelt hat, zeigt sich, daß der Prozeß der Haushaltstechnisierung und die Entwicklung der Frauenerwerbstätigkeit offensichtlich keinen unmittelbaren Zusammenhang bilden.

✚ Beträchtlich gestiegen ist in der Nachkriegszeit allerdings die Zahl der verheirateten Frauen und Mütter unter den Erwerbstätigen. Zwischen 1970 und 1988 hat sich die Zahl der erwerbstätigen Mütter von 36,4% auf 43,6% erhöht, d. h. die sogenannten „Nur"-Hausfrauen sind immer seltener geworden, die Vereinbarkeit von drei verschiedenen Welten dagegen immer selbstverständlicher.

✚ Vor allem die Teilzeitarbeit ist eine Domäne der Frauen, die versuchen, Familie und Beruf miteinander zu vereinbaren und erklärt den Anstieg der Frauenerwerbstätigkeit in den letzten Jahren.

Entwicklung der Erwerbstätigkeit von Frauen (15-65 Jahre) von 1907 - 1988

Jahr*	
1907	46,6 %
1925	48,2 %
1933	46,7 %
1939	49,7 %
1950	43,7 %
1961	47,3 %
1970	46,2 %
1975	48,2 %
1980	50,2 %
1985	52,7 %
1988	55,0 %

* 1907 - 1961 nach Schweitzer, Pross, 1976, S. 62, 1970 - 1982 und ab 1985 nach Stat. Bundesamt, Mikrozensus,

Nicht erst seit Mitte der 1970er Jahre, als die breiten Hausfrauenschichten einen häuslichen Maschinenpark zur Verfügung hatten, sind Frauen erwerbstätig.

Auf dem Heimweg von der Arbeit werden noch schnell die Einkäufe für die Familie erledigt.

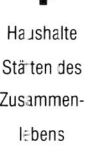
Partnerschaft und Hausarbeit

✚ Verschiedene Studien stellen einen deutlichen Bewußtseinswandel bei Männern zum Thema partnerschaftliche Arbeitsteilung fest.

✚ 1985 gab die Zeitschrift „Brigitte" eine Studie in Auftrag, die zeigt, daß die Männer ihr Bild von Frauen gewaltig geändert haben: *„Das ‚Heimchen am Herd' ist passé. Der Entscheidungsautonomie der Frauen messen sie (die Männer) einen hohen Stellenwert bei. Die selbständige Frau, die weiß, was sie will, ist gewünscht."* (Brigitte-Untersuchung '85, 1985, S. 22)

✚ Vom Bewußtseinswandel zur tatsächlich praktizierten Arbeitsteilung ist es dennoch ein größerer Schritt. *„Probleme mit der Emanzipation haben die Männer dann, wenn die ‚Selbständigkeit' der Frau sich auch gegen sie zu wenden droht, Forderungen an sie gestellt und Interessen gegen sie durchgesetzt werden."* (ebenda, S. 22)

✚ Bislang können erwerbstätige Mütter vor allem bei der Kinderbetreuung auf ihre Männer zählen, stellte eine jüngst im Auftrag des Bundesministeriums für Jugend, Familie, Frauen und Gesundheit erstellte Studie fest.

✚ Schlechter sieht es allerdings bei der Wohnungsreinigung, Wäschepflege, dem Einkauf usw. aus: *„Auch dort, wo ein Viertel oder ein Drittel der Männer von ‚Mithilfe' redet, gibt es immer noch ein erhebliches Ungleichgewicht. Selbst in dem Bereich mit den höchsten Beteiligungsraten des Mannes - dem Einkauf - ist es gerade jeder Vierte, der genauso häufig oder häufiger die Arbeit macht; ein weiteres Viertel beteiligt sich gar nicht, und die verbleibende Hälfte begnügt sich mit dem mehr oder weniger sporadischen Mithelfen. Beim Abwaschen bleibt am Ende noch viel mehr an den Frauen hängen. Und mit Bügeln und Nähen wollen Männer überhaupt nichts zu tun haben."* (Hartenstein u. a., 1988, S. 57)

Neue Männer hat das Land -
Freizeitväter, alleinerziehende Väter und Hausmänner

✚ Es gibt sie. Wenn auch ihre Zahl derzeit noch so gering ist, daß sie statistisch kaum zu erfassen sind. Männer suchen heute stärker ihr Lebensziel und ihre Selbstverwirklichungsmöglichkeiten - angesichts von Arbeitszeitverkürzungen - in der Privatsphäre.

✚ Bislang zeigen sich die neuen Männer vor allem in der Gruppe der Alleinerziehenden. 1984 lebten 1,2 Mio. Kinder nur mit einem Elternteil zusammen, davon 200 000 mit ihren Vätern - Tendenz steigend.

✚ Von den wenigen Hausmännern, die mit einer berufstätigen Partnerin und Kindern zusammenleben, ist kaum mehr etwas zu hören. Ein bereits beendetes Zwischenspiel?

✚ Der Anteil der Männer an den Single-Haushalten ist allerdings im Steigen begriffen. Mit anderen Worten: Wenn Männer sich um den Haushalt kümmern, kommt in aller Regel keine Frau in den Genuß, von ihnen mitversorgt zu werden.

Kinder im technisierten Haushalts-Alltag

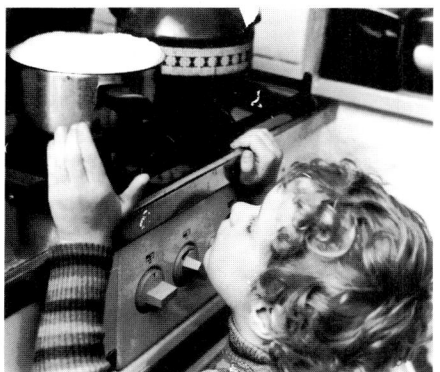

✚ In den technisierten Haushalt hin-
eingeboren und den Umgang mit zahlreichen Geräten gewohnt, ist mittlerweile eine Generation herangewachsen, deren Mithilfe im Haushalt immer
weniger notwendig scheint, oft sogar
als zusätzliche Belastung empfunden
wird.

✚ Auch im technisierten Haushalt
gibt es noch zu wenig Zeit für Kinder,
obwohl doch gerade die Ansprüche an
die Erziehungsleistungen gestiegen
sind. Insbesondere die Koordinierung
von Vollzeiterwerbsarbeit und Kinderbetreuung ist nach wie vor ein großes
Problem.

✚ Kindern kommt heute immer mehr
die Rolle einer „pressure group" in
Sachen neue Technologien im Haushalt
zu. Dies gilt vor allem für die neuen
Kommunikationstechniken für Spiel
und Bildung. Wenn die Nachbarskin-
der schon einen Videorecorder haben,
warum haben wir dann noch keinen?

Zeit - ein kostbares Gut auch im modernen Haushalt

✚ Schätzungen gehen davon aus, daß jährlich 53 Mrd. Stunden Arbeit in den Haushalten und 43 Mrd. Stunden Erwerbsarbeitsstunden erbracht werden.

✚ Trotz aller Technisierung der Hausarbeit ist Zeitgewinn nach wie vor ein brennend aktuelles Thema und schafft weiterhin Anreize für die Anschaffung von neuen Haushaltsgeräten. Dies zeigt auch der gegenwärtige Boom auf dem Mikrowellen-Markt.

✚ Obwohl Mikrowellengeräte bereits in den 50er Jahren auf dem Markt eingeführt wurden, konnten sie sich bis vor etwa zwei Jahren nicht durchsetzen. In zwei Minuten einen Teller Suppe heiß machen, in einer halben Stunde ein tiefgefrorenes Hähnchen auftauen, mal eben zwischendurch in Minutenschnelle ein warmes Käse-Sandwich auftischen - dazu ist die „zeitgeplagte Bevölkerung" erst heute bereit. In Folge der zunehmenden Auflösung der traditionellen Versorungsinstitution „Familie" mit einer regelmäßig kochenden Hausfrau und Mutter kommt diese Technik den immer mehr auf sich selbst gestellten Menschen entgegen.

Unsichtbare Hausarbeit - Neubewertung der Arbeit

„Arbeiten Sie?"

„Nein, ich bin Hausfrau!"

✛ Es ist schwierig, Hausarbeit die gebührende gesellschaftliche Anerkennung zu geben - sie ist selbstverständlich. Ebenso gibt es nach wie vor keine verbindlichen Kriterien, ihren Wert zu bemessen - sie ist unbezahlt.

✛ Wird ein schmutziges Hemd in der Wäscherei gesäubert und gebügelt, so ist dies eine bezahlte Dienstleistung und damit ein Beitrag zum Bruttosozialprodukt; wird die gleiche Arbeit von einer Hausfrau erledigt, so hat sie keinen „Wert".

✛ Die Neubewertung von Arbeit ist notwendig, denn sie ist nicht nur Erwerbsarbeit, sondern auch Hausarbeit. Eine erste Anerkennung findet diese Arbeit durch Erziehungsurlaub, Anrechnung von Kindererziehungszeiten in der Rentenversicherung, der Übernahme von Pflegekosten bei schwerer Krankheit oder Urlaub der Pflegeperson.

✛ Offiziell tragen die Haushalte nur zu 2% an der Entstehung des Bruttosozialproduktes bei; an seiner Verwendung sind sie dagegen zu 55% beteiligt. Nach Schätzungen wurde der Wert der in den Haushalten geleisteten Arbeit 1982 auf 1,08 Billionen DM berechnet. Alleine der jährliche Wert der unentgeltlich erbrachten Dienstleistungen für pflegebedürftige Angehörige wird auf mindestens 73 Mrd. DM veranschlagt. Der Geldwert der Leistungen, die in den privaten Haushalten für die Erziehung und Betreuung von Kindern und Jugendlichen erbracht werden, wird auf über 190 Mrd. DM geschätzt.

✛ Der breite Technikeinsatz im Haushalt hat nicht - wie bei der Erwerbsarbeit - die Zahl und Vielfalt der zu erledigenden Arbeiten im Verhältnis zu den Arbeitskräften reduziert. Nach wie vor bedeutet Hausarbeit eine Vielzahl unterschiedlicher herstellender, planender und organisierender Tätigkeiten, deren Erledigung je nach dem in größeren Zeitabständen oder aber gleichzeitig erfolgen muß.

Barbara Methfessel

Zwischen drei Welten – Mütter, Hausfrauen, erwerbstätige Frauen und ihre haushaltstechnischen Hilfen

„Hausfrau, Mutter und Berufsfrau. Die Synthese dieser drei Lebenstypen ist das Problem der Zeit."

✤ Diese Feststellung traf 1930 die Modezeitschrift „Neue Linie"[1]. Trotz wesentlicher gesellschaftlicher Entwicklungen ist diese Synthese der "drei Lebenstypen" noch nicht gelungen, ist sie immer noch ein Problem der Zeit und vor allem das der betroffenen Frauen. Immer noch ist es eine Aufgabe, über die Beharrlichkeit dieses Problems und über Möglichkeiten und Grenzen seiner Bewältigung nachzudenken.

✤ Familie und Erwerbsarbeit sind in unserer Gesellschaft zwei sich gegenseitig bedingende und ergänzende Bereiche – für den einzelnen wie für die Gemeinschaft. Privatheit und Öffentlichkeit, Geborgenheit und Leistungsdruck, unbezahlte und bezahlte Arbeit, Versorgung und Konkurrenz haben hier ihren spezifischen Raum, sind aufeinander angewiesen und ausgerichtet. Voraussetzung für eine solche sich ergänzende Bedeutung und Wirkung ist allerdings die (relativ) uneingeschränkte Leistungsfähigkeit und -bereitschaft derjenigen, die in dem jeweiligen Bereich tätig sind: ist damit die traditionelle Arbeitsteilung zwischen Männern und Frauen. Die aktive, verantwortliche Teilnahme an beidem läßt Erwerbsarbeit und Familie/Haushalt dagegen zu widerstreitenden Bereichen werden. Für eine solche Verbindung in einem Lebenszusammenhang sind die Bereiche nicht ausreichend in Einklang zu bringen. An diesen Bedingungen hat sich – trotz des gesellschaftlichen Wandels – wenig geändert.

✤ Ist die Vereinbarung von Erwerbsarbeit und Familie auch strukturell nicht vorgesehen, so ist sie doch Realität, ist sie Alltag von Millionen erwerbstätiger Frauen und auch von Müttern.

✤ Die geschlechtsspezifische Arbeitsteilung, nach der Frauen sich ausschließlich um Familie und Haushalt sorgen sollen, wurde in der Industriegesellschaft zur Norm. Für einen großen Teil der Frauen war diese Norm aber nie Wirklichkeit.[2] Zu groß war für sie der ökonomische Zwang; wesentlich war aber auch der Wille zur Erwerbsarbeit angesichts der ökonomischen und sozialen Benachteiligung der Frauen, die ausschließlich in der und für die Familie lebten. Erwerbstätige Frauen waren also immer eine gesellschaftliche Realität. In der Entwicklung und im Ausmaß neu ist in den letzten Jahren die Zunahme der Erwerbstätigkeit von Müttern versorgungs- bzw. betreuungsabhängiger Kinder: 1986 waren von ca. 10,52 Mio. erwerbstätigen Frauen ca. 3,06 Mio. Mütter mit Kindern unter 18 Jahren und davon sogar ca. 1 Mio. mit Kindern unter 6 Jahren; d. h.: 43,1% der Frauen mit Kindern unter 18 Jahren, 41,2% der Frauen mit Kindern unter 15 Jahren und 35,5% der Frauen mit Kindern unter 6 Jahren waren 1986 erwerbstätig. Die Tendenz ist zunehmend.[3]

✤ Dies ist eine Entwicklung, die ebenso verständlich wie erstaunlich ist, denn erwerbstätige Frauen und besonders Mütter ent- und widersprechen gleichzeitig gesellschaftlichem Ge- und Verbot. Sie vereinbaren geradezu Unvereinbares. Es ist eine Entwicklung, die mit und in einer Person eine Ausführung sich widersprechender gesellschaftlicher Erwartungen verlangt: Einerseits ist Erwerbsarbeit Bedingung für eine zukunftsorientierte Lebensplanung von Frauen. Ohne sie gibt es keine eigenständige ökonomische Absicherung, ohne sie ist eine Teilhabe an Öffentlichkeit oder gesellschaftlichem Einfluß ebenso schwierig wie die an bezahlter und gemeinschaftlich organisierter Arbeit – ein Argument, das wegen der Infragestellung der sozialen Lage und Arbeitssituation der Hausfrauen lange Zeit ignoriert wurde[4]. Auf der anderen Seite gilt nach wie vor das Gebot: „Eine

1
zit. n. GROSSMANN
1984,
S. 45

2
MÜLLER, WILLMS und
HANDL 1983

3
Statistisches Jahrbuch
1988, S. 104;
zur Diskussion
vgl. auch
SOMMERKORN 1988

4
vgl. BECKER-SCHMIDT
1984;
SOMMERKORN 1988

137

Mutter gehört zu ihrem Kind." Kann damit auch nicht mehr eine absolute Ächtung der Erwerbstätigkeit von Müttern aufrechterhalten werden, so bleibt das Gebot doch in dem Anspruch erhalten, daß die Familie, vor allem die Kinder, nicht unter der Erwerbstätigkeit der Frauen „leiden" dürfen. Schuldzuschreibungen bei Nichtgelingen treffen hier selten die Eltern insgesamt. Doppel- bzw. Dreifachbelastung ist der Preis, der vor allem von Frauen für die Teilhabe an beiden Bereichen bezahlt wird. Die Organisation der Erwerbsarbeit setzt die Zuarbeit durch Frauen im Haushalt unhinterfragt voraus. Weder eine familiäre Belastung des Mannes noch eine Erwerbstätigkeit von Müttern wird strukturell berücksichtigt. Ein aus der Struktur der gesellschaftlichen Arbeit erwachsenes Problem wird somit zu dem der einzelnen Frau. Es wirkt dabei nicht nur auf der Ebene der Geschlechtsrollenzuschreibung, sondern auch in der Realität der einzelnen Frau, die Familien- und Erwerbsarbeit verbinden möchte und muß. Sie kann und will ihre Familie nicht „leiden lassen", sie muß die Versorgung ihrer Kinder gewährleisten.

5
OSTNER und
SCHMIDT-WALDHERR
1987

Die Verantwortlichkeit für die soziale und ökonomische Sicherung für sich und die Kinder wird Frauen also zunehmend — moralisch wie juristisch — gegeben, ohne ihnen entsprechend diejenige für das familiäre Wohl zu nehmen.[5]

✚ Partnerschaft in der Familie gewinnt als Leitbild zwar an Bedeutung, Veränderungen — geringfügig, aber Hoffnungen erhaltend — sind zu beobachten. Sie verändern aber noch nicht die Struktur der Zuteilung der Verantwortung und der Arbeit; tradierte Verhaltensweisen bei Frauen und vor allem bei Männern bestimmen noch die Realität.

6
BUNDES-
MINISTERIUM FÜR
JUGEND, FAMILIE,
FRAUEN UND
GESUNDHEIT,
1988

Den Graben zwischen verbaler Zustimmung (und dieser noch eher zur Partnerschaft im allgemeinen als zur häuslichen Arbeitsteilung im konkreten) und realer Verhaltensänderung hat der Durchschnitt der bundesdeutschen Männer noch lange nicht überwunden. Zwar stellen neuere Untersuchungen[6] einen zunehmenden Wertewandel hinsichtlich der Geschlechtsrollen fest. Vor allem jüngere Menschen und diejenigen mit einem höheren Bildungsstand weisen eine größere Bandbreite des Verhaltens auf. Eine stärkere Flexibilisierung bei Familientätigkeiten und Erziehungsaufgaben ist zu erkennen, ein weiterer Abbau des Machtgefälles in der Partnerschaft scheint sich anzubahnen. Bei näherer Betrachtung werden aber auch noch alte Ergebnisse bestätigt: Es gibt mehr Mitarbeit, aber kaum Teilung von Aufgaben und Verantwortung. Die Mitarbeit unterscheidet sich deutlich nach Aufgabenfeldern: Weitaus häufiger gelingt eine Zusammenarbeit bei der Kinderbetreuung oder auch beim Einkauf. Wenn es aber um das Aufräumen, Putzen, Wäschewaschen, Nähen oder (mit Einschränkungen) um das Kochen geht, sinkt die reale männliche Mitarbeit im Haushalt beträchtlich. Hier ist die Flexibilität z. T. eher in der Übernahme „männlicher" Aufgaben durch Frauen als umgekehrt auszumachen. Es bleibt auch der Tatbestand, daß die Mithilfe mit der Geburt von Kindern nicht größer, sondern kleiner wird.[7]

7
KRÜGER 1984;
KRÜSSELBERG u. a.
1986;
METZ-GÖCKEL und
MÜLLER 1986;
BMJFFG 1988

Hausarbeit und Berufsarbeit — Komplementarität und Widerspruch

✚ Die Verbindung von Familie und Beruf ist nicht nur die Addition zweier Verantwortlichkeiten und zweier Arbeitsbereiche. Es ist auch die Vereinbarung zweier gesellschaftlicher Bereiche, die sich deshalb ergänzen, weil sie im Erfahrungs- und Erlebniszusammenhang unterschiedlich ja gegensätzlich sind. Sie fordern damit aber auch unterschiedlich und sogar gegensätzlich organisierte Arbeit. Aus der Ergänzung, die die zwei Bereiche für das Leben bieten können, wird eine Zerreißprobe für diejenigen, die mit begrenzten Ressourcen den jeweiligen unterschiedlichen Anforderungen entsprechen müssen bzw. wollen, die den offiziellen und ungeschriebenen Gesetzen der Arbeit und der Arbeitsorganisation folgen (müssen).[8]

8
vgl. auch
METHFESSEL 1990

✤ Arbeit – und damit auch Leben – unterliegt in der Erwerbsarbeit anderen Gesetzen als im eigenen Haushalt. In der Erwerbsarbeit herrscht vorrangig das Prinzip der ökonomischen Rationalität. Dies macht sich z. B. deutlich an der Zeitökonomie fest: Je nach Beruf muß, bezogen auf spezifische Aufgaben, in der festgesetzten Zeit ein Optimum an Leistung erbracht werden. Dies gilt besonders für Frauen, die in Fabrik oder Büro Akkordarbeit leisten. „Keine Zeit verlieren", „sich nicht ablenken lassen", „persönliche Interessen, die nicht in die Arbeitsbewältigung einfließen können, zurückstellen", „Gespräche auf die Pausen verschieben", dies sind z. B. Maximen, die den Berufsalltag begleiten. Vergleichbare Arbeitsergebnisse, die zumindest durch den Lohn eine Bewertung erfahren, gemeinsame Arbeit, Möglichkeit der Konzentration auf festgelegte Aufgaben etc. kennzeichnen die positiven Erfahrungen des beruflichen Alltags.[9]

✤ Familie und Haushalt dagegen gelten als der Bereich des Privaten, der Freizeit, der menschlichen Begegnungen. Hier sollen eigene Rhythmen und individuelle Vorlieben Raum finden, sollen die Menschen und ihre Bedürfnisse im Mittelpunkt stehen. Diese „Freiheiten" werden von erwerbstätigen Müttern und Hausfrauen auch immer wieder hervorgehoben.[10] Familien bzw. Familienhaushalte fordern jedoch auch Arbeit; Arbeit, die den sachlichen, sozialen und selbstgesetzten Bedingungen folgt, Arbeit unter Zeitdruck und unter Zurückstellung persönlicher Interessen. Es ist zumeist Arbeit für andere. Der besondere Sinn der Hausarbeit – „man weiß wofür und für wen man arbeitet" – ist janusköpfig, trägt er doch – de facto aufgrund fehlender Arbeitsteilung und mangels weiterer Zeit und Kraft – die Unmöglichkeit der Nutzung der häuslichen Freiräume für die eigenen, über die Familie hinausgehenden Interessen mit sich. Der Tag einer voll erwerbstätigen Mutter kennt kaum „eigene" Zeit und häufig zuwenig Schlaf.[11]

✤ Die körperliche und die psychische Belastung durch den Beruf setzen voraus, daß man die Zeit zu Hause zur Regeneration nutzen kann. Die Unterschiedlichkeit von Beruf und Familie ermöglicht das „Abschalten von der Arbeit", hilft Distanzen zu gewinnen, wenn man die „Freiheit" von beruflicher Verantwortung und vorgeschriebenen Arbeitsaufgaben zu Hause nutzt. Die Gegensätzlichkeit der Bereiche fordert dazu aber oft eine Umstellung. Bei der heute noch üblichen Arbeitsteilung ist diese Bedingung allerdings meist nur für Männer gegeben. Sie beanspruchen eher das Recht auf Erholung nach der Erwerbsarbeit und setzen es vor allem eher sich selbst und der Familie gegenüber durch:

✤ „Ich ruh' mich auf jeden Fall nach der Arbeit aus. Das dauert rund ein bis zwei Stunden... Da sitze ich praktisch ganz allein, da darf meine Frau nicht hereinkommen. Da schäum ich praktisch schon..."[12] Eine solche Pause bräuchten Frauen nach der Erwerbstätigkeit auch oft zur Erholung und zur Umstellung auf den häuslichen Bereich. Wie weit sie diesem Bedürfnis nachgeben, hängt jedoch davon ab, ob ihnen die Ruhe gelassen wird und – ob die Erledigung der Hausarbeit gewährleistet ist. Die Angst, „nicht mehr hochzukommen" und die wartende Arbeit nicht zu schaffen, ist für viele groß:

✤ „Da muß ich natürlich aufpassen, wenn ich mich an den Kaffeetisch setze, daß ich nicht einschlafe."[13]

✤ Viele wagen selbst solch eine kleine Kaffeepause gar nicht: „... und dann muß ich gleich weiterarbeiten, sonst kann ich nichts mehr machen."[14] Solche oder ähnliche Aussagen tauchen bei Befragungen von erwerbstätigen Müttern immer wieder auf. Eine zu lange Pause bedeutet für sie, daß die liegengebliebene Arbeit am nächsten Tag geschafft werden muß. Die Freiheit zu Hause findet hier ihre Grenzen. Soll die Arbeit geschafft werden, müssen andere Wege der Erholung, des „Umschaltens" gefunden werden.

9
vgl. BECKER-SCHMIDT
u. a. 1984
10
vgl. ECKART u. a.
1979;
BECKER-SCHMIDT
u. a. 1984

11
KETTSCHAU 1981,
MINISTERIUM
f. A. G. u. S. 1983

12
zit. nach
RINDERSPACHER 1985,
S. 246

13
zit. nach ECKART u. a.
1979, S. 219 f
14
zit. nach ECKART u. a.
1979, S. 202

✛ Nur die Menge der Arbeit und die Verantwortung für zwei große Arbeitsbereiche zu sehen, würde also die Probleme in Haushalten erwerbstätiger Eltern viel zu ungenügend erfassen, geht es doch um die Vereinbarung unterschiedlicher, ja widersprüchlicher Bereiche.

Diese Unterschiedlichkeit und Widersprüchlichkeit gibt es aber nicht nur zwischen Erwerbs- und Hausarbeit, sie gilt auch für die Aufgaben im Haushalt selbst: Im Haushalt gibt es die Arbeit an und mit Dingen und die Arbeit für und mit Menschen.

✛ Die Arbeit an und mit Dingen umfaßt die Reinigung, Pflege und Gestaltung der Wohnung ebenso wie den Einkauf oder die Nahrungszubereitung. Sie wird mit unterschiedlicher Beliebtheit verrichtet, ist notwendig wie alltäglich, dient der Regeneration wie dem Wohlbefinden. Sie kann dem jeweiligen Lebensstil, Anspruchsniveau, ökonomischen und sozialen Bedingungen der Menschen entsprechend gestaltet werden. Sie hat dann aber auch im einzelnen Haushalt ihre Dringlichkeit und muß den stofflich bedingten Gesetzen (Schutz und Pflege, Erfordernisse des Materials, Garbedingungen von Nahrungsmitteln etc.) und auch den Bedürfnissen von Menschen (Schönheits- bzw. Gemütlichkeitsvorstellungen, Hunger bzw. Appetit auf spezifische Gerichte) folgen.

✛ Die Menschen im Haushalt sind nicht nur die Richtschnur für diese Arbeit; sie fordern, ihren jeweiligen physischen und psychischen Bedürfnissen entsprechend, auch direkte Sorge und Versorgung. Kinder klagen diese am direktesten oder rücksichtslosesten ein. Der eingefallene Bauklotzturm, das aufgeschlagene Knie, Hunger, Durst oder der Wunsch, jemanden zum Spielen zu finden, haben vielleicht eine unterschiedliche Gewichtung. Jedesmal wird aber die Forderung nach Zuwendung vehement aufgestellt, verlangt Erfüllung, sträubt sich gegen Aufschub oder Unterordnung unter andere Prozesse. Die Versorgung von Menschen kann damit in Widerspruch zu anderen Haushaltsaufgaben geraten, die ihre eigene Dringlichkeit (z. B. bei der Nahrungszubereitung) haben. Zudem möchten die Betroffenen auch oft erst einmal die Hausarbeit abschließen: „Wenn die Kleine manchmal kommt, Mama, lies mir was vor, dann sollte ich das eigentlich eher machen als die Hausarbeit, obwohl es mir manchmal gar nicht recht ist. Ich mach' lieber erst meine Hausarbeit und denn mit Spielen... aber sie zieht dann immer und zerrt, komm, komm und so... dann muß man erst 'n bißchen spielen."[15]

15
zit. nach
Becker-Schmidt
und Knapp 1985,
S. 126

✛ Aber auch Erwachsene erheben Ansprüche. Ein vorwurfsvoller Unterton, Fragen wie: „mußt du gerade jetzt...", mit denen sie Aufmerksamkeit oder Zuwendung beanspruchen, können genauso starken Druck ausüben wie ein „ich will aber" des Kindes. Das Wissen um die Notwendigkeit und Dringlichkeit materielltechnischer Hausarbeiten (der Arbeit mit den Dingen) ist häufig Ansporn, diese bzw. zumindest die ungeliebteren Teile davon (dies sind meist die Ordnungs- und Reinigungsarbeiten) möglichst zügig hinter sich zu bringen. Man will fertig werden. Erst dann ist der Feierabend sicher. Die gleichzeitigen Erwartungen der Menschen im Haushalt an direkte Sorge – und der eigene Anspruch, diesen entsprechen zu wollen – führen zu Konflikten.

✛ Die Unterschiedlichkeit der Arbeit und der dafür geforderten Ressourcen gilt so nicht nur für Beruf und Hausarbeit, sondern auch für die Aufgaben im Haushalt selbst. Das Verbinden dieser „Welten", das Bauen von Brücken, das Finden von Wegen der Vereinbarung oder des Überganges bleibt die Aufgabe der Frauen. Die Wege der Bewältigung sind unterschiedlich. Manche brauchen die Zeit der „ungestörten" Hausarbeit, um sich wieder in den Haushalt „hineinzuräumen": „... für mich ist die Verschnaufpause, wenn ich meine Betten zusammenschüttele oder mal 'nen Tisch abräume oder schnell mal abwasche oder so, und dann – dann hab' ich Zeit..."[16]

16
zit. nach
Becker-Schmidt
und Knapp 1985,
S. 111

„In Ruhe" arbeiten können, ohne den Zwang, ohne den zeitlichen Druck der Erwerbsarbeit, ungestört, nach eigenem Ermessen, so kann von der „anderen" Arbeit, der Hausarbeit, wenigstens die Andersartigkeit positiv empfunden, vielleicht sogar für die Regeneration genutzt werden.

„In Ruhe" heißt dabei aber nicht nur frei von Zwang und Druck und ungestört von anderen Aufgaben und Einflüssen. Es heißt auch ungestört von Anforderungen anderer Menschen.

Dies ist, wenn man mit anderen Haushaltsmitgliedern zusammenwohnt, die Ansprüche erheben, schwierig:

„Ich will meine Ruhe haben nach Feierabend, dann muß ich abschalten. Vor allen Dingen beim Kochen brauch' ich Ruh'. Wenn meine Schwester in der Küche ist, die jag' ich immer raus. Oder auch, wenn ich sauber mach'. Kann ich nicht leiden, ich brauch' da meine Ruhe!"[17] Arbeiten „in Ruhe" widerspricht vor allem der Situation und dem Selbstanspruch von Müttern. Sie müssen neben der Umstellung auf die „andere" Arbeit gleichzeitig noch die auf die besonderen Bedürfnisse der Kinder leisten und mit dem Wunsch nach eigener Regeneration in Einklang bringen.

✤ Der Wunsch, sich erst einmal auszuruhen oder ungestört etwas zu tun, kann zumindest gegenüber kleineren Kindern kaum durchgesetzt werden. Kann sich der Vater mit den Kindern beschäftigen, dann ist der Konflikt zwischen den unterschiedlichen Anforderungen zunächst gemildert. Dafür entsteht manchmal die Unzufriedenheit darüber, zuwenig „von den Kindern zu haben".[18] Gesucht wird dann ein Weg gemeinsamer Tätigkeit mit den Familienangehörigen (wie Einkaufen, Spazierengehen), oder andere Aufgaben werden auf den Abend verschoben − auf Kosten der eigenen Regeneration.

„Wenn ich nach Hause komme − gleich abwaschen, das ist nicht drin. Oder mal die Beine hochlegen, oder in die Zeitung gucken. Da ist der Junge, ‚Mama, spielen!' Ich laß' da lieber alles für den Abend liegen, wenn er im Bett liegt. Erst geht mein Junge vor. Der hat mich zehn Stunden nicht. Dann soll er mich wenigstens die letzten drei Stunden haben, bevor er ins Bett geht. Er soll nicht sagen müssen: „Mama hat jetzt keine Zeit" . . . (Hier stockt Frau Q.: Sie weiß genau, daß es nicht einfach um „Zeit" geht, sondern um einen bestimmten Umgang mit Zeitbedürfnissen. Sie fährt fort:) „Er soll nicht sagen, ich muß jetzt meine Ruhe haben. Ich muß mich wirklich manchmal zusammenreißen. Da hat man den ganzen Tag den Lärm um die Ohren und dann den Krach, wenn er anfängt."[19]

✤ Die Umstellung auf die Bedürfnisse der Kinder ist so schwierig, weil sie zur Voraussetzung hat, daß zur Erwerbsarbeit und deren Arbeits- und besonders Zeitdruck ein Bruch vollzogen werden kann. Dies schaffen nicht alle. Allzu oft werden die Hetze, der Rhythmus, die Spannung nach Hause getragen, gehen in die Erledigung der Hausarbeit ein. Für Frauen, die bei der Akkordarbeit gelernt haben, daß jede Sekunde wichtig ist, ist z. B. die „Bummelei" der Kinder schlecht zu ertragen. Sie müssen sich auf ein anderes Zeitverständnis und -bedürfnis von Kindern einstellen und gleichzeitig − bewußt oder unbewußt − ihren Kindern auch den Umgang mit begrenzter Zeit vermitteln, ohne allerdings den Druck zu übertragen. Kinder spüren sehr wohl, ob man sich auf sie einlassen kann oder nicht.

Was für Fabrikarbeiterinnen ein besonderes Problem ist, gilt − mit differierenden Ausprägungen und Schwerpunkten − auch für andere Mütter, die im Beruf entgegengesetzten Arbeitsgesetzen, vor allem denen der Zeitökonomie, folgen müssen: Sie müssen „Zeit verlieren können".[20]

✤ Die Umstellung auf andere Zeit- und Handlungsstrukturen kommen im Umgang mit der eigenwilligen Zeitnutzung von Kindern besonders zum Tragen. Die Notwendigkeit eines anderen Zeitumgangs gilt jedoch auch für weitere Hausarbeiten. Immerhin geht es um die Gestaltung des häuslichen Lebens, geht es um Tätigkeiten, die dem Wohlbehagen dienen und den besonderen Wünschen der

17
zit. nach
ECKART u. a. 1979,
S. 216

18
vgl. GEIGER und
BRAUN 1983

19
zit. nach
BECKER-SCHMIDT u. a.
1984, S. 57

20
METHFESSEL 1988

Menschen im Haushalt Rechnung tragen sollen. Dies verlangt oft genug innere Ruhe für Sorgfalt oder Möglichkeit der Phantasieentfaltung, wie z. B. für die Nahrungszubereitung, für Stricken, Nähen oder auch Flicken von Kleidung, oder auch für die Reinigung oder Reparatur empfindlicher Materialien.

✤ Berufstätige Mütter arbeiten also nicht nur in drei Arbeitsbereichen – Erwerbsarbeit, materiell-technische Hausarbeit (Arbeit mit Dingen) und Arbeit mit Menschen. Die Unterschiedlichkeit, ja sogar Widersprüchlichkeit dieser Bereiche macht dies auch zu einer Arbeit in verschiedenen Welten. Damit stehen sie auch immer zwischen diesen.

Haushaltstechnik – Hilfe zur Vereinbarung von Beruf und Familie?

✤ Die Entwicklung von Familien und Haushalten, wie wir sie heute kennen, ist in vielfältiger Weise mit der technischen Entwicklung verknüpft. Die industrielle Produktion ist Voraussetzung und Motor der gesellschaftlichen Arbeitsteilung gewesen, die wiederum die Rollenteilung und die heutige Organisation der Hausarbeit entscheidend beeinflußt. Technik, für Haus und Haushalt entwickelt, ermöglichte für Menschen unterschiedlicher sozialer Schichten einen Lebensstandard und Lebensstil, der vormals nur mit Dienstboten oder weitreichender familiärer Hilfe zu leisten war.[21] Der Wandel beruflicher Arbeit zog den Wandel häuslicher Arbeit mit sich, die Freisetzung der Arbeitskraft durch Maschinen im Beruf ließ dementsprechend die Hoffnungen auf die Freisetzung der Arbeitskraft im Haushalt wachsen, sollte nicht nur Erwerbs- und Hausarbeit, sondern auch die Verbindung zwischen beiden erleichtern.

✤ Das Bild der surrenden, rotierenden oder sonstwie arbeitenden Maschine, vor oder neben der – körperlich und seelisch unbeschwert – die Mutter mit dem Kind spielt, bestimmt seit einigen Jahrzehnten nicht nur die Werbung der Haushaltsgeräteindustrie, sondern auch die Hoffnungen der Frauen und vor allem die Vorstellungen der Männer über Hausarbeit.[22] Zeitbudgetuntersuchungen haben eine entscheidende Verringerung von Hausarbeitszeit bei zunehmender Technisierung der Haushalte nicht nachweisen können.[23] Trotzdem bleibt Haushaltstechnik die magische Formel, wenn es um Erleichterung der Hausarbeit und vor allem um die Entlastung erwerbstätiger Mütter geht. Warum hält sich diese Vorstellung so penetrant? Wo liegt die Wirkung der Haushaltstechnik, in der Veränderung der Arbeit oder auch in der Veränderung des Bewußtseins über die Arbeit?

✤ Schilderungen von erwerbstätigen Müttern geben zahlreiche Hinweise darauf, daß es keine einfache, keine eindeutige Antwort auf diese Fragen gibt. Ob bewußt formuliert oder aus den Ausführungen interpretierbar, immer gibt es eine Verflechtung dieser Wirkungen, tragen positive Erfahrungen ungewollte, weniger geschätzte Folgewirkungen mit sich.

„eben mal schnell . . ." – Flexibilität und Intensivierung der Hausarbeit durch Haushaltstechnik

✤ Befragt nach der Bewältigung der alltäglichen Arbeit, räumen erwerbstätige Mütter ebenso wie andere Hausfrauen der Haushaltstechnik keinen herausgehobenen, sondern eher einen selbstverständlichen Platz ein.[24]

„ . . . Und dann fang' ich an und mach' die Betten. Und spül' das Geschirr vom Abend, weil ich ja nicht da bin. Räume meine Wohnung auf. Muß jeden Tag staubsaugen. Muß jeden Tag in der Küche den Schrank abwaschen, weil der kleine Kerl mit den Fingern überall dran ist . . . O ja, wenn man drei so Fußballspieler hat, die jeden Tag den Ball da rumkicken, dann muß man's jeden Tag (staubsaugen) . . . Also Teppiche muß ich jeden Tag saugen und Mittagessen machen, Waschen fast jeden Tag. Denn er macht noch in die Hosen rein. Ich hab' ja nicht

21
SCHWARZ-COWAN
1983

22
ORLAND 1986

23
vgl. KETTSCHAU 1991

24
vgl. z. B. ECKART
u. a. 1979,
BECKER-SCHMIDT
u. a. 1984

nur Windeln zu waschen, ich hab' ja auch noch Pullover zu waschen, ich hab ja noch zwei. – Ja, dann hängt man die Wäsche auf, dann regnet's, dann holt man sie rein..."[25]

✛ Heißwasserbereitung, Staubsauger, Waschmaschine und Herd sind hier haushaltstechnische Geräte, die die Arbeit der befragten Frau ohne Zweifel enorm erleichtern. Sie sind im Einsatz – ebenso wie die Frau, deren Arbeitskraft nicht überflüssig wurde. Entsprechend dominiert in dieser wie in anderen Schilderungen die Beschreibung der Tätigkeit, nicht des Technikeinsatzes.

✛ Die haushaltstechnischen Geräte sind allerdings nicht nur selbstverständliche Begleiter in Arbeitsprozessen. Analysiert man Arbeitsabläufe, stellt man fest, daß der Einsatz von Technik diese auch verändert, daß eine spezifische Arbeitsstruktur gefördert wird: „... dann wird saubergemacht ... dann wird gewaschen ... dann wird gesaugt... zwischendurch setze ich schon die Kartoffeln auf..." Der Einsatz der Geräte fordert keine großen zusammenhängenden Arbeitszeiten mehr wie früher der Wasch- und Putztag. „Zwischendurch ... mal eben... gleichzeitig..." wird gewaschen, gekocht, gebügelt etc. Technik erlaubt durch eine Verkürzung einzelner Arbeitsprozesse und durch eine Erleichterung der Arbeitsschwere kurze, ineinanderverschobene oder gleichzeitige Arbeitsgänge.
Im subjektiven Erleben der Frauen hat dies unterschiedliche Folgewirkungen. Die so entstehende Arbeitsstruktur wird – ohne daß dies immer explizit formuliert und begründet werden kann – als belastend erlebt. Die Arbeit ist zerstückelt, den Aufzählungen ist mit der Abwechslung, Vielfalt, Gleichzeitigkeit auch die Hektik zu entnehmen, die oft damit verbunden ist. So scheinen die Tätigkeiten im einzelnen leichter, die Arbeit gewinnt durch die Zerrissenheit und Mehrfachtätigkeit insgesamt jedoch eine größere Intensität.

Die einzelne Aufgabe ist in ihrer jeweiligen Bedeutung kaum noch zu fassen. Der häufige Wechsel macht sie selbst für die Arbeitenden unsichtbar, Zeitschätzungen sind schwer.[26] Die Intensivierung durch den Wechsel und die geforderte Konzentration werden in der Schilderung der Beanspruchung durch Hausarbeit aber genannt.

✛ Einmal dominieren in der Wahrnehmung der Arbeit die Geräte:
„Heute gibt's im Haushalt so moderne Geräte, und da wollen Sie doch net sagen, daß Sie den ganzen Tag ausgefüllt sind mit dem Haushalt?[27]
In anderen Zusammenhängen wird eher die Arbeit betont:
„Schön und gut, die (Waschmaschine B. M) läuft ja allein, aber aufhängen, abnehmen, bügeln, das muß ich auch noch"[28], oder auch „... denn Hausarbeit ist manchmal schwere Arbeit, mit Wäsche und allem und die Betten..."[29]

✛ Es gibt aber auch die andere Seite der gleichen Wirkung, die vor allem von erwerbstätigen Frauen betont wird: kürzere Arbeitsgänge und auch die Möglichkeit der Mehrfachtätigkeit bieten eine Flexibilität, die gerade von ihnen geschätzt wird. Die Möglichkeit, die die Geräte zu Hause bieten, kombiniert mit der des Kaufes von entsprechenden Gütern, kann z. B. die schnelle Zubereitung einer Mahlzeit garantieren; Waschmaschine und pflegeleichte Stoffe oder Teppichboden und Staubsauger erlauben eine Erleichterung und Verkürzung der Arbeitsgänge.

Hausarbeit kann so zwar intensiver, aber in einem kürzeren Zeitraum und angepaßt an die Erwerbstätigkeit verrichtet werden. Wie bedeutsam diese positive Wirkung sein kann, bringen die Argumente zum Ausdruck, die zur Ablehnung einer gemeinsamen Nutzung von Waschmaschinen angeführt werden.

„Ich möchte überhaupt alles selbst haben, meinen ganzen Haushalt, daß mir keiner dazwischenfunkt..., müßt' ich dann bei meiner Schwiegermutter waschen, das würd' ich auch net..."[30]
Die Maschine im Haus sichert die Unabhängigkeit, hier gegenüber der Schwiegermutter. In anderen Fällen kann die Arbeit nach dem eigenen Zeitplan – auch

spontan – organisiert werden, mit anderen Aufgaben oder Tätigkeiten verbunden, ohne zusätzliche Absprachen, Planungen, Wege oder Wartezeiten für den Waschsalon. Der ungehinderte und ungeteilte Zugriff auf ein eigenes Gerät macht die Lösung von Konflikten, die aus gemeinsamer Nutzung entstehen können, überflüssig.

✛ Größere zeitliche, räumliche und personelle Unabhängigkeit wird ebenso geschätzt wie die damit verbundene Möglichkeit zur Privatheit. Diese hat allerdings auch ihre Janusköpfigkeit. Arbeit mit Technik ist von ihrer Struktur her schwieriger gemeinsam zu erledigen. Auch das Anlernen der Kinder im Umgang mit Haushaltstechnik will gewährleistet sein, bevor die Kinder überhaupt in der Lage sind mitzuhelfen, sich selbst zu versorgen oder „unfallfrei" in der Wohnung zu spielen.

31
SCHWARZ-COWAN
1983; MEYER und
ORLAND 1987

Die meisten Haushaltsgeräte und der mit ihnen verbundene Arbeitsablauf sind daraufhin entwickelt worden, daß eine Person (Frau) alleine mit ihnen die Arbeit bewältigen kann.[31] Hausarbeit wird einsamere Arbeit (dies trifft vor allem nichterwerbstätige Hausfrauen). Das andere Gesicht der Privatheit ist die Isolation.

„Eben mal ... schnell ... auch noch ..." – höhere Ansprüche – mehr Arbeit

✛ Die arbeitserleichternden Möglichkeiten von Haushaltstechnik werden allzuoft aufgefangen durch eine Erhöhung des Anspruchsniveaus. Wenn man „schnell mal eben ... saugen ... kochen ... bügeln ..." kann, dann wird dies auch schneller „mal eben" gemacht. Haushaltstechnik ermöglicht die Durchsetzung eines hohen Anspruchs an die Quantität und Qualität der Arbeit. Mit Hilfe eines Tiefkühlgerätes kann die Zeit für die Konservierung im Vergleich zum Einkochen enorm reduziert werden. Der Besitz eines solchen Gerätes kann gleichzeitig aber auch eine Aufforderung dazu sein, es auch „ökonomisch" zu nutzen und entsprechende Vorratshaltung zu betreiben. Ähnlich können andere Geräte wie Nähmaschine, Saftpresse oder Joghurtbereiter zur Nutzung oder Eigenproduktion herausfordern.

32
vgl. AGH/VI 1987

Den Erzählungen von Frauen ist die weitgehende Durchsetzung dessen, was technisch möglich ist, zu entnehmen. Selten wird es von ihnen aber bewußt wahrgenommen. Meist wird dies erst über Diskussionen erreicht.[32] Das vorrangige Ziel der Frauen bleibt es, ihre Aufgabe einer optimalen Versorgung der Familie mit dem eigenen Anspruch auf ein „schönes Leben zu Hause" und ihrem Wunsch nach Regeneration bei den begrenzten Ressourcen zu vereinbaren.

All dies ist auch stark beeinflußt von vorgegebenen Normen und den Ansprüchen anderer.

✛ Die technisch gesicherten Möglichkeiten eines hohen Versorgungsniveaus bestimmen die erwarteten und öffentlich legitimierten Standards. Sie bestimmen die Kriterien, mit denen in einer „heimlichen Arbeitsplatzbeschreibung"[33] festgelegt wird, wie – gerade auch erwerbstätige – Mütter gute Frauen und Mütter sind

33
vgl. KETTSCHAU 1983

oder nicht. Die „heimliche Arbeitsplatzbeschreibung" wird so laufend mit steigendem Niveau fortgeschrieben. Die Nicht-Akzeptanz dieses Bildes fordert dann zumindest die permanente Abgrenzung von ihm und die Behauptung der sozialen Akzeptanz – nach außen wie nach innen.

Ein hohes Versorgungsniveau wird auch oft genug – offen oder verdeckt – von den Haushaltsmitgliedern eingefordert, die die Vorteile der Geräte für sich – durch andere – genutzt wissen wollen. Überhaupt scheint die arbeitserleichternde Wirkung von Technik unverhältnismäßig stark auf das Bewußtsein der Familienmitglieder zu wirken. Für sie wäscht die Waschmaschine und nicht die Mutter bzw. Frau, die alle damit verbundenen Aufgaben erledigt. Flecken auf der Kleidung werden deshalb ebenso problemlos hingenommen wie Krümel auf dem Boden. „Wofür haben wir es denn angeschafft?" Diese Frage der Kinder aus dem

Comic von M. Marcks 1981 zielt auf die Selbstverständlichkeit der Arbeitserledigung durch die Maschine. Folgekosen sind für sie ebensowenig eine Frage wie die damit verbundene Arbeit. Sie denken eher an das Gerät als an diejenigen, die es bedienen müssen. Wer sieht, daß der Kühlschrank auch abgetaut und gesäubert werden muß?

✛ Technik, so ist die Tendenz in bekannten Untersuchungen, läßt die männlichen Teile der Familie vielleicht eher zum Staubsauger als zum Putzeimer greifen, sie drücken auch schon mal auf den Knopf der Waschmaschine, insgesamt hat sich die aktive Mitarbeit aber nicht in dem erhofften Maße verändert. Die entlastende Wirkung der Haushaltsgeräte scheint vor allem ihr Gewissen über die mangelnde Mitarbeit zu betreffen.[34]

34
vgl. ECKART u. a.
1979;
KETTSCHAU 1981;
BECKER-SCHMIDT
u. a. 1984 und 1986;
METZ-GÖCKEL und
MÜLLER 1986;
BMJFFG 1988

Arbeit mit Technik wird also im doppelten Sinn einsame Arbeit. Strukturell verändert Technik die Möglichkeiten der Zusammenarbeit, emotional oder moralisch vermindert sie die Bereitschaft dazu.

Dies hat noch weitere Konsequenzen. Wird über die gemeinsame Arbeit wie z. B. das Spülen und Abtrocknen nicht eine „selbstverständliche", d. h. über die Arbeit vermittelte Kommunikation ermöglicht, dann muß sie gesondert und zielgerichtet gesucht werden und kann damit schwieriger werden. Die Verbindung von materiell-technischer Hausarbeit und Kommunikation entfällt als Zwang (wie bei den Waschtagen mit Familie und/oder Nachbarschaft) und auch als Möglichkeit. Das Gespräch mit der Nachbarin verlangt ebenso einen spezifischen Einsatz wie das mit den Kindern. Es wird auf der einen Seite als Nebeneinander unterschiedlicher Arbeiten (Waschmaschine bedienen und Schulaufgaben betreuen) erleichtert; auf der anderen Seite wird Kommunikation damit als eigene Haushaltsaufgabe notwendig – deren Arbeitscharakter dann aber subjektiv wie gesellschaftlich umstritten ist.[35]

Hilfe – aber keine Problemlösung

✛ Haushaltstechnik hat als Brücke zwischen den „drei Welten" eine Bedeutung – wenn auch eine begrenzte. Mit der Anschaffung werden allzuoft Hoffnungen auf die Lösung von Konflikten verbunden. Es ist eine Hoffnung, die im Haushaltsalltag weicht. Sie wird ersetzt durch das Wissen um die Arbeit, die bleibt, das Wissen um die alltägliche Organisation und Bewältigung dieser Arbeit – und das Wissen, daß dies durch Technik erleichtert wird.

Haushaltstechnik ist eine Hilfe, aber eine mit unerwünschten Nebenwirkungen: sie bietet Vorteile und Möglichkeiten zur Verbindung von Beruf und Familie, wie die Verminderung und Erleichterung der Arbeit, Flexibilität oder relative zeitliche und räumliche Unabhängigkeit. Vorteile, die allzu oft aufgehoben werden durch andere Folgewirkungen, wie die Intensivierung der Arbeit, die Isolation und die Unsichtbarkeit. Dies wird von den Arbeitenden erlebt, aber nicht unbedingt in Ursache und Wirkung begriffen. Noch weniger erkennen oder berücksichtigen dies andere – Haushaltsmitglieder wie Außenstehende.

✛ Vor allem die Erhöhung des Anspruchsniveaus läßt Technik zu einer Hilfe für Mehrarbeit werden. Sie kann so zur optimalen Versorgung der Familie beitragen, gleichzeitig aber die Verbindung von Berufs- und Hausarbeit wieder erschweren. Hausarbeit als private Arbeit für die alltägliche Lebenserhaltung und -gestaltung[36] hat durch Technik entscheidende Veränderungen erfahren. Als personenbezogene Arbeit, die kaum einem arbeitsteiligen Prozeß unterworfen war, ist die menschliche Arbeitskraft im Haushalt aber nur bedingt durch technische Prozesse ersetzbar. Weder vorgefertigte Mahlzeiten noch Kinderstunde im Fernsehen sind längerfristige Lösungen zum Einsparen von Arbeitszeit. Überall da, wo spezifischen Bedingungen und individuellen Bedürfnissen Rechnung getragen werden muß, ist der Einsatz einer vertrauten Person notwendig. Dies gilt vor allem bei der direkten Betreuung und Versorgung von Menschen. Die im Vergleich zur Erwerbstätigkeit hervortretende Andersartigkeit der Hausarbeit erschwert eine einfache Aneinanderreihung der Arbeitsbereiche oder eine übergangslose Umstellung der Arbeitenden – wenn sie sie nicht gar verbietet. Diese Andersartigkeit sperrt sich auch gegen eine weitgehende Technisierung der häuslichen Arbeitsprozesse.

✚ Wieviel Erleichterung dennoch möglich ist, muß sorgfältiger als bisher überdacht werden; dies kann vor allem nicht losgelöst vom Haushaltsalltag durch Laborversuche und Verfahrensvergleiche ermittelt und dann als Lösungskonzept – den Versprechungen der Werbung ähnlich – verbreitet werden. Entscheidend wird vor allem, wie bewußt man verhindert, daß die Erleichterung „hinter dem Rücken" der Betroffenen durch unerwünschte Folgewirkungen wieder zunichte wird.

Dazu ist eine zentrale Voraussetzung, daß die Veränderung des Bewußtseins von den Möglichkeiten der Arbeitserleichterung auch deren Realität entspricht.

Abgesehen von der real erfahrbaren Erleichterung durch Haushaltstechnik scheint diese – vor allem für diejenigen, die nicht damit arbeiten – eine Wirkung zu haben, die nicht die Wirklichkeit, sondern den Wirklichkeitsbezug ändert. Sie scheint bei Kindern wie bei Männern, bei politischen Diskussionen wie bei wissenschaftlichen Erörterungen eine seltsam verschobene Wahrnehmung des Hausarbeitsalltags hervorzurufen, in dem die Maschinen die Arbeit erledigen. In der Familie und in der Gesellschaft wird – verdeckt wie offen – energisch die Vorstellung verteidigt, daß mit dem Kauf von Geräten ein entscheidender Beitrag zur Erleichterung der Doppel- bzw. Dreifacharbeit in Beruf und Familie geschaffen wird. So unverzichtbar die Hilfe technischer Geräte im Haushaltsalltag geworden ist, der entscheidende Beitrag zur Vereinbarung von Beruf und Familie wird nicht irgendeine Erleichterung der Doppel- bzw. Dreifachbelastung, sondern die Beendigung ihrer selbstverständlichen Inanspruchnahme sein. Auf gesellschaftlicher Ebene ist die Durchsetzung einer familienfreundlichen Arbeitswelt und der weitere Ausbau familienunterstützender Maßnahmen, vor allem zur Kinderbetreuung, geboten. In der Familie steht die Verwirklichung des Leitbildes der Partnerschaft an. Der Kauf eines Gerätes sollte für Männer und Kinder dann auch die Arbeit damit einschließen und nicht ersetzen. Die Synthese der drei Lebenstypen – Hausfrau, Mutter und Berufsfrau – ein Problem unserer Zeit.

Literaturverzeichnis

ARBEITSGEMEINSCHAFT HAUSWIRTSCHAFT e.V. (AgH) und STIFTUNG VERBRAUCHERINSTITUT (VI) (Hg.): *Technisierung und Rationalisierung – überholte Zielsetzungen für den privaten Haushalt? Ein Tagungsbericht*, Berlin–Bonn 1987.

BECKER-SCHMIDT, REGINA und GUDRUN-AXELI KNAPP und BEATE SCHMIDT: *Eines ist zuwenig – beides ist zuviel. Erfahrungen von Arbeiterfrauen zwischen Familie und Fabrik*, Bonn 1984.

BECKER-SCHMIDT, REGINA und GUDRUN-AXELI KNAPP: *Arbeiterkinder gestern – Arbeiterkinder heute*, Bonn 1985.

BUNDESMINISTERIUM FÜR JUGEND, FAMILIE, FRAUEN und GESUNDHEIT (Hg.): *Geschlechtsrollen im Wandel. Partnerschaft und Aufgabenteilung in der Familie*. Bearbeitet von WOLFGANG HARTENSTEIN u. a. (Schriftenreihe, Bd. 235), Stuttgart–Berlin–Köln–Mainz 1988.

ECKART, CHRISTEL, URSULA JAERISCH und HELGARD KRAMER: *Frauenarbeit in Familie und Fabrik. Eine Untersuchung von Bedingungen und Barrieren der Interessenwahrnehmung von Industriearbeiterinnen*, Frankfurt–New York 1979.

GEIGER, MANFRED, und SIEGLINDE BRAUN: *Alltagsbewältigung von Familien mit Kindern und berufstätigen Eltern* (Ergänzungsprojekt zur Forschungsstudie „Familienfreundliche Gestaltung des Arbeitslebens"), hrsg. vom Institut für Sozialforschung und Sozialwirtschaft e. V., Saarbrücken 1983.

GROSSMANN, ATINA: *Sexualreform und Frauen. Lebenschaffend — machterhaltend?* in: BARBARA SCHAEFFER-HEGEL (Hg.): *Frauen und Macht. Der alltägliche Beitrag der Frauen zur Politik des Patriarchats*, Berlin 1984, S. 36–46.

KETTSCHAU, IRMHILD: *Wieviel Arbeit macht ein Familienhaushalt? Zur Analyse von Inhalt, Umfang und Verteilung der Hausarbeit heute.* Phil. Diss., Dortmund 1981.

DIES.: *Die heimliche Arbeitsplatzbeschreibung im Haushalt und ihre öffentlichen Seiten — Gedanken zur Anlage und Aussagefähigkeit empirischer Untersuchungen zum Zeitaufwand für Hausarbeit*, in: Hauswirtschaft und Wissenschaft 31, 1983, H. 3, S. 128–134.

KRÜGER, DOROTHEA: *Trends und Tendenzen in der häuslichen Arbeitsteilung unter rollentheoretischer Perspektive*, in: Hauswirtschaftliche Bildung 60, 1986, H. 1, S. 3–12.

KRÜSSELBERG, HANS-GÜNTHER, MICHAEL AUGE und MANFRED HILZENBECHER: *Verhaltenshypothesen und Familienzeitbudgets. Die Ansatzpunkte der „Neuen Haushaltökonomik" für Familienpolitik.* (Schriftenreihe des Bundesministeriums für Jugend, Familie und Gesundheit, Bd. 182). Stuttgart–Berlin–Köln–Mainz 1986.

MARCKS, MARIE: *Die paar Pfennige, Bildergeschichte einer verschwenderischen Familie*, Reinbek 1981.

METHFESSEL, BARBARA: *. . . entscheidend bleibt die Arbeitskraft der Frau. Zu den Grenzen der Rationalisierbarkeit und Technisierbarkeit der Hausarbeit*, in: TORNIEPORTH, GERDA (Hg.): *Arbeitsplatz Haushalt. Zur Theorie und Ökologie der Hausarbeit*, Berlin 1988, S. 55–83.

DIES.: *Hausarbeit zwischen privater Lebensgestaltung, Norm und Notwendigkeit*, Phil. Diss., Dortmund 1988 (masch.-geschr.) im Druck voraussichtlich: Baltmannsweiler 1990.

METZ-GÖCKEL, SIGRID, und URSULA MÜLLER in Zusammenarbeit mit CHRISTA GEISSLER und ULLA FRÖHLING, unter Mitarbeit von HILDEGARD SIEMONS-KOHLHOFF und PETRA GLÖSS: *Der Mann*, Weinheim–Basel 1986.

MEYER, SIBYLLE, und BARBARA ORLAND: *Technik im Alltag des Haushalts und Wohnens*, in: TROITZSCH, ULRICH, und WOLFHARD WEBER (Hg.): *Die Technik. Von den Anfängen bis zur Gegenwart*, 2. Aufl. Stuttgart 1987, S. 564–583.

MINISTERIUM FÜR ARBEIT, GESUNDHEIT UND SOZIALORDNUNG BADEN-WÜRTTEMBERG (Hg.): *Die Situation der Frau in Baden-Württemberg. Eine Repräsentativuntersuchung unter Frauen, ihren Partnern und Kindern über die Situation der Frau im Spannungsfeld von Beruf und Familie*, Institut für Demoskopie Allensbach, Stuttgart 1983.

MÜLLER, WALTER, ANGELIKA WILLMS und JOHANN HANDL: *Strukturwandel der Frauenarbeit 1880–1980*, Frankfurt–New York 1983.

ORLAND, BARBARA: *Haushaltstechnik und Kleinfamilie. Ein unbedeutendes Kapitel des „technischen Fortschritts"*, in: HILDEBRANDT, ECKARD, EBERHARD SCHMIDT und HANS-JOACHIM SPERLING (Hg.): *High-Tech-Down. Kritisches Gewerkschaftsjahrbuch 1986/87*, Berlin 1986, S. 127–135.

OSTNER, ILONA und HILTRAUD SCHMIDT-WALDHERR: *Politik mit den Frauen — über Frauen, Frauenarbeit und Sozialpolitik*, in: OPIELKA, MICHAEL und ILONA OSTNER (Hg.): *Umbau des Sozialstaates*, Essen 1987, S. 155–166.

RINDERSPACHER, JÜRGEN P.: *Gesellschaft ohne Zeit. Individuelle Zeitverwendung und soziale Organisation von Arbeit*, Frankfurt–New York 1985.

SCHWARTZ-COWAN, RUTH: *More Work for Mother. The Ironies of Household Technology from the Open Hearth to the Microwave*, New York 1983.

SCHWEITZER, ROSEMARIE VON: *Die privaten Versorgungs-, Pflege- und Erziehungsleistungen und ihre Wahrnehmung als Haushaltsproduktion*, in: Hauswirtschaft und Wissenschaft 36, 1988, H. 5, S. 230–237.

SOMMERKORN, INGRID N.: *Die erwerbstätige Mutter in der Bundesrepublik: Einstellungs- und Problemveränderungen*, in: NAVE-HERZ, ROSEMARIE (Hg.): *Wandel und Kontinuität der Familie in der Bundesrepublik Deutschland*, Stuttgart 1988, S. 115–144.

STATISTISCHES BUNDESAMT (Hg.): *Statistisches Jahrbuch 1988*, Wiesbaden 1988.

Herbert Mehrtens

Männerwirtschaft

Alltägliche Beobachtungen aus einem Männerhaushalt

✠ Eine Nähmaschine gibt es in unserem Haushalt nicht, dafür aber sechs Hämmer und sechzehn Zangen (ich habe nachgezählt), außerdem reichlich anderes Werkzeug, sogar einen elektrischen Schrauber. Als wir vor drei Jahren eingezogen sind, war der Schrauber sehr nützlich. Eine Nähmaschine wäre auch nützlich gewesen; für meine Vorhänge habe ich mir die meiner Exfrau geliehen. Daß es ganze sechzehn Zangen gibt, liegt daran, daß wir zu fünft sind in diesem Haushalt, drei Männer mit zwei Töchtern. Fünf oder sechs Zangen pro Mann, das ist schon sinnvoll: Kombizange, Kneifzange, Seitenschneider, Pumpenzange, Abisolierzange – was man so braucht. Und zwei Hämmer pro Mann, das ist ja eher wenig. Merkwürdigerweise ist es nur der Werkzeugschrank, der überquillt. Die übrige Haushaltseinrichtung hat sich aus drei Richtungen so zusammengefunden, daß plötzlich alles da war und kaum etwas doppelt oder gar dreifach. Nur eine Nähmaschine war nicht dabei, und in der Schublade fürs Nähzeug liegt sehr wenig.

✠ Auf den ersten Blick scheint mir das am markantesten für diesen Männerhaushalt: viel Handwerkszeug, wenig Nähzeug. Die alten Rollen sind durchaus zu spüren: die Jungen gehen zum Werken, die Mädchen machen die Nadelarbeit – das Harte und das Weiche. Aber wir leben ja ohne Frauen, gehören zu jenen, von denen als „neue Männer" geredet wird, und müssen alles selber machen im Haushalt: die Kinder aufziehen (zeitweilig zumindest), Putzen, Einkaufen und Vorräte halten, Kochen, die Wäsche pflegen, Wohnung und Einrichtung instand halten. Letzteres ist am einfachsten; dazu gibt es ja das ganze Werkzeug. Am schwierigsten ist es mit dem Putzen.

Die Wohnung und ihre Bewohner

✠ Dieser Haushalt ist also eine Wohngemeinschaft, eine „Männer-Töchter-We-Ge". Wir haben eine schöne große Berliner Altbauwohnung, die durch das Berliner Zimmer, das als gemeinsames Wohnzimmer dient, in zwei Hälften getrennt ist. Jeder Trakt hat einen Flur, drei Zimmer und ein Bad, vorn gibt es dazu noch eine Kammer, in der die vollen Werkzeugschränke stehen, die Waschmaschine und ein kleines Fotolabor. Auch die Küche liegt im vorderen Teil. Sie ist gerade ausreichend groß. Zu fünft kann man dort noch gut gemeinsam essen. Sind mehr Esser da, geht es an den großen Tisch im Wohnzimmer.

✠ Wenn ich an die „normalen" Familienwohnungen denke, in denen ich aufgewachsen bin, dann finde ich den deutlichsten Unterschied in der strikten Aufteilung unserer Wohnung in die gemeinschaftlichen Räume und die privaten. Für sein Zimmer ist jeder ganz und gar selbst verantwortlich, da darf jeder seinen eigenen „Stil" pflegen, nicht nur bei der Einrichtung, sondern auch in Sachen Ordnung und Sauberkeit. Führe ich einem neugierigen Gast die Wohnung vor, dann bin ich immer geneigt, die Menschen an ihren Zimmern zu charakterisieren. Da ist der Ingenieur, kinderlos und darum mit dem Luxus zweier Zimmer für sich. Beide sind eher sachlich-funktional, ein bißchen kühl, aber mit vielen Pflanzen und kleinen technischen Spielereien im großen Wohn- und Arbeitszimmer. Sein kleines Schlafzimmer sieht auch aus wie ein Schlafzimmer, ein seltenes Bild in Wohngemeinschaften. Beim Arzt ist es etwas unordentlicher, weniger rechtwinklig und auch in den Farben ohne die klaren Kontraste. Es gibt mehr Holz, abgerundete Ecken zumeist, und mit Sofa und Wandschmuck einen Stich ins

Biedermeierliche. Meinem eigenen Zimmer mag man den Versuch anmerken, Klarheit und freien Raum zu erhalten und gegen die wuchernde „Gelehrtenstube" des Historikers zu verteidigen: Zwei Wände stehen voller Bücher, und vom Schreibtisch aus wächst eine kaum zu bändigende Masse von Papier über den Fußboden in den Raum. Wir drei sind um die vierzig und berufstätig. Einige Bücher, Grundausstattung einer Studentengeneration, haben wir dreifach, ebenso die Stereoanlagen. Was die Technisierung unseres Haushalts angeht, ist er nirgends so auf der Höhe der Zeit wie bei den Musikgeräten in den privaten Teilen der Wohnung.

✚ Die beiden Kinderzimmer liegen direkt neben den Väterzimmern, das eine Paar vorn am Eingang, das andere ganz hinten. Das Zimmer des kleineren, achtjährigen Mädchens ist bunt und chaotisch mit unendlich viel Krimskrams. Meine Tochter, vierzehn Jahre alt, hat sich umgestellt auf einen jugendlichen Stil mit weniger und bewußt gewählten Dingen darin. Es ist schlicht, meist unordentlich, aber regelmäßig geputzt und aufgeräumt. Statt der Spielzeugkiste steht jetzt ein großer Spiegel da, und die Zahl der Kosmetika nimmt langsam zu. Wir haben also doch eine Frau im Haus. Wir nehmen es nur noch nicht so recht zur Kenntnis. Daß sie sich ganz und gar selbst um ihr Zimmer kümmert, zum Beispiel auch ihre Fenster putzt, kann ich mir kaum als Ergebnis „guter Erziehung" zuschreiben. Es ist mindestens so sehr Resultat jener Selbstverständlichkeit des Wohngemeinschaftslebens, daß im Privatbereich jede allein dafür verantwortlich ist, wie sie ihren Lebensraum gestaltet und sich damit selbst zum Ausdruck bringt.

✚ Die Gestaltung der gemeinsamen Räume ist sozusagen Verhandlungssache. Sie sind zuerst mit den Möbeln, Bildern, Teppichen ausgestattet worden, die aus den drei Richtungen zusammenkamen. Das hat die Räume schon vollständig gemacht. Wir haben beim Einzug ein paar Kleinigkeiten neu

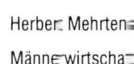

gekauft, vor allem aber das aus den alten Wohnungen zusammengetragen, was wir brauchten, anderes verschenkt, verkauft oder in den alten Wohngemeinschaften gelassen. Ein größerer Teil der Möbel kam von mir, weil ich der einzige bin, für den dies die erste Wohngemeinschaft ist. Vorher habe ich allein gewohnt, davor in der kleinen Familie im kleinen Häuschen in einem Außenbezirk.

✚ Die gemeinsamen Zimmer sind gut eingerichtet, ein befriedigender Kompromiß zwischen Funktionalität, verfügbaren Möbeln, persönlichem Geschmack und dem gemeinsamen Bedürfnis nach Wohnlichkeit. Das Wohnzimmer heißt auch so, nicht, wie sonst oft in Wohngemeinschaften „Gemeinschaftszimmer". Das Wort allein erinnert an Studententage, in denen das gemeinsame Zimmer, wenn es eines gab, meist eine vernachlässigte Mischung aus Gruppenarbeitszimmer, Abstellkammer und Fernsehstube der Stilrichtung „Sperrmüll" war. In unserem großen Wohnzimmer gibt es viel Platz, ausreichend für Feste mit bis zu vierzig Gästen. Der Raum ist geteilt in eine gepolsterte und eine ungepolsterte Sitzecke. In der einen wird gegessen, zwölf oder dreizehn Personen passen an den Tisch, der manchmal auch Spiel- oder Arbeitstisch ist. In der anderen Ecke kann man zusammensitzen und bis vor ein paar Monaten auch fernsehen. Ob wir einen neuen Fernseher anschaffen, ist noch fraglich. Der Wunsch ist schon da, besonders stark aber ist er nicht.

✚ Inzwischen haben wir einiges neu gekauft, einen Teppich und das große Polstermöbel im Wohnzimmer, einen Kühlschrank in der Küche. Das Geld dazu stammte aus dem kleinen Überschuß, den wir auf das gemeinsame Mietkonto zahlen, und den ansehnlichen Rückzahlungen der Heizkosten. Wem gehört denn nun das Sofa oder „mein" Tisch, der davorsteht, oder der Kühlschrank? Genaugenommen kann man die Frage so nicht stellen. Die Wohngemeinschaft ist in dieser Hinsicht wie eine Ehe; man tut so, als sei

sie auf ewig. Die gemeinsam angeschafften Sachen gehören sozusagen der Wohnung. Zieht jemand aus, bleiben sie in der Wohnung, und es würde wohl keiner auf die Idee kommen, sich dafür auszahlen zu lassen. Das gilt ebenso für die Kleinigkeiten wie Badezimmereinrichtung oder Küchengeräte. Zieht jemand aus und braucht Dinge, die im gemeinsamen Gebrauch sind, dann wird sich eine Lösung finden lassen, die auch in einer Bezahlung bestehen könnte. Ebenso würde sich gegebenenfalls die Auflösung der Wohnung regeln lassen, je nach Bedarf und Besitz; zum Glück aber ist dieser Fall auf absehbare Zeit nicht gegeben. Es gibt im gemeinsamen Bereich keine festen Regeln für den Besitz, aber durchaus ein ziemlich sicheres Gefühl dafür. Meine Bilder, die im Wohnzimmer hängen, bleiben meine. Der Tisch dagegen stammt zwar von mir, ist aber nicht mehr so recht „meiner". Bei den Küchengeräten weiß ich sehr genau, was von mir kommt und was nicht. Die Dinge haben ihre Geschichte, stammen noch aus meiner Ehe, sind bei der Trennung mit mir gekommen, oder ich habe sie danach angeschafft, als ich mir sehr bewußt und mit Vergnügen einen eigenen Haushalt eingerichtet habe. Sollte ich einmal ausziehen, wird die Frage sein, was ich dringend brauche und was mir als Person mit meiner Geschichte zugehört, nicht die, was mir gehört, weil ich es gekauft habe.

Männer, Frauen, Mädchen

✚ In unserem Haushalt gibt es keinen „Chef" und die Rolle der fürsorgenden Mutter spielt auch niemand. Wir haben keine Verträge über den Besitz geschlossen und auch wenig Regeln für die Haushaltsführung vereinbart. Wunderbarerweise klappt trotzdem alles recht gut. Die Prinzipien heißen: Vertrauen, Großzügigkeit und vor allem Toleranz. Das Prinzip Toleranz sagt: aushalten. Man muß die Eigenheiten der anderen akzeptieren, auch wenn man sie sich nicht zu eigen machen kann. Das kann bis an die Grenze zur

Gleichgültigkeit gehen. Wir sind erwachsene Männer, in Zurückhaltung und Distanz zu anderen Menschen gut eingeübt.

✤ Diese „Männer-WeGe" ist halbwegs zufällig zustande gekommen. Wir kannten einander schon lange und fanden uns unerwartet im gemeinsamen Wunsch nach einer neuen Wohnung, einer Wohngemeinschaft. Eine große Wohnung zu finden, war nicht einfach. Wohngemeinschaften sind bei Vermietern nicht beliebt. Auch die Wohnung, in der wir jetzt leben, war nicht für eine Wohngemeinschaft gedacht. Aber drei erwachsene Männer mit Töchtern, vorneweg ein richtiger Arzt, das entsprach dann wohl doch nicht dem üblichen Schreckensbild. Ganz ohne Eigennutz war diese Freundlichkeit allerdings nicht – drei Männern konnte man schon zutrauen, diese heruntergekommene Wohnung wieder in Schuß zu bringen. Das hat uns fast einen ganzen Sommer gekostet.

✤ Weniger zufällig am männlichen Zusammenkommen war das Verhältnis zu den Frauen. Dahinter standen eine ziemlich akute Trennung von der Partnerin im einen, der Wunsch nach einer räumlichen Trennung im anderen und in meinem Fall eine länger zurückliegende Trennung und das Bedürfnis, nicht mehr allein zu wohnen. Zwar war keiner grimmig entschlossen, nur noch mit Männern zu wohnen, aber daß es sich so ergab, hat uns allen gefallen. Wir sind zu den Frauen auf Distanz gegangen. So lebt es sich leichter, haben wir gedacht. Und in mancher Hinsicht war das richtig. Mindestens ist der Rückzugsort in ein eigenes Leben gesichert, den ohnehin jeder braucht. Dazu kommt, daß man an diesem Ort nicht allein ist und eine andere Art von Beziehung findet, die unter Männern. Wir haben inzwischen alle noch oder wieder unsere Partnerinnen. Sie sind oft hier und spielen für unser Zusammenleben in der Wohnung ihre gewichtige Rolle. Sie machen es lebendiger und zugleich auch spannungsreicher, unter anderem, weil sie unsere sorgsam gepflegten Distanzen und

Grenzen nicht immer respektieren. Außerdem reicht mit ihnen die Quasi-Familie, die sich ergibt, wenn man auf Dauer zusammen wohnt, lebt, schläft und auch arbeitet, über die Grenzen der Wohnung hinaus.

✤ Die beiden Mädchen sind etwa die Hälfte ihrer Zeit bei uns und sonst bei ihren Müttern, die nicht weit entfernt wohnen und auch hin und wieder in unserer Wohnung sind. Die Beziehungen zu ihnen sind unterschiedlich, je nach der Situation zwischen den Paaren. Der Umgang mit den Kindern regelt sich also zwischen diesen Paaren auf der einen Seite und hier in der Wohnung auf der anderen. Dazwischen hat der Ingenieur die Rolle des beliebten Onkels, für die er bestens geeignet ist. Die Mädchen leben, denke ich, nicht schlecht bei uns. Auch da gibt es Unterschiede und Distanzen. Das Prinzip Toleranz ist insbesondere bei der Erziehung gefragt. Wenn der eine sich zum Schluß des Abendbrots mit Wonne ein Brot mit Quark und Zuckerrübensirup einverleibt und der andere seiner Tochter zum Abend keinen Zucker erlauben will, was macht man da?

✤ Solche Konflikte sind nicht zu vermeiden: man kann sie nur mildern und aushalten. Die Kinder suchen ihre Lebensweise zwischen uns. Da sind wir Vorbilder, die keineswegs immer vorbildlich sind. Aber wir haben auch Bilder davon im Kopf, wie unsere Kinder sein und sich entwickeln sollen. Gerade bei diesen Vorstellungen ist man empfindlich, denn man entspricht ihnen ja selbst nie so ganz. Will man das, was man bei anderen als Schwächen und Fehler empfindet, tolerieren, muß man auch seine eigenen Schwächen und Inkonsequenzen tolerieren, zum Beispiel im Umgang mit den Kindern. Denen bekommt es sicher gut, wenn sie zwischen den verschiedenen Vorbildern manövrieren können, darum fast zwangsläufig als eigenständige Personen anerkannt werden und nicht dem geballten Erziehungswillen einer Erwachsenenfront ausgeliefert sind. Vielleicht spielt auch eine Rolle, daß

wir als Männer nicht so „mütterlich"
sind. Auch zu den Kindern ist da ein
anderer, vielleicht größerer Abstand als
bei Frauen. Da wir Töchter haben,
ergibt sich zudem nicht der gefährli-
che, zumindet problematische Hang,
sich zu identifizieren und die Kinder
mit den eigenen Vorlieben, Erwartungen und Ängsten zu überladen. Für-
sorglich und liebevoll sind wir gewiß,
aber mütterliche Überfürsorge dürfte
in diesem Haushalt selten vorkommen.
Das ist nunmehr sogar bewiesen: Diesem letzten Satz hat meine Tochter
zugestimmt!

✚ Die Erziehung der Kinder fällt in
den Privatbereich, um den eine sehr
deutliche Toleranzgrenze gezogen ist.
In der Küche allerdings berühren sich
diese Bereiche. Darum ist das Beispiel
mit dem Sirupbrot wichtig. Beim Essen
werden die Erziehungshaltungen, die
Vater-Tochter-Konflikte plötzlich Teil
des gemeinschaftlichen Lebens, dem
nicht auszuweichen ist. Streit und Aus-
einandersetzungen hat es aber darum
bisher nicht gegeben. Die Verantwortlichkeiten sind klar verteilt, man denkt
sich: Das ist dein Problem, sieh zu, wie
du mit deiner Tochter fertig wirst. Und
da es keine extremen Schwierigkeiten
gibt, bleiben die Sphären getrennt.
Wenn es schwierig wird, glaube ich
aber, würden wir durchaus eingreifen,
helfen, kritisieren. Aber wie extrem
müssen die Probleme werden? Und
vielleicht wird es dann erst recht
schwierig, denn die Mädchen sind
durchaus empfindlich, wenn sich die
Nichtväter „erzieherisch" benehmen.

✚ Mit dem Umgang mit Hausarbeit,
Geld und Besitz bin ich zufrieden.
Über die Gespräche miteinander, die
Gefühle füreinander und die Möglich-
keiten mann-männlichen Zusammenle-
bens aber hatte ich am Anfang meine
großen Pläne oder Illusionen. Manch-
mal bin ich unglücklich darüber, wie
wenig nahe wir uns sind, wie sehr nor-
male Männer, die kaum über ihre
Gefühle reden, eher ihre Eigenheit und
Einsamkeit pflegen und für gewisse
Themen und einen gewissen Stil des
Gesprächs dann doch ihre Frauen brau-

chen. Sich unter Männern stillschweigend einig darüber zu sein, daß man
sich nicht zu nahe kommt, hat auch
seine Kehrseite. Man kann die kleinen
Probleme und Ärger ja auch mit kleinen Aufmerksamkeiten ausgleichen
oder einem zusätzlichen vertrauten
Gespräch. Davon gibt es bei uns nicht
soviel. Ich kann mich nicht erinnern,
daß wir uns je gegenseitig Blumen mit-
gebracht hätten. Frauen tun so etwas.
Ich hatte mir einmal vorgenommen,
mich ernstlich zu bemühen, eine
andere, nähere Art des Zusammenlebens zu entwickeln. Gescheitert bin ich
vor allem an mir selbst. Auch ich meide
Konflikte und wahre meine private
Sphäre, und auch ich habe nie einem
der anderen persönlich Blumen mitge-
bracht. Es käme mir allzu bedeutungs-
voll vor, und ich müßte mir genau
überlegen, wie ich es mache, daß es
möglichst beiläufig aussieht, also lasse
ich es lieber – ist ja nicht so wichtig.

Das „Herz" der Wohngemeinschaft: Die Küche

✚ Wie in den meisten Wohngemeinschaften ist auch bei uns die Küche der
wichtigste gemeinsame Raum. Hier
trifft man sich am häufigsten. Und
wenn die Freundinnen da sind, ist es
auch immer wieder die Küche, in der
man zusammentrifft, etwas ißt oder
Kaffee trinkt, zu reden beginnt oder sitzen bleibt. Das Wohnzimmer hat auch
diese Funktion, aber da führen uns die
Bedürfnisse nach Genuß und Versorgung nicht so häufig zufällig zusammen. Die Privatzimmer dagegen sind
der Rückzugsort. Daß mehrere bei
jemandem im Zimmer zusammensitzen, ist selten. Die Küche hat zwar mit
dem Magen zu tun, aber zum „Herzen"
wird sie, weil auch Gemeinschaft durch
den Magen geht.

✚ Hier findet sich auch die Haushalts-
kasse, das also, was den Haushalt erst so
richtig zum Haushalt und aus der
Gemeinschaftswohnung offiziell eine
Wohngemeinschaft macht. Am
Monatsanfang zahlt jeder einen festen
Betrag ein, und aus der Kasse werden
dann die Lebensmittel, Putzmittel und

das bezahlt, was an Toilettenartikeln gemeinsam gebraucht wird. Ist die Kasse zu früh leer, muß halt nachgelegt werden. Vertrauen und Toleranz funktionieren auch hier. Für den Einkauf gibt es keine festen Regeln. Zum Wochenende sprechen wir uns ab. Unter der Woche muß dann manchmal im letzten Moment noch schnell das Nötigste besorgt werden. Aber eigentlich ist immer alles Wichtige da: Brot, Kaffee, Mineralwasser, Milch, Käse, Butter, Eier, Joghurt. Mit Wurst sieht es etwas schlechter aus; unser Heilkundiger neigt zum Vegetarischen. Aber wenn ich mal etwas richtig Ungesundes essen will, kaufe ich eben entsprechend ein und esse Mohnbrötchen mit Delikateßleberwurst – mein Kindheitstraum.

✦ Am Einkauf vor allem spüre ich, wie sich die Rollen teilen können. Da ich lange Zeit fast ausschließlich zu Hause gearbeitet habe, hatte ich plötzlich das Gefühl, für den Einkauf beinah allein verantwortlich zu sein. Ich war der, der zur rechten Zeit sehen konnte, was fehlte, und dann auch einkaufen mußte, weil meist nicht abzusehen war, ob die anderen vor Ladenschluß zurück sein würden. Zudem ist der Einkauf ja eine Kleinigkeit, aber auch Kleinigkeiten häufen sich auf, und es entsteht eine Haushaltsrolle. Im gemischten Zusammenleben, ob in der Ehe oder einer Wohngemeinschaft, passiert das noch leichter, weil die Frauen die Sorge fürs Haus gelernt haben und die Männer das von ihnen erwarten. Unter Männern allein sind solche Erwartungen nicht selbstverständlich, und die Abwehr ist stärker. Mein Gefühl, beim Einkauf übermäßig beansprucht zu sein, konnte ich mir ausgleichen. Ich habe schließlich auch gearbeitet und darum zum Beispiel den Abwasch bis zum Abend stehengelassen und zum Wochenende nicht eingekauft.

✦ Daß wir regelmäßig und auch nicht schlecht kochen, kann man der Küche ansehen. Da ist am Herd eine große Arbeitsplatte; Zwiebeln, Knoblauch und etwas Obst liegen dort immer bereit. Auf dem Gewürzregal über dem Herd fehlt selten etwas, dabei stehen je zwei Sorten Öl und Essig. Griffbereit in der Nähe befinden sich die Geräte: Kochlöffel, Schaumlöffel, Palette usw., eine Haushaltswaage, ein Handmixer, eine Küchenmaschine. Der Herd ist alter Standard: vier Platten, Backrohr. Manchmal wünsche ich mir schnellere und energiesparendere Kochplatten. Immerhin haben wir zum Wasserkochen einen Schnellkochtopf. Die Küchenmaschine habe ich hier schätzengelernt. Sie spart Zeit, gerade wenn man viel zu kochen hat, und macht Sachen möglich, an die man sonst nicht denken würde; das Gazpacho am letzten heißen Wochenende zum Beispiel war damit schnell gemacht. Übermäßig häufig wird nicht gekocht, in aller Regel am Abend und nur ein- oder zweimal die Woche und einmal meist am Wochenende. Und dann gibt es immer wieder mal die größeren Essen mit Gästen, mit sechs bis zwölf Personen.

✦ Mir macht Kochen Spaß, am liebsten ein großes und feines Essen. Aber Standardgerichte gibt es auch: Spaghetti mit Tomatensoße, Pizza, Himmel und Erde, Chili con carne, Labskaus. Unser Arzt kocht auch gut und gern: seine Spezialität sind Aufläufe. Ob es öfter so ist, daß Ingenieure lieber und besser Kuchen backen als kochen, weiß ich nicht, bei uns ist es jedenfalls so. Kuchen essen wir übrigens alle gern. Bei Süßspeisen bin ich auch nicht schlecht. Meine Mousse au chocolat, handgerührt im Wasserbad, wird sehr gelobt. Aber solcher Aufwand und Luxus ist selten. Das schnelle Essen aus der Tiefkühltruhe ist allerdings fast ebenso selten, nur unter der Woche, wenn ich mittags meiner Tochter etwas machen muß und selbst keine Zeit habe, greife ich in die kalte Kiste. Meistens muß sie sich mittags allein versorgen. Das kleinere Mädchen geht nach der Schule in den Kinderladen. Rationalisiert ist die Küche also wenig. Den technischen Schnickschnack, den ich etwa von meinen Eltern kenne, die Mikrowelle, den Heißluftherd, den Eierkocher, wollen wir nicht. Besser gesagt, er ist uns gleichgültig, denn was wir nicht wollen, ist die Zeitökonomie, die aus der Küche einen Arbeitsplatz macht, den man nach Feierabend schnellstens wieder verläßt. Das Gegenteil ist ja der Fall. In diesem Raum finden wir uns nach der Arbeit zusammen, und die Dinge, die dort zu tun sind, bilden den Kern des sozialen Lebens in der Wohnung. Der Haushalt hat seine Funktion für die Gemeinschaft derer, die in ihm leben. Dort, wo es um das leibliche Wohl geht und man sichtbar füreinander etwas tut, ist die Arbeit ein Stück gegenseitiger Zuwendung, das nicht schlecht in den mannmännlichen Umgang paßt. Wir können es uns leisten und wollen es uns leisten können, die Ansprüche an unsere Zeit, die aus Beruf und Nebenarbeiten kommen, nicht auf den Haushalt übergreifen zu lassen. Die Hausarbeit soll auch „Beziehungsarbeit" und darum eben keine richtige Arbeit sein.

✚ Beim Putzen wird das schon schwieriger, darauf komme ich noch. Das Geschirrspülen aber zählt in diesem Sinn nicht zum Putzen. So, wie wir beim Kochen die Handarbeit dem Griff ins Tiefkühlfach vorziehen, so auch dabei. Wir behaupten allesamt, daß es uns nichts ausmacht, und sind überzeugt, daß Geschirrspülmaschinen ökologisch schädlich sind. Die stillschweigend eingehaltene Regel heißt, immer abwechselnd zu spülen, wenn es irgend geht. Und wenn jemand gekocht hat, spült meistens ein anderer. Bisher hat das ganz gut funktioniert. Aber die Spüle ist ein Sprengsatz für Wohngemeinschaften. Die gar nicht so feinen Unterschiede, die da auftreten, machen sich gut, um darauf Ärger und Frustration zu konzentrieren, die eigentlich ganz woanders herkommen. Das habe ich mittlerweile gelernt. Die Höhe des Geschirrberges, ob der Herd gewischt ist oder nicht, die Ränder an den Teetassen oder die Eierlöffel, an denen die Reste kleben . . . Diesen Ekel kann man wunderbar pflegen und wachsen lassen. Für den Gefühlshaushalt hat eine Spülmaschine vielleicht doch Vorteile. Aber dann sagen wir

uns, daß wir erwachsene Männer sind, die solche Kleinigkeiten nicht aus der Ruhe bringen, und lassen uns berichten, daß in gemischten Wohngemeinschaften darüber gestritten wird, wer die Spülmaschine ausräumt.

✚ Mit den „erwachsenen Männern" hat es doppelt etwas auf sich. Zum einen gibt es die sattsam bekannten Geschlechtsunterschiede in den Schmutztoleranzen. Es sind fast immer die Frauen, die den Dreck im Badezimmer oder den angewachsenen Geschirrberg unerträglich finden. Und es sind die Männer, die „keine Zeit" dafür haben, das „nicht so wichtig" finden und sich damit vor der Arbeit drücken. Da findet ein Geschlechterkampf um die Arbeit an der Gemeinschaft und an den Beziehungen statt. Die klassische Hausfrau und Mutter, für die die Küche Arbeitsplatz ist, hat die Aufgabe, für das Heim, die Kleidung, die Körper und die Seelen ihrer Familie zu sorgen. In anderen Lebensformen, in der diese Rolle nicht definiert ist, bleiben Haushalt und Hausarbeit ein Ausdruck für diese Sorge. Sind Frauen im Haus, schieben die Männer diese Aufgaben allzu leicht ihnen zu. Ich kann das gut an mir selbst beobachten, am schärfsten dann, wenn ich bei meiner Mutter bin und weit zurückfalle in die Situation des versorgten Sohnes. Nach zwei Tagen halte ich es kaum mehr aus, schaffe es aber nur mit Mühe, wie ein vernünftiger, vertrauter Gast angemessen zu helfen bei der Arbeit, die ich verursache.

✚ In dieser Hinsicht ist die Männergemeinschaft eine gute Lehre. Und Distanz und stillschweigende Toleranz gegenüber den Eigenheiten der anderen sind gewiß hilfreich beim Umgang mit Arbeit und Arbeitsteilung. Als die „erwachsenen Männer" nehmen wir die Gefühle für oder gegeneinander als „nicht so wichtig" und verlegen uns darauf, so gut es geht, zuverlässig zu sein und die sachlichen Probleme zu lösen, wenn sie da sind. Wie gesagt, so ganz wohl ist mir damit nicht immer. Aber mit unserer Küche und damit, wie dort im Haushalt die Beziehungen

und damit auch die Gefühle ihren Ausdruck finden, bin ich zufrieden. Eine nützliche Maschine, auch so ein „Beziehungsgerät", bleibt noch zu erwähnen, die Espressomaschine. Zum Abschluß eines Essens schnell diese kleine Kostbarkeit eines Espresso anbieten und servieren zu können, das bedeutet genau das, was die Werbung für Markenkaffee so aufdringlich nahelegt: ein zugewandtes Geschenk, ein Stück familiärer Nähe. Wenn das eine Maschine leistet, um so besser. Die Kaffeemarke ist mir dann ganz egal. Ein weiteres Stück solcher Versorgung kommt von außen: die Marmelade und das Eingemachte. Unser Ingenieur ist mit gartenbesitzenden und einkochenden Eltern gesegnet, von deren Fürsorge wir profitieren. Wir selbst würden soviel Aufwand bestimmt nicht treiben.

✚ Wenn unsere Küche auch eher auf Handarbeit ausgerichtet, mäßig technisiert und kaum rationalisiert ist, ist sie doch oder deswegen mit den nötigen Geräten und mit Geschirr gut ausgestattet. Männer und Werkzeuge — ist es nun ein Vorurteil oder nicht? Bei der Werkzeugkammer ist die Sache klar. Da ist alles Nötige vorhanden und sogar mehr als das, und wir können damit umgehen. Dazu gibt es sogar noch eine gewisse Arbeitsteilung. Der Arzt ist der Spezialist für Holzarbeiten, der Ingenieur fürs Elektrische und die Klempnerei. Ich selbst habe allerdings in dieser Hinsicht keine Spezialität, höchstens fürs „Ästhetische". In der Küche ist die Sache nicht so klar. Es zeigt sich weder männlicher Spieltrieb noch ein Organisationsdrang, der sich in Maschinen und rationaler Ordnung äußerte.

✚ Aber bei den Messern und den Kleingeräten fürs Kochen habe ich mein Vorurteil. In Haushalten, die von Frauen geführt werden, gibt es zu wenige gute Messer, keinen Wetzstahl, keinen Sparschäler usw. Manchmal mußte ich mich eines Besseren belehren lassen, aber so ganz ist das Vorurteil nicht geschwunden. Wir haben das Bedürfnis, die Sachen gut zu machen, und dazu gehört die kleine Liebe zum Werkzeug. Man könnte es vielleicht „Handwerkerstolz" nennen, was da am Werk ist. Die Dinge von Hand zu tun, die richtigen Geräte auszuwählen und bereit zu haben wie ein guter Handwerker – das ist auch ein Stück Selbstbestätigung und Selbstdarstellung. Auch in diesem männlichen Selbst stellen wir unsere Gemeinschaft her. Im Handwerkerstolz liegt aber auch ein Stück Verachtung für die Hausarbeit, wie Mutter sie machte. Frauen arbeiten im Haus nicht „richtig", so lautet das alte Vorurteil, und ein Stück davon ist in unserem Verhältnis zur Hausarbeit sicher noch vorhanden. Aber wenn ich sehe, wie sehr die Hausarbeit mit den Beziehungen zueinander verknüpft ist, gibt es guten Grund, anders damit umzugehen, gleichrangig nämlich, eben weil es in dieser Arbeit auch um Gefühle und Beziehungen geht. So gut diese Geschichte von unserer Küche auch klingen mag, es bleibt noch das Problem mit dem Küchenfußboden.

Schrecklich: Putzen

✤ Der Fußboden in der Küche ist nämlich schon wieder klebrig. Als ich die erste Fassung dieses Artikels schrieb, war ich gerade an der Reihe, die Küche zu putzen. Mit diesem Abschnitt habe ich mich zu dem Entschluß getrieben, es nun endlich zu tun. Die Küche war bald gemacht, und der Effekt war sichtbar genug, was ja die positive Seite der Nachlässigkeit ist. Aber lange gehalten hat der Glanz nicht. Diese Arbeit hat den großen Nachteil, daß man sie immer und immer wieder machen muß und dabei nichts Bleibendes produziert, sich keinen Genuß verschafft wie beim Kochen und das Ergebnis kaum sichtbar ist. Putzen ist der andere Sprengsatz in Wohngemeinschaften, der nach dem gleichen Prinzip wie das Geschirrspülen funktioniert: Wo sich Ekel einstellt, läßt sich gut auch der andere Ärger abladen. In den privaten Zimmern ist das kein Problem. Da kann es jeder so halten, wie es ihm paßt. Aber in den gemeinsamen Räumen ist das etwas anderes. Bad und Küche zu putzen ist sicher die unbeliebteste Arbeit. Unser diesjähriger Frühjahrsputz in der Küche war schon eine Großtat, hatte aber den Vorteil, daß wir es zu zweit gemacht haben und die Arbeit wieder ein Stück Gemeinschaft wurde.

✤ Normalerweise aber macht man so etwas allein. Die Küche müßte viel regelmäßiger gewischt werden. Mit dem Staubsauger durch das Wohnzimmer und den Flur zu gehen, ist ja relativ einfach. Aber wischen? Eine feste Regel haben wir auch fürs Putzen nicht, haben uns aber schon einige Male gesagt, daß wir vielleicht doch eine bräuchten. Ärger haben wir deswegen bisher noch nicht miteinander gehabt, aber daß hier ein heikler Punkt liegt, ist zu spüren. Es könnte sein, daß ich in dieser Hinsicht der Nachlässigste bin. Ich nehme mir gern das bei Männer beliebte Argument, daß ich nicht oft, aber wenn, dann auch wirklich gründlich putze. Das stimmt auch. Aber die Gründlichkeit läßt mich erst recht zurückschrecken, und so putze ich entschieden zu selten. Unser Arzt geht regelmäßig mit dem Staubsauger durch den vorderen Flur und das Wohnzimmer. Diese Art, nebenher schnell ein bißchen der Putzarbeit zu erledigen, sehe und bewundere ich vor allem bei Frauen; ich selbst kann es kaum. Zum Ausgleich ist der Arzt für meinen Geschmack ein bißchen zu schlampig. Wenn man so will, repräsentieren wir einfach zwei verschiedene Sorten von Schlampigkeit. Aber dieser Ausgleich taugt nicht viel. Selbst wenn man genau die Putzzeiten messen würde, blieben immer noch die unterschiedlichen Gefühle für diese Sisyphusarbeit.

✤ Ich bin der einzige von uns, der die „Schule der Nation" besucht hat, die Bundeswehr. Ich fürchte, daß diese Männerschule es war, die mich gründlich verdorben hat. Als Rekrut muß man unsinnig viel putzen. Mit den Kontrollen und Bestrafungen ist das für jeden Achtzehnjährigen eine Erniedrigung. Er wird plötzlich wieder wie ein

Kind behandelt und muß zudem noch Frauenarbeit machen. Die einzige „Ehre" die es gäbe, die Perfektion – der winzige Rest, der dem Handwerkerstolz bliebe –, wird durch den Perfektionsanspruch der Ausbilder zunichte gemacht. Der Sinn der Sache ist, einem die Männlichkeit genau zu der Zeit, wo sie anerkannt wird, zu nehmen, um sie als soldatische Männlichkeit wieder aufzubauen. Genau an dieser Stelle darf der Mann nicht erwachsen werden. Was bleibt, ist ein kindisches Abwehrverhältnis zum Putzen und seine Markierung als die niedrigste Arbeit überhaupt. Da diese Art „Schule" schon lange existiert, muß man sie nicht unbedingt besuchen, um als Mann dennoch die Lektion übers Putzen zu lernen.

✦ Eigentlich könnte das Putzen ja auch bei uns eine ebenso soziale Arbeit sein wie die in der Küche. Ein bißchen davon ist auch zu spüren, aber die Abwehr ist groß, und viel davon hängt an jenen Lektionen über den Wert dieser Arbeit, die wir gelernt haben und nur sehr schwer wieder verlernen. Es ist selbstverständlich auch ein Problem, daß das Putzen Freizeit kostet. Aber an eine Putzhilfe haben wir bisher nicht gedacht, obwohl wir uns sicher eine leisten könnten. Wohngemeinschaften, in denen eine Putzfrau oder ein Fensterputzer kommt, gibt es genug. Das ist es nicht. Unsere Art, „erwachsene Männer" zu sein, die ihren Haushalt selbst führen und die Kinder selbst versorgen, schließt auch einen Stolz ein, der über den des Handwerkers hinausgeht. Wenn Gleichwertigkeit unter uns herrscht und wir als Männer einen gemeinsamen Haushalt haben, dann sind wir auch allein dafür verantwortlich. Auch wenn das Putzen mit Abstand der unangenehmste Teil der Hausarbeit ist, schieben wir es nicht ab. Den Anspruch, wirklich alles selbst zu machen, geben wir nicht so leicht auf.

Privatsache Wäsche

✦ Daß es mit dem Handwerkergefühl beim Putzen nicht so weit her ist, liegt auch daran, daß ich es nie recht gelernt habe als eine Sache, die man gut machen kann. Das Lernen ist eine andere Geschichte in Männerhaushalt und Wohngemeinschaft. Es bleibt einem gar nichts übrig, als das nachzuholen, was man als Junge bei Mutter versäumt hat. Wie lernwillig jemand ist, ist natürlich eine andere Frage. Kochen habe ich mir schon während meiner Ehe im Selbstunterricht beigebracht; während eines Urlaubs habe ich sogar ein Berufsschullehrbuch für Köche durchgearbeitet. Kinderpflege hatte ich schon an meinem zwölf Jahre jüngeren Bruder gelernt. Nach dem Einzug in die eigene kleine Wohnung, ohne Frau, habe ich sogar versucht zu stricken und zu häkeln. Ich werde es nie wieder versuchen: man kriegt nur Krämpfe davon. Auf genau zwei Topflappen und einen halben Schal habe ich es gebracht. Den Topflappen mit ihrer merkwürdigen Trapezform sieht man das Erstlingswerk an, aber sie hängen noch in unserer Küche am Herd. Damit läßt sich immer mal wieder ein bißchen kokettieren.

✦ Bügeln kann ich auch nicht besonders. Meine Hemden suche ich auch danach aus, daß sie es wenig nötig haben. Ich versuche, sie immer möglichst schnell aus der Waschmaschine zu holen und so glattzuziehen und aufzuhängen, daß man ihnen möglichst wenig ansieht, daß sie ungebügelt sind. Unser Arzt macht nicht einmal das; er ist auch noch stolz darauf, daß er nie gebügelte Hemden trägt. Mit dem Stolz ist das schon komisch. Der Ingenieur kann nämlich sehr gut bügeln. Er muß nicht nur im Betrieb ordentlich aussehen, sondern scheint es sogar gern zu tun. Ich glaube, er ist auf seine gebügelten Hemden so stolz, wie der andere auf die ungebügelten. Es gibt da fast einen kleinen Konflikt, aber auch der ist nicht erwähnenswert, weil jeder seine Eigenheiten haben darf. Die Wäsche gehört schließlich in die private Sphäre jedes einzelnen. Hier ist einmal mehr die Grenze des Ausdrucks erreicht. Der Umgang mit Schlips und Kragen ist eine Stellungnahme zu gewichtigen Symbolen in dieser Welt. Daß solche Ausdrucksformen so sehr in die Toleranzgrenze um die Privatsphäre eingeschlossen sind, hat seine positive und seine negative Seite. Positiv scheint mir, diese Symbole nicht so wichtig zu nehmen, negativ aber der Verzicht auf die Auseinandersetzung, das Gespräch über diese Art, sich zu darzustellen.

✚ Ich mag dieses Bild, wenn der Ingenieur seinen Hemdenberg zurechtlegt, das Bügelbrett im Wohnzimmer aufbaut, rechtzeitig bevor im Fernsehen ein Film anfängt, oder jetzt, da es keinen Fernseher mehr gibt, seinen Walkman dazunimmt, die Kopfhörer aufsetzt und dann sehr sorgfältig und effektiv seine Arbeit macht. Gelernt hat er das Bügeln von einer Mitbewohnerin in einer früheren Wohngemeinschaft. Er hat auch ein Dampfbügeleisen angeschafft. Noch so ein richtig praktisches Gerät, daß auch ich hin und wieder nutze. Das Bügelbrett kommt aus meinem Besitz, und in meinem Schrank ist noch ein einfaches Bügeleisen. Auch das gehörte damals, nach der Trennung, zu dem Stolz, einen eigenen und vollständigen Haushalt zu haben.

✚ Selbstverständlich haben wir eine Waschmaschine, ein robustes Stück, das schon viele Jahre harte Wohngemeinschaftsarbeit hinter sich hat. Daneben steht ein Schrank mit drei Fächern für Wolle, Bunt- und Kochwäsche. Das heißt, die Kochwäsche wird in der Regel nur mit 60 Grad gewaschen. Auch beim Waschen gibt es, was die Sorgfalt angeht, gewisse Unterschiede. Aber immerhin haben wir uns so weit diszipliniert, daß unsere Wäsche nicht den graurosa Wohngemeinschafts-Einheitston hat. Zum Trocknen passen in die Kammer zwei Ständer, das reicht. Auch hier gibt es keinen technischen Ehrgeiz. Die Maschinen funktionieren und die Arbeitsteilung klappt. Jeder wirft seine Wäsche in den Schrank, und entweder wird einfach gewaschen, weil das Fach im Schrank voll ist, oder weil jemand saubere Wäsche braucht. Dann nimmt er selbstverständlich soviel von den anderen mit in die Maschine, daß sie gut beladen ist. Die Gemeinsamkeit endet im Wäschekorb. Das, was dort mehr oder eher minder sorgfältig gefaltet liegt (eine andere kleine Anforderung an die Toleranz), muß jeder für sich in den Schrank bringen. Die Handwäsche erledigt auch jeder für sich, doch das kommt ohnehin selten vor.

✚ Knöpfe anzunähen und Wäsche zu flicken gehört zu den Privatsachen. Solche Arbeit wird selten getan, und man sieht sie noch seltener. Sie gehört sichtlich nicht zu den Beziehungsarbeiten. Es wäre doch vorstellbar, daß wir uns

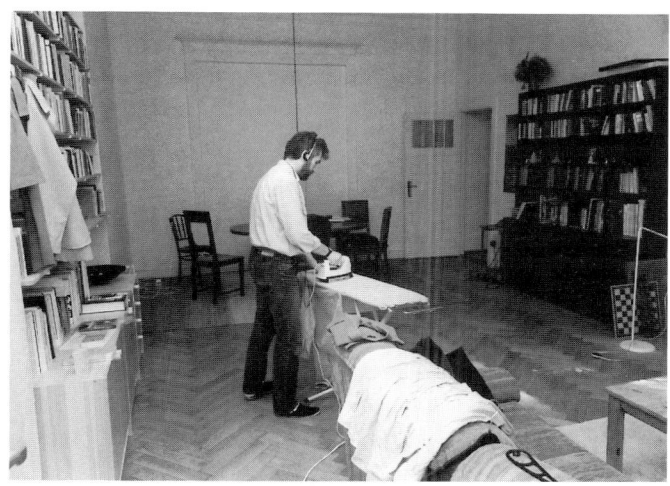

im Wohnzimmer treffen – dort ist immerhin die Schublade mit dem entsprechenden Werkzeug – und zusammensitzen, während wir Knöpfe annähen oder etwas flicken. Aber das ist in drei Jahren nie passiert. Mehr noch, über so etwas wird auch wenig geredet, man nimmt es nicht wahr. Mit dem Werkzeug, den Reparaturen und Basteleien ist das anders. Da gibt es die Aufmerksamkeit dafür, was der andere tut und hat. In der Auswahl und Pflege unserer Kleidung und Wäsche gibt es sehr deutliche Unterschiede zwischen uns. Vielleicht sind sie so groß, daß es keinen gemeinsamen Nenner gibt außer dem klassisch männlichen, daß man körperlich auf Distanz bleibt und das, womit man die Körper einhüllt, aus dem Blick und aus dem Gespräch läßt.

✣ Ganz so drastisch ist es allerdings nicht. Wir sehen und kommentieren sehr wohl die Neuanschaffungen an Oberbekleidung. Aber eine Nähmaschine gibt es nicht, obwohl sie wahrscheinlich genauso oft oder so selten wie der elektrische Schrauber gebraucht würde. Über die Wäsche und ihre Pflege stellen wir unsere Gemeinschaft kaum her. Es ist eben doch deutlich eine Männer-We-Ge. Einige Monate nach unserem Einzug gab es allerlei Probleme mit den Frauen. Damals kam endlich der Teppich für den vorderen Flur. Zu zweit haben wir ihn verlegt, schweigend gemeinsam gemessen, geschoben und geschnitten. Als wir dann fertig waren, kam ein befriedigtes Lächeln: „So eine richtige Arbeit, das ist doch was anderes als all die Beziehungsprobleme!" Auch mit der Hausarbeit kann man sich miteinander verständigen und sich darstellen. Wir tun das auf unsere Weise.

Irmhild Kettschau

Gewonnene Zeit – zerronnene Zeit

Grenzen der Technisierung der Hausarbeit

Einleitung: Hausarbeitszeit – ein brisantes Thema

✜ In der Bundesrepublik Deutschland hat das Thema „Zeit" im Zusammenhang mit „Hausarbeit" lange nur wenig politische und wissenschaftliche Aufmerksamkeit genossen. Zu banal erschien der Gegenstand, zu wohlgeordnet auch die Verhältnisse, als daß wissenschaftliche Analyse und politisches Handeln notwendig gewesen wären.

✜ Diese Situation hat sich in den letzten Jahren deutlich gewandelt: Frauenbewegung und Frauenforschung problematisierten den Zusammenhang von geschlechtsspezifischer Arbeitsteilung, Hausarbeitsleistung und Benachteiligung der Frau. Die Politik sah sich veranlaßt, Konzepte zu entwickeln für die Verwirklichung der verfassungsmäßigen Gleichstellung von Mann und Frau, hier insbesondere die Vereinbarkeit von Beruf und Familie bzw. Wahlfreiheit zwischen beiden Bereichen. Dies geschah zunächst (und bisher vor allem) durch eine Aufwertung der Hausarbeit, wobei besonders die Erziehung, die Pflege und Betreuung der nachwachsenden Generation wie auch der alten Menschen einen für die Politik einsichtigen gesellschaftlichen Wert besitzen.

✜ Ins Bild paßt auch die Entdeckung der Hausarbeit durch die Ökonomen und Soziologen, die in den 80er Jahren begannen, Arbeit außerhalb des Erwerbssystems, Arbeit, die nicht über den Markt vermittelt ist, Arbeit, die nicht entlohnt wird, in ihren theoretischen und empirischen Untersuchungen zum thematisieren. Mit „Eigenarbeit", „Schattenarbeit" oder „Haushaltsproduktion" sind Begriffe geprägt, die ein breiteres Verständnis der Bedeutung menschlicher Tätigkeit für den gesellschaftlichen Entwicklungsprozeß ermöglichen. Besonders in der Theorie der Haushaltsproduktion gilt Zeit, die menschliche Arbeitszeit, als wesentlicher Faktor, der in Kombination mit den Gebrauchs- und Verbrauchsgütern erst den „Haushaltsendnutzen" zu erstellen imstande ist.[1] Der Blick fällt auf die Haushalte als flexible, auch ökonomisch leistungsstarke Produktionseinheiten, die „in der Lage (sind), viele verschiedene Produkte in kleiner Menge herzustellen und das ‚Produktionsprogramm' zudem schnell an sich wandelnde Bedürfnisse und Ereignisse anzupassen".[2]

✜ Dieses neue Interesse am privaten Haushalt und an der Hausarbeit erscheint in frauenpolitischer Perspektive durchaus als zwiespältig: Bei der Diskussion um Eigenarbeit und Haushaltsproduktion geht es zwar um Aufgabenteilung, aber nicht zwischen Geschlechtern, sondern zwischen Haushalten, Märkten (Unternehmen) und Staat. Im Zuge zunehmend kritischer Finanzierbarkeit sozialer Leistungen, etwa der Altenbetreuung oder der Gesundheitspflege, werden die

[1]
vgl.
KRÜSSELBERG u. a.
1986

[2]
GLATZER 1986, S. 49

Arbeitsleistungen der „Haushalte", und das heißt in der überwiegenden Zahl der Fälle der Frauen in den Haushalten, kostenlos oder kostengünstig in Anspruch genommen.

✤ Mit der Aufwertung der Hausarbeit kann sich so, quasi durch die Hintertür, eine Verfestigung der asymmetrischen, Frauen benachteiligenden geschlechtlichen Arbeitsteilung verbinden. Auf der anderen Seite ist die Anerkennung der Hausarbeit gesellschaftlich notwendig, ihr „Sichtbarma-chen" in den materiellen Dimensionen von Zeit und Geld eine grundlegende, immer wieder erhobene Forderung der Frauenbewegungen. Hierin sehen Frauen die Voraussetzung sowohl für eine Neubewertung der Arbeit (im Haushalt und für den Erwerb) als auch für eine Neuverteilung von Aufga-ben und Lohn zwischen den Geschlechtern. Die Einbezie-hung der „Haushaltsproduktion" in die volkswirtschaftliche Gesamtrechnung, also in die wertmäßige Erfassung aller produzierten Güter und Dienste, ist inzwischen offizielles Politikziel. So plant das Statistische Bundesamt im Zusam-menwirken mit dem Bundesfrauenministerium eine groß-angelegte Zeitbudgetuntersuchung, mit deren Hilfe die für die Haushaltsproduktion aufgewendete Zeit quantifiziert und in ihrer Gliederung auf Haushaltsbereiche analysiert werden kann.[3] Nach vorhandenen Schätzungen liegt der Wert der Haushaltsproduktion bei 30 bis 60% des Bruttoso-zialprodukts, das bisher nur die Erwerbsarbeitsleistungen erfaßt und mißt.[4] Einzelne Untersuchungen kommen noch zu höheren Ergebnissen, so z. B. Krüsselberg/Auge/Hilzen-becher, die den Anteil der Hausarbeit an der gesamtwirt-schaftlichen Wertschöpfung auf 68% beziffern.[5]

✤ In den Zusammenhang von „Hausarbeit" und „Zeit" ist also Bewegung gekommen, eine Bewegung, deren Richtung auch von der Beurteilung der gegenwärtigen Situation und von Zielvorstellungen künftiger Verhältnisse abhängt. Dabei können beide Begriffe, beide Dimensionen ausgelotet und neu aufeinander bezogen werden: Was denn Hausarbeit eigentlich sei und wie sie ins Verhältnis zur Zeit zu setzen ist. Ebenso auch, um welche Zeit es geht, woher sie in Rhythmus und Struktur bestimmt wird und wie sie schließ-lich als Hausarbeitszeit beschaffen ist.

Wo gewonnen — wo zerronnen?
Oder: Das Ganze ist mehr als die Summe seiner Teile

✤ Haushaltstechnik und die mit ihrer Hilfe mögliche moderne Lebensweise sparen Zeit. Hausarbeit mit Haushalts-technik macht weniger Arbeit, ist leichter, ist effizienter. „Time is money" trifft auf Hausarbeitszeit zwar nicht direkt zu, doch kann die gesparte Zeit sinnvoll anders eingesetzt werden: für den Mann, für die Kinder[6], für Erwerbstätigkeit, für Bildung und Hobby oder — ganz aktuell — für Dienstlei-stungen in anderen Haushalten, Nachbarschafts- oder „Netz-werkhilfe". Der Gewinn an Zeit bringt Freiheit von den Hand-lungszwängen der unmittelbaren Daseinsvorsorge, der leibgebundenen Bedürfnisse, vom „Reich der Notwendigkeit".

4
SCHÄFER 1988,
S. 309

3
vgl. SCHÄFER 1988;
EHLING/SCHÄFER
1988

5
1986, S. 246

6
„psychische
Reproduk-
tionsleistung",
„Beziehungsarbeit"

✤ Diese Denkfigur, und zwar in der Grundannahme des Zeitgewinns und in den Vorstellungen, was Frauen mit dieser Zeit anfangen könnten oder sollten, ist weit verbreitet. Oft genug stützt sich diese Annahme lediglich auf den Augenschein, wonach „eine Maschine Buntes" viel weniger Arbeitszeit beansprucht als Omas Waschtag.

✤ Dies mag so betrachtet richtig sein, außer acht bleiben dabei die jeweiligen Lebensverhältnisse und Haushaltssituationen – räumlich, sozial (wer wäscht?), kulturell (was, wie oft und für wen wird gewaschen?) –, deren Kenntnis aber notwendig ist, will man die historische Veränderung verstehen und in ihrem Bedeutungsgehalt für die Menschen erfassen. Auch sind „Zeit" oder „Zeitersparnis" selbst sich wandelnde Kategorien, die noch für unsere Großmütter von anderer Bedeutung waren als für die heutigen, die „modernen" Lebensverhältnisse.

✤ Mit der Triangel Hausarbeit – Zeit – Technik ist ein komplexes Gefüge gegenseitiger Abhängigkeiten und Einflüsse verbunden. Der Blick auf dieses Wirkungsgefüge erfordert Tiefenschärfe – allzu simpel eröffnete Kausalitäts- oder Phänomenbezüge verstellen eher den Zugang, als daß sie ihn erleichtern könnten. Die wenigen vorhandenen Studien zeigen einen mangelnden Zusammenhang zwischen „höherem" Technisierungsgrad und „niedrigerem" Zeitaufwand.[7] Auch in der historischen Dimension, etwa der letzten 30 Jahre, in denen sich ja enorme Schübe der Haushaltstechnisierung vollzogen, erweist sich der ermittelte Zeitaufwand als merkwürdig resistent gegenüber den erhofften Zeitsparwirkungen.

✤ Große, repräsentative Studien, womöglich auch Langzeituntersuchungen, die sich über den Zeitablauf der letzten Jahrzehnte miteinander vergleichen ließen, fehlen. Es gibt viele Lebensbereiche, auch solche des privaten Haushalts, zu denen ausgezeichnete Daten über einen historischen Zeitraum von zumindest Jahrzehnten vorliegen, z. B. die Einnahmen und Ausgaben der privaten Haushalte, die Wohnungsversorgung, aber auch das Wahlverhalten, die politischen Meinungen und Präferenzen u. v. m. Der Zeitaufwand für Hausarbeit jedoch hat immer nur punktuelles Interesse gefunden, Forschungsanstrengungen erfolgten fast ausschließlich in den – ärmlich ausgestatteten – haushalts- bzw. hauswirtschaftswissenschaftlichen Einrichtungen.

✤ So wird es nicht mehr möglich sein, den Zusammenhang von Haushaltstechnisierung und Zeitaufwand in der gesellschaftlichen Entwicklung empirisch zu klären. Die frühen Studien der 1950er und 1960er Jahre, notwendig für den Vergleich, entstanden als Vorstudien mit sehr kleinen Stichproben,[8] teilweise begrenzt auf Haushalte angehender Hauswirtschaftsmeisterinnen, schließlich mit einem eng geführten Begriffsverständnis der Hausarbeit, das sich im wesentlichen auf die Nahrungszubereitung und Reinigungsarbeiten beschränkte und insbesondere Erziehungs- und Betreuungsaufgaben nicht angemessen berücksichtigte.

7
vgl. ZANDER 1976;
KETTSCHAU 1981

8
SCHROTH-PRITZEL
konnte in ihrer 1953
durchgeführten
Untersuchung die
Daten von 88
Haushalten
auswerten.

✚ Die Forschungslage ist so auch ein Spiegel des mangelnden gesellschaftlichen Interesses an den Fragestellungen des privaten Haushalts und der Hausarbeit.

✚ Argumentative Belege für die Zeitsparthese werden aber nicht nur im Rückgriff auf das spärliche empirische Material gesucht.

✚ Im geschichtlichen Rückblick werden die Mühen des techniklosen Hausarbeitsalltags heraufbeschworen, und im Vergleich von „früher" und „heute" scheint es offensichtlich, daß die modernen Zeiten keine „ganze Frau" mehr zur Bewältigung der Hausarbeit erfordern. In der Tat, der Einkauf im Supermarkt ist etwas ganz anderes als die eigene Erzeugung von Lebensmitteln in Stall und Garten; moderne, technikgestützte Heiz-, Koch- und Waschverfahren ersparen körperliche Schwerarbeit; die Kinderzahlen sind zurückgegangen, die Familien kleiner, die Wohnungen aber größer und komfortabler geworden.

✚ Der Schilderung ließen sich weitere Bilder und Beispiele hinzufügen, die eine Verringerung nicht nur der Mühe und Last, sondern auch des Zeitaufwandes für Hausarbeit als Folge der technisch-industriellen Entwicklung plausibel, ja fast zwingend erscheinen lassen.

✚ Unbestreitbar haben sich die Lebensverhältnisse und damit die Strategien und Techniken der Lebensbewältigung nicht nur grundlegend mit der industriellen Revolution gewandelt, sondern entwickeln und verändern sich weiter mit der Bewegung sozialer, politischer und ökonomischer Rahmenbedingungen. Dies betrifft auch den Haushalt, der ja der Gesellschaft nicht als private vormoderne Enklave gegenübersteht.

✚ Was jedoch für die Erwerbsarbeit klar ist, nämlich daß für eine Analyse und Bewertung von Veränderungen viele Faktoren im komplexen Zusammenwirken berücksichtigt werden müssen, wird für Beurteilungen der Hausarbeitsentwicklung häufig vernachlässigt.

✚ Greifen wir z. B. eine Ebene des historischen Vergleichs auf und fragen nach dem sozialen Geflecht, in das Hausarbeit eingebunden war, nach den Personen, von denen sie geleistet wurde.

✚ Noch meine Kindheit in den 1950er Jahren wurde begleitet von vielen verschiedenen Menschen, die mit dem Haushalt zu tun hatten. Da war etwa Frau Scheunemann, die Hausschneiderin, die in regelmäßigen Abständen für mehrere Tage zu uns kam und die Wäsche flickte, Strümpfe stopfte, Schürzen und Kinderkleider nähte. Mit großem Interesse assistierte ich Frau Weiland, der Büglerin. Sie bügelte vor allem die weißen Hemden der Männer und die steifgestärkten Schürzen der Frauen. Die Bett- und Tischwäsche dagegen wurde zum Waschen und Mangeln „aus dem Haus gegeben". Eine sehr wichtige Rolle spielte das jeweilige „Hausmädchen", junge Frauen, die im Hause wohnten und ganztags im Haushalt arbeiteten, wenn auch oft nicht zur Zufriedenheit meiner Mutter. Und außerdem gab es noch Tante Lina, eine resolute ältere Frau aus der Nachbarschaft, der Familie nicht verwandt, sondern in Freundschaft verbunden, die das Zepter in dem großen Haushalt bei Abwesenheit der berufstätigen Mutter führte.

✚ So waren die Lebensverhältnisse, bis in den 1960er Jahren Kühlschrank, Waschmaschine, bald auch Geschirrspüler, Küchen- und Bügelmaschine Einzug hielten. Tante Lina, die Schneiderin, die Büglerin wurden alt und starben, die „Mädchen" hatten Besseres zu tun.

✚ Die moderne Hausarbeit, subsistenzunabhängig und dienstleistungsbetont, technik- und konsumintensiv, setzt sich auf dem Lande, in den Kleinstädten und großstädtischen Ballungsräumen mit ländlichen Haushaltungsformen, wie beispielsweise dem Ruhrgebiet, erst spät, erst mit dem Verlauf der 1960er Jahre durch. Nun allerdings hatten sich die Verhältnisse gründlich gewandelt. In der Triangel „Arbeit – Zeit – Technik" greift die Maschinisierung und Elektrifizierung in viele verschiedene einzelne Arbeitsvorgänge ein. Die Arbeiten können individualisiert werden, sind jetzt von einzelnen Personen leistbar, sie können sich von der Bindung an naturräumliche und -zeitliche Bedingungen (wie etwa Wasserläufe, Jahreszeiten, Wetterverhältnisse) lösen, damit also abstrakter, allgemeiner werden, sie können sich aus einem zusammenhängenden Komplex von Tätigkeiten (Waschtag) in viele Segmente („mal eben eine Maschine anwerfen") zerlegen.

✚ Technik erleichtert und verkürzt einzelne Arbeitsvorgänge, Technik ermöglicht den Konsum andersartiger Waren (Tiefkühlkost, Teppichboden). Technik „befreit" aber nicht von Hausarbeit, denn *das Ganze ist mehr als die Summe seiner Teile.* Erst ein theoretisch geleitetes Verständnis der Hausarbeit als komplexer Einheit materieller und immaterieller Versorgungsleistungen, als Privatarbeit in Beziehungsverhältnissen, ermöglicht es, die vielschichtigen Wechselwirkungen zwischen gesellschaftlichen Lebensverhältnissen, privater Lebenshaltung und der Technisierung als dominanter Entwicklungskomponente besser zu verstehen.

✚ Die technisch bedingte Ersparnis, gar der Gewinn von Zeit in Arbeitsbereichen der materiell-technischen Hausarbeit hilft mit, moderne Hausarbeit – meist nur einer einzelnen Person – auf einem hohen Niveau der Ansprüche und Lebensstandards überhaupt leistbar zu machen.

✚ Dabei ist die Zeitersparnis kein eigentliches Ziel der Hausarbeit. Anders als Erwerbsarbeit funktioniert sie ja nicht nach der sogenannten „Minimax-Regel", also dem Ziel, mit weniger Aufwand in kürzerer Zeit mehr Ergebnisse zu erzielen.[9] Im Gegenteil kann es im Sinne der Haushaltsaufgaben gerade darauf ankommen, „Zeit zu verlieren".[10]

✚ Aber auch die Vorstellung, bei der Arbeit an den Dingen erspare Zeit, gewonnen durch Technik, könnte nun für die „feinere" Arbeit an den Menschen eingesetzt werden, ist fragwürdig. Einerseits hat Beziehungsarbeit zu allermeist auch materiale Komponenten – es werden räumliche, sächliche und zeitliche Arrangements benötigt, die nicht nur zu bedenken und zu organisieren sind, sondern auch beschafft,

9
zur Kritik vgl.
V. SCHWEITZER
1988

10
METHFESSEL
1988

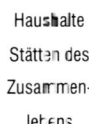

11
vgl. METHFESSEL
1988 sowie den
Beitrag von
METHFESSEL in
diesem Band

bevorratet, gepflegt werden müssen. Andererseits ist die gemeinsame Hausarbeit gerade als Handarbeit oft eine geeignete Transporteurin von „Beziehungsarbeit", Trost, klärendem Gespräch, Verständigung über Ziele u. v. m. Die losgelöste Arbeit am Menschen kann schwieriger sein, eigene neue Anstrengungen erfordern[11] und bleibt ohne Rückwirkungen auf neue zusätzliche materiell-technische Hausarbeit (s. o.).

✤ So lassen sich Zeitstruktur und Zeitanforderungen im modernen Haushalt mit einem Modell geologischer Schichten vergleichen.

✤ Anders als in der Erwerbsarbeit sind die natur- und leibgebundenen Zeitanforderungen und Zeitstrukturen nicht zurückgedrängt, verschwunden oder zumindest „dressiert". Nahrung, Wärme, Ruhe, Schutz, Reinigung sind Grundbedürfnisse, die in einem (auch) naturgebundenen Rhythmus wiederkehren und im Haushalt versorgt werden. Als nächste „Schicht" lassen sich die sozial und kulturell gebundenen Zeitrhythmen denken, die sich in der Kalenderzeit, in Festen und Feiern ausdrücken und für Hausarbeit auch heute noch ein wichtiger Einflußfaktor sind. Haben z. B. die Großputztermine vor Ostern und Weihnachten an Bedeutung verloren, so sind durch Einkäufe, Besuche, aufwendige Mahlzeiten und Geschenke neue Aufgaben dazugekommen.

✤ Direkt oder indirekt greifen Schule, außerhäusliche Arbeitsstätte, Dienstleistungsunternehmen und Versorgungseinrichtungen mit ihren „abstrakten" Zeitstrukturen, Zeitangeboten und -anforderungen in den haushälterischen Zeitrhythmus ein und tragen eine weitere „Schicht" zur Haushaltszeit bei.

✤ Angesichts dieser unterschiedlichen, zum Teil widerstreitenden Zeitanforderungen sind von den Haushalten Synthese- und Ausgleichsleistungen gefordert. Nur so kann die Durchsetzung einer haushaltlichen „Eigenzeit" als notwendige Bedingung der eigenständigen Haushaltsidentität gelingen.

✤ Auf die Frage dieses Abschnitts, „Wo gewonnen – wo zerronnen?" kann es keine einfache Antwort geben. Hausarbeit wandelt sich mit den gesellschaftlichen Verhältnissen und Bedürfnissen in Form und Funktion. Hausarbeit als „Ganzes" besser zu verstehen, wird uns mehr lehren über das Verhalten der Menschen in den Haushalten und die von ihnen verfolgten Ziele.

Hausarbeit – unsichtbar, unsäglich, unendlich?

✤ Hausarbeit gilt als „unsichtbar", weil sie (bisher) nicht in den herrschenden Kategorien und Meßgrößen von Arbeit abgebildet und bewertet wird. Dies betrifft sowohl die materielle Bewertung in Geld als auch eher immaterielle Gratifikationen wie soziale Anerkennung, berufliche und gesellschaftliche Aufstiegsmöglichkeiten, Kontakte u. v. m.

✤ Hausarbeit ist unsäglich, unbenennbar, weil sie bisher gesellschaftlich nicht als Arbeit, sondern als Bestandteil der weiblichen Geschlechtsrolle, als soziales Geschlechtsmerkmal der Frauen wahrgenommen wurde. Die konkreten Verrichtungen erscheinen als banal, langweilig, ihre Thematisierung wird eher als peinlich empfunden, als daß sie Interesse wecken könnte.[12]

✚ Beides spiegelt sich auf der subjektiven, individuellen Ebene, in der (gestörten, behinderten) Selbstwertschätzung, im Umgang mit der Innen- und Außenwahrnehmung. So kann es zum Empfinden der „Unendlichkeit" von Hausarbeit kommen. Ohne Vergleichbarkeit mit den üblichen, den dominanten Meßgrößen abstrakter industrieller Zeitnutzung erscheint Hausarbeitszeit dehnbar, verbraucht und unausgefüllt zugleich.

✚ Hausarbeit nicht zu thematisieren, im Nebel des weiblichen Wirkens zu halten, ist vielfach eine Leistungsanforderung an die Hausarbeiterin.[13] Indem sie z. B. sofort putzt, wenn sie mit ihrer lebenslang geschulten Wahrnehmung den Schmutz sieht, wird die Notwendigkeit der Reinigungsarbeit nicht mehr sichtbar; im Gegenteil, der „Putzfimmel" bietet sich noch als Zielscheibe des Spotts. Auch „gehört es sich nicht", körperlich belastende, aufwendige Hausarbeiten vor Publikum zu verrichten. Die Familie nicht mit Staubsauger und Putzeimer zu konfrontieren, mag aus vielen Gründen praktisch erscheinen, Hausarbeit wird aber auch auf diese Weise versteckt — indem sie immer schon getan ist, bestenfalls als Zustand (saubere Fenster z. B.) wahrnehmbar, nicht aber als Prozeß.

✚ Während es im 19. Jahrhundert die Dienstmädchen waren — wie Sibylle Meyer eindrucksvoll gezeigt hat —, mit deren Hilfe die Hausfrauen die Tatsache eigener — z. T. körperlich schwerer — Hausarbeit verschleierten[14], erfüllt denselben Zweck heute die Haushaltstechnik. Die Maschine wäscht, spült, saugt, filtert, rührt, bügelt, kühlt, trocknet, und „Mutti hat Zeit (für) den kleinen Peter."[15]

✚ Technik ermöglicht die Zerlegung von Arbeitsvorgängen in viele unabhängige Teilarbeiten, die wiederum neu miteinander verbunden und verschachtelt werden können.[16] Die Arbeitsintensität, die Dichte der Arbeit, kann daher zunehmen, und zugleich wird es schwerer, den zersplitterten Arbeitstag in der Wahrnehmung und Wertschätzung wieder zusammenzufügen. Gezählt, gemessen und erinnert werden womöglich Maschinenlaufzahlen („drei Maschinen Wäsche gewaschen"), während die eigene Tätigkeit sich in Disponibilitäts- und Wartezeiten zu erschöpfen scheint („den ganzen Tag nichts Richtiges geschafft").

✚ Die Kapazität der Maschinen wird dabei wohl selten ausgelastet. Oft genug sind die Geräte für die kleiner werdenden Haushalte überdimensioniert. Sie ermöglichen Leistungssteigerungen durch die Vervielfältigung von Vorgängen derselben Art. Warum nicht gleich drei Kuchen backen, zwei einfrieren, und wenn der Staubsauger schon einmal zur Hand ist, kann gleich noch ein weiteres Zimmer „eben" durchgesaugt werden . . .

12
vgl. OSTNER 1988 a, b

13
vgl. KETTSCHAU 1983

14
MEYER, 1982

15
Staubsaugerreklame
der 50er Jahre, zit. n.
ORLAND 1986, S. 128

16
vgl. den Beitrag von
METHFESSEL
in diesem Band

✤ So leistet Technik einen Beitrag zur Unsichtbarkeit wie zur Unendlichkeit von Hausarbeit.

✤ Die Hausarbeit soll zukünftig gemessen und gewogen werden. Für ihre Einbeziehung als „Satellitensystem" in die volkswirtschaftliche Gesamtrechnung ist es notwendig, Hausarbeit zu definieren und zu quantifizieren. Noch ist nicht vollständig absehbar, in welcher Form sie dabei „aus dem Reich der Natur in das Reich der Geschichte"[17] treten wird.

17
HAGEMAN-WHITE
1988, S. 10

✤ Für Frauen wird dabei von eminenter Bedeutung sein, welches Begriffsverständnis von Hausarbeit den Untersuchungen zugrunde liegt. Ist Hausarbeit zwar unbezahlt, aber ansonsten eine „Arbeit wie jede andere auch" oder weist sie besondere, eigene Strukturen, Inhalte, Rhythmen auf, die sich gegen die Messung, Gewichtung und Bewertung nach ökonomisch-quantitativen Mustern sperren? In dieser Diskussion ist Aufmerksamkeit geboten, denn sonst wird gemessen, gewichtet und bewertet, was mit den Kriterien der Erwerbsarbeit möglich ist, und der „Rest", „ökonomisch nicht sinnvoll bewertbar", bleibt „unberücksichtigt"[18] und bleibt, wie die Erfahrungen der Frauen in sozialistischen Ländern zeigen, − nun vollends „unsichtbar" und das heißt unteilbar − ihnen überlassen.

18
SCHÄFER 1988,
S. 311

✤ Das zur Abgrenzung diskutierte „Dritt-Personen-Kriterium" nach dem als Haushaltsproduktion nur diejenigen Tätigkeiten gelten sollen, die man auch durch „Dritte", durch haushaltsfremde Personen, gegen Entgelt erbringen lassen könnte[19], schneidet aus dem Gesamtkomplex der Hausarbeit eine bestimmte Teilmenge aus. Ist es, wie Ilona Ostner kritisiert, derjenige Teil, der den „Prinzipien der Marktökonomie" entspricht und durch „Beliebigkeit, Allgemeinheit, Verallgemeiner- und deshalb Vergleichbarkeit"[20] gekennzeichnet ist? Das Dritt-Personen-Kriterium jedenfalls bezieht sich eher auf die Hausarbeit als Arbeit „wie jede andere auch", von austauschbaren Personen erbracht und nicht notwendig motiviert durch die spezifischen, individuellen Beziehungen zu den versorgten Menschen, sondern, wie jede andere Arbeit auch, durch den Geldverdienst.[21] Damit wird nicht nur vom jeweils konkreten Beziehungsgefüge abstrahiert, sondern auch vom geschlechtlich geprägten Arbeitsvermögen und der geschlechtsspezifischen Arbeitsteilung. So bleibt womöglich gerade das Unsichtbar-Unsägliche der Hausarbeit, entstanden aus ihrer Bindung in Beziehungsverhältnissen und verborgen unter dem Schleier des weiblichen Sozialcharakters, auch weiterhin unabgebildet (womit manche Frauen leben könnten), nicht anerkannt und ihnen allein überlassen (womit Frauen nicht einverstanden sein können).

19
SCHÄFER 1988

20
OSTNER 1988, a, S. 50

21
vgl. zur Kritik
KETTSCHAU 1989

✤ Ein anderes Schnittmuster wird in der soziologisch/ökonomischen Diskussion zum Thema „Haushaltsproduktion" über die alte Hausarbeit gelegt. Hier unterscheidet z. B. Fleischmann zwischen der „generalisierten Haushaltsproduktion", dies ist: „Essen zubereiten, die Wohnung säubern und vor Kälte, Wind und Regen schützen, für

Kleidung sorgen, Kinder erziehen", und der „spezialisierten Haushaltsproduktion", die dem Bereich von „Hobby, Liebhaberei, Passion" angehört, „eigentlich freie Tätigkeiten, nicht dem Reich der Notwendigkeit zuzurechnen".[22] Während nun für die generalisierte Haushaltsproduktion vor allem „Sachkapitalinvestitionen" benötigt werden, „ist die spezialisierte Haushaltsproduktion stärker auf Humankapitalinvestitionen angewiesen" (ebd.).

✤ Unter der Fragestellung, wie und unter welchen Bedingungen sich im Haushalt durch Lernen das Humankapital vermehrt, es also zu einer „positiven Humankapitalspirale" kommt, schließt Fleischmann: „Was ist beim Schuheputzen, Staubwischen, Staubsaugen, Geschirrspülen, Mülleimerleeren und ähnlichen Tätigkeiten der generalisierten Haushaltsproduktion schon hinzuzulernen? Andererseits ist beim Gärtnern, Malen, Fotografieren, Musizieren, Theaterspielen, Dichten, Umweltschützen, Bedürftigen helfen und ähnlichen Tätigkeiten der spezialisierten Haushaltsproduktion Lernen kaum vermeidbar."[23] Dieses Bild vor dem Hintergrund der Analyse zum Geschlecht als Strukturkategorie von Gesellschaft im allgemeinen, Haushalt und Hausarbeit im besonderen[24] bedeutet: Die alte Hausarbeit kann bleiben, was sie ist, unsichtbar, unsäglich, vom Sachkapital (der Haushaltstechnik) verrichtet, und den Rest werden die Frauen wohl erledigen. Neu, interessant und forschungswürdig ist die Haushaltsproduktion, die der Mensch, sei es als „Connaisseur oder als Animateur" ausübt. Sie kommt seiner „Autonomie" zugute und hat gerade „bei Arbeitslosigkeit" höchste Bedeutung.[25]

✤ Dem Beispiel wurde Raum gegeben, weil es eindrucksvoll belegt, wie bei Bemächtigung des Themas Hausarbeit durch die Wissenschaft dennoch die Schleier nicht gelüftet werden können, das Unsichtbare im Verborgenen bleibt. Schneidet das Dritt-Personen-Kriterium aus der Hausarbeit das marktkompatible Segment, so ist es bei Fleischmann das freizeitkompatible Segment.

✤ In beiden Fällen geht der Schnitt vorbei an der Komplexität, Mehrdimensionalität, der Bindung in Beziehungsverhältnissen, die Hausarbeit als Frauenarbeit ausmacht. Frauen sollten die Diskussion aufmerksam verfolgen, damit nicht das Unsichtbar-Unsägliche der Hausarbeit ihnen wirklich „unendlich" überlassen bleibt.

Die Technikfalle – neue Hausarbeit im modernen Haushalt

✤ Die moderne Haushaltstechnik, die „weiße Ware", ist selbst zum verlockenden Konsumgut geworden.

✤ In einer Zeitungsmeldung aus dem Jahr 1983 findet sich die Nachricht, die Waschmaschine sei nach Ansicht der Französinnen die bedeutendste technische Erfindung des Jahrhunderts. Am Beispiel dieser Maschine wird deutlich, daß Haushaltstechnik nicht zur Kollektivierung und Verberuflichung von Hausarbeit geführt hat, sondern im Gegenteil ihre Individualisierung ermöglicht – sogar die Verhäuslichung von Arbeiten in manchen Bereichen erst bewirkte. Verändert und erleichtert zwar, blieb die Arbeit nun der einzelnen Hausfrau überlassen.

✣ Die zunächst als so hilfreich empfundenen Geräte und Maschinen können Arbeit überhaupt erst in den individuellen Haushalt hereinholen. Sie ermöglichen und begünstigen eine Steigerung der Ansprüche an die Haushaltsleistungen, und ihr Konsum, ihre Beschaffung, Wartung und Benutzung macht Arbeit.

✣ In den Bänden der Statistischen Jahrbücher läßt sich ablesen, wie die Steigerungen des materiellen Lebensstandards sich in der Anfüllung der Haushalte mit Konsumgütern ausdrücken. Selbst die 2-Personen-Haushalte mit niedrigen Einkommen besitzen zu jeweils über 80 Prozent Telefon, Farbfernseher, Kühlschrank, Waschvollautomat und Staubsauger.

✣ Der Konsum dieser langfristig zu nutzenden Gebrauchsgüter wie auch aller weiteren Ge- und Verbrauchsgüter erfordern eine Fülle von vorbereitenden, begleitenden und nachsorgenden Aktivitäten im Haushalt. Dies gilt auch für die vermehrt genutzten Güter für „Bildungs- und Unterhaltungszwecke", wie z. B. Fotoapparate, Diaprojektoren und Heimcomputer. Auch die „spezialisierte Haushaltsproduktion" geht eben nicht körper- und materiallos vor sich. Das Anwachsen des privaten Konsums ist dabei nur möglich, weil die Haushalte – die Frauen – die dafür notwendigen Dienstleistungen („Konsumarbeit") kostenlos erbringen. „Ohne diese Dienstleistung wäre jeglicher Konsum im Haushalt durch den Zeitaufwand für die Verwaltung dieses Konsums begrenzt: Auswahl, Transport, Zubereitung, Reparatur, Unterhaltung, Säuberung, Bedienung, Lagerung, Aufbewahrung und alles andere, was mit Warenkonsum zusammenhängt. Die dienende Rolle der Frau ist von ausschlaggebender Bedeutung für die Expansion des Konsums in der modernen Wirtschaft."[26]

26
GALBRAITH 1976,
S. 41

✣ Thiele-Wittig hat darauf hingewiesen, daß nicht nur die Beschaffungsarbeit im Haushalt viele arbeitsintensive Elemente enthält, sondern daß generell die „Erhöhung des Lebensniveaus" und damit verbunden die „Markt- und öffentlichen Leistungen ... nicht ohne ergänzende Haushaltsleistungen nutzbar gemacht werden können.[27] Sie betont dabei besonders die Notwendigkeit der Informationssuche, der Orientierung in immer komplexeren Märkten, die Schwierigkeit der Interaktion mit hochspezialisierten, hocharbeitsteilig organisierten, professionellen Partnern. Eine entscheidende Bestimmungsgröße des Zeitaufwandes ist schließlich das Anspruchsniveau, aus dem sich in Verbindung mit der Haushaltsausstattung und den Lebensgewohnheiten ergibt, was und wieviel zu tun ist, wie oft und wie gründlich es getan werden muß. Hier ist mit den Steigerungen des materiellen Wohlstandes ein fortwährendes Anwachsen verbunden, z. B. hinsichtlich Kleidung und Wäsche, Ernährung, Freizeitgestaltung, Wohnungsausstattung.

27
THIELE-WITTIG
1987, S. 119

28　　　　　Irmhild Kettschau
z. B. täglich frische　　Gewonnene Zeit,
Unterwäsche;　　zerronnene Zeit
häusliches
fast-food aus der
Mikrowelle

✜ Der durch Technik möglich gewordene Anspruch[28] wird bald zur Selbstverständlichkeit und kann dann erweitert und auf andere Bereiche übertragen werden (täglich frische Handtücher etc.; warme Mahlzeiten für jeden Heimkehrer zu beliebigen Zeitpunkten). In einer Anpassung der jeweils materiell, sozial und kulturell „höheren" Lebensstile verbreitet sich ein Lebensniveau, daß nur durch extensiven Warenkonsum und durch eine Technikausstattung auf dem jeweils neuesten Stand gehalten werden kann.

✜ Untersuchungen über den Zeitbedarf für hauswirtschaftliche (materiell-technische) Arbeiten zeigen, daß mit jeder steigenden Stufe des Anspruchsniveaus (ausgedrückt in der Häufigkeit und Gründlichkeit der Arbeitserledigung) der Zeitbedarf sich um mehr als 30 % erhöht.[29]

29
KETTSCHAU 1981,
Kuratorium für
Technik und
Bauwesen in der
Landwirtschaft
(KTBL) 1985

✜ Auch alternative Lebensstile haben ihre spezifischen Anspruchsniveaus, zu deren Verwirklichung Hausarbeit erforderlich ist. Zeitaufwand ist hier vor allem gefordert im Bereich der Beschaffung weniger belasteter und belastender Güter für den Konsum im Haushalt (die fünf Komponenten fürs Waschmittel, die frische Milch und frischen Eier beim Bauern, das Gemüse evtl. aus eigenem Anbau etc.). Aber auch die Rückkehr zu handwerklichen Verfahren innerhalb des Haushalts (selber schroten, dörren, stricken, färben…) und der kritischere Umgang mit der Haushaltstechnik sind arbeitsintensiv, schaffen Mischformen für Arbeitsabläufe zwischen Hand- und Maschinenarbeit, die koordiniert und aufeinander bezogen werden müssen.

✜ Haushaltstechnik kann Hausarbeit nicht nur verstecken, sondern auch vermehren. Die Technikfalle kann zuklappen, wenn mit der haushaltstechnischen Ausstattung die Hausarbeit für erledigt gehalten wird, wenn die durch Technik bewirkte und ermöglichte neue Hausarbeit nicht wahrgenommen wird, schließlich wenn mit dem Rückgriff auf Technik die Ansprüche an Haushaltsleistungen weiter steigen.

✜ Haushaltstechnik hilft dann nicht, Zeit zu gewinnen, sondern „unsichtbar", aber wirkungsvoll Zeit verrinnen zu lassen – unsäglich, unendlich?

Literaturangaben

EHLING, MANFRED und DIETER SCHÄFER: *Internationale Erfahrungen mit Zeitbudgeterhebungen im Rahmen der amtlichen Statistik.* In: *Wirtschaft und Statistik* 1988 H. 7, S. 451–461

FLEISCHMANN, GERD: *Ökonomie der Haushaltsproduktion. Thesen im Rahmen der Konferenz am Zentrum für Interdisziplinäre Forschung der Universität Bielefeld zum Thema „Wohlfahrtsproduktion zwischen Markt, Staat und Haushalt".* Bielefeld 1989

GALBRAITH, JOHN KENNETH: *Wirtschaft für Staat und Gesellschaft.* München–Zürich 1976

GLATZER, WOLFGANG: *Haushaltsproduktion, wirtschaftliche Stagnation und sozialer Wandel.* In: GLATZER, WOLFGANG und REGINA BERGER-SCHMITT, (Hg.): *Haushaltsproduktion und Netzwerkhilfe.* Frankfurt–New York 1986, S. 9–51

HAGEMAN-WHITE, CAROL: *Zur Geschichte und zum Selbstverständnis der Frauenforschung.* In: RAPIN, HILDEGARD (Hg.): *Frauenforschung und Hausarbeit.* Frankfurt–New York 1988

KETTSCHAU, IRMHILD: *Wieviel Arbeit macht ein Familienhaushalt? Zur Analyse von Inhalt, Umfang und Verteilung der Hausarbeit heute.* Phil. Diss. Dortmund 1981

KETTSCHAU, IRMHILD: *Die heimliche Arbeitsplatzbeschreibung im Haushalt und ihre öffentlichen Seiten – Gedanken zur Anlage und Aussagefähigkeit empirischer Untersuchungen zum Zeitaufwand für Hausarbeit.* In: Hauswirtsch. *Wiss.* 31. 1983, H. 3, S. 119–127

KETTSCHAU, IRMHILD: *Zur Bedeutung und Nutzung von Zeitbudgetdaten in der Diskussion über Hausarbeit in Haushaltswissenschaft und Frauenforschung.* Manuskript. Dortmund 1989

KETTSCHAU, IRMHILD und BARBARA METHFESSEL: *Frauenforschung in der Haushaltswissenschaft.* In: MEYER-HARTER, RENATE (Hg.) *Hausarbeit und Bildung. Zur Didaktik der Haushaltslehre,* Frankfurt–New York 1988

KRÜSSELBERG, HANS-GÜNTER, MICHAEL AUGE und MANFRED HILZENBECHER: *Verhaltenshypothesen und Familienzeitbudgets – Die Ansatzpunkte der „Neuen Haushaltsökonomie" für Familienpolitik.* (Schriftenreihe des Bundesministers für Jugend, Familie und Gesundheit, Bd. 182). Stuttgart, Berlin–Köln–Mainz 1986

KURATORIUM FÜR TECHNIK UND BAUWESEN IN DER LANDWIRTSCHAFT (KTBL) (Hg.): *Datensammlung für die Kalkulation der Kosten und des Arbeitszeitbedarfs im Haushalt.* Darmstadt 1975; 3. Aufl. 1985

METHFESSEL, BARBARA: *. . . entscheidend bleibt die Arbeitskraft der Frau. Zu den Grenzen der Rationalisierbarkeit und Technisierbarkeit der Hausarbeit.* In: TORNIEPORTH, GERDA (Hg.) *Arbeitsplatz Haushalt.* 1988, S. 55–85

MEYER, SIBYLLE: *Das Theater mit der Hausarbeit. Bürgerliche Repräsentation in der Familie der wilhelminischen Zeit.* Frankfurt–New York 1982

ORLAND, BARBARA: *Haushaltstechnik und Kleinfamilie. Ein unbedeutendes Kapitel des „technischen Fortschritts".* In: HILDEBRANDT, ECKART/SCHMIDT, EBERHARD/SPERLING, HANS JOACHIM (Hg.): *High-Tech-Down. Kritisches Gewerkschaftsjahrbuch 1986/1987.* Berlin 1986, S. 127–135

ORLAND, BARBARA: *Die Zukunft des Haushalts – Herausforderungen der Technik als Problemfeld der Frauenpolitik.* In: HEINIG, SABINE und ILSE LENZ (Hg.): *Schöne neue Frauenwelt. Computer in Bildung, Beruf und Beziehungen.* Münster 1988, S. 70–85

OSTNER, ILONA: *Phantom Hausarbeit.* In: TORNIEPORTH, GERDA (Hg.) *Arbeitsplatz Haushalt.* Berlin 1988 (a), S. 86–98

OSTNER, ILONA: *Die Tabuisierung der Hausarbeit.* In: RAPIN, HILDEGARD (Hg.): *Frauenforschung und Hausarbeit.* Frankfurt–New York 1988 (b), S. 55–73

SCHÄFER, DIETER: *Haushaltsproduktion in gesamtwirtschaftlicher Betrachtung.* In: *Wirtschaft und Statistik* 1988, H. 5, S. 309–319

SCHROTH-PRITZEL, URSULA: *Der Arbeitszeitaufwand im städtischen Haushalt.* In: Hauswirtsch. *Wiss.* 6, 1958, H. 1 S. 7–22

SCHWEITZER, ROSEMARIE VON: *Die privaten Versorgungs-, Pflege- und Erziehungsleistungen und ihre Wahrnehmung als Haushaltsproduktion.* In: Hauswirtsch. *Wiss.* 36, 1988, H. 5, S. 230–237

THIELE-WITTIG, MARIA: *. . . der Haushalt ist fast immer betroffen. – „Neue Hausarbeit" als Folge des Wandels der Lebensbedingungen.* In: Hauswirtsch. *Wiss.* 5 1987, H. 3, S. 119–127

TORNIEPORTH, GERDA (Hg.): *Arbeitsplatz Haushalt,* Berlin 1988

Blicke in die Zukunft . . . ▶

▶

▶

Barbara Böttger, Barbara Orland

Die private Seite der Informationsgesellschaft – Moderne Konzepte der Haushaltstechnik

▶ Wie auch immer wir uns in den technischen Strukturen unserer Privatwohnungen eingerichtet haben und, unabhängig davon, wie wir den gegenwärtigen Stand der Haushaltstechnisierung erleben und einschätzen, die neuen Techniken für den Privatbereich werden uns nicht unberührt lassen.[1] Es geht um den hochfliegenden Plan, die Haushalte vollständig einzubinden in das, was schlagwortartig als „Informationsgesellschaft" umschrieben wird: eine Gesellschaft, die ihr Selbstverständnis aus dem Austausch von Informationen und einer computergestützten Kommunikation bezieht. Dabei spielt es keine Rolle, um welche Informationen es sich handelt, entscheidend ist die technisch vermittelte Beziehung zwischen Privatleuten untereinander und Privatmenschen mit geschäftlichen Gesprächspartnern andererseits. Bedeutsam, vor allem für die Wirtschaft, ist auch, daß die privaten Haushalte als riesiger Markt für elektronische Güter und Dienstleistungen der Informations- und Kommunikationstechniken erschlossen werden sollen.

1
Vorliegender Aufsatz beruht auf einem vom Ministerium für Arbeit, Gesundheit und Soziales (MAGS) in Nordrhein-Westfalen geförderten Projekt, vgl. BÖTTGER u. a. 1988.

▶ Informations- und Kommunikationstechniken, hinter diesen Kürzeln verbirgt sich eine verwirrende Vielfalt unterschiedlichster Geräte, Dienste und Programme. Techniken, die nützlich sein mögen, im wesentlichen aber ihren Gebrauchssinn noch zu beweisen haben. Grob entschlüsseln lassen sich diese Techniken in drei Bereiche:

1. neue Infrastrukturnetze als Voraussetzung für
2. die Nutzung von Maschinen zur Sammlung, Speicherung, Übertragung, Vervielfältigung und Verarbeitung von Informationen und
3. zur Nutzung neuerer Geräte der Individualkommunikation und -unterhaltung.

▶ Wenn auch im Prinzip jeder Bereich häuslichen Lebens von der „Elektronisierung" betroffen sein wird, so zeigt diese Auflistung dennoch, daß nicht, wie in der Vergangenheit, die materiellen Arbeiten im Haushalt, wie Waschen, Kochen, Putzen usw., im Vordergrund moderner Technisierung stehen, sondern die Beziehungen der Menschen untereinander nun stärker noch als bisher ins Blickfeld der Technik geraten. Das heißt, die Art und Weise, wie wir miteinander kommunizieren, wie wir Informationen untereinander austauschen, wie wir uns begegnen.

▶ Ginge es allein nach dem Willen der Technikanbieter Bundespost, Elektronik- und Medienkonzerne und all den Wissenschaftlern, Entwicklungsingenieuren und Technikern, die das Projekt „Informationsgesellschaft" vorantreiben, würde in naher Zukunft jede/r Telefonbesitzer/in mit jeder/m anderen in Form von digitalisierter Information, Sprache, Texten, Daten und Bildern miteinander kommunizieren können. Fernsehen, „intelligentes Telefonieren", Bildschirmtexten und Computern soll mittels möglichst weniger Endgeräte und eines sogenannten Glasfaser-Universalnetzes überall dort möglich sein, wo Menschen leben und arbeiten, also nicht nur in Betrieben, Büros, Ämtern, Banken und Versicherungen, sondern auch im Privatbereich. Die Grenzen zwischen diesen verschiedenen gesellschaftlichen Bereichen werden damit fließend werden.

▶ Man könnte den Eindruck gewinnen, als wüßten „die Macher" über die Mittel, Ziele und Wege Bescheid, als gäbe es eine Vereinbarung untereinander, wohin die Reise „Informationsgesellschaft" geht. Dies erweist sich aber bei näherer Betrachtung als Trugschluß. Vielmehr existiert ein Durch- und Nebeneinander von Visionen und Versprechungen, technischen Voraussetzungen in Form von Infrastrukturnetzen und schon seit langem im Gebrauch befindlichen Endgeräten und vor allem nicht mehr rückholbaren Fakten, die gegenwärtig geschaffen werden. Der mögliche Nutzen der Informations- und Kommunikationstechniken ist den Anbietern letztlich eine „black-box", was sie jedoch nicht davon abhält, ständig neue Geräte und Dienste auf den Markt zu werfen, die ebenso schnell wieder verschwinden, wenn die in sie gesetzten Gewinnerwartungen nicht erfüllt werden, um dann durch neue Angebote ersetzt zu werden. Und wenn schon der Sinn und Nutzen der neuen Techniken unklar ist, so erst recht die individuellen und gesellschaftlichen Risikopotentiale, die die Informations- und Kommunikationstechniken für den privaten Alltag haben können. Etwas jedoch scheint gewiß: erst durch die Erschließung von 26 Millionen bundesdeutschen Haushalten lassen sich die gewaltigen Investitionen für Forschung, Entwicklung, Vermarktung von Infrastrukturen (Netze, Kabel und Satelliten), Hardware (Geräte) und Software (Dienstleistungen und Programme) rechtfertigen, die heute hauptsächlich nur für geschäftliche Zwecke genutzt werden. Auch wenn gegenwärtig und in naher Zukunft die größten Absatzchancen im gewerblichen Bereich liegen, bilden die erhofften häuslichen Anwendungen eine unabdingbare Voraussetzung, um die geplanten flächendeckenden Telekommunikationsnetze zu legitimieren. Grund genug also, den häuslichen Weg in die Informationsgesellschaft etwas genauer zu betrachten.

► Aus der Fülle des aktuellen und geplanten Geräte- und Dienstangebotes der Hersteller sollen drei grobe Entwicklungslinien herausgegriffen werden:
Die Einführung von Masseninformations- und Dialogdiensten (das gegenwärtig bekannteste Beispiel ist Bildschirmtext), die Erweiterung der Telefonkommunikation und Unterhaltungselektronik und schließlich die Vision eines „Computer-integrated-living" (eines computergesteuerten Haushaltsalltags).

Wenig erfolgreich, aber doch nicht aus der Welt — Bildschirmtext

2
Vgl. DANKE, 1988,
S. 147.

► 1987 wurden nur 18% der Bildschirmtext-Anschlüsse zum rein privaten Gebrauch angeschafft.[2] Obwohl sich damit der Bildschirmtext-Dienst der Bundespost allen hoffnungsvollen Prognosen zum Trotz bisher nicht als das neue Massenmedium erwiesen hat, sondern hauptsächlich für eine kostengünstige und effiziente Geschäftskommunikation genutzt wird, ist das Thema Bildschirmtext dennoch nicht aus der Welt. Bislang hatte sich die Nutzung von Bildschirmtext für die Haushalte vor allem als zu teuer herausgestellt. Außerdem war das Informationsangebot wenig attraktiv und auch umständlich zu nutzen, so daß sich wenige Verbraucher fanden, die das komplizierte System für sich als sinnvoll empfanden.

► Das Beispiel Frankreich, wo sich in den letzten Jahren der Bildschirmtext (dort Minitel genannt) weit besser durchsetzen konnte, soll in Zukunft auch für die Bundesrepublik Vorbild sein. Die französische Post hatte die beiden Probleme, Kosten und Akzeptanz des Btx in der breiten Bevölkerung, so gelöst, daß sie jedem Telefonbesitzer, der dies wünschte, statt des Telefonbuches ein kleines einfaches Minitelgerät kostenlos zur Verfügung stellte. Das heißt, die Telefonbesitzer mußten nun einen kleinen Computer bedienen, wenn sie eine Telefonnummer suchten, und wurden auf diese Weise an die Nutzung dieser Technik gewöhnt. Im Besitz des kostenlosen Minitel-Gerätes hatten die Teilnehmer, wie zu erwarten, auch andere Nutzungsdienste des französischen Téletel-Dienstes ausprobiert und angenommen, so z. B. die Nutzung des Auskunfts- und Reservierungsdienstes für Veranstaltungen, Reisen, Käufe, Hotelbuchungen usw.

► Vor allem aber bewies Minitel seinen Erfolg als sogenannter „Kiosk-Dienst", eine Art elektronisches Schwarzes Brett, auf dem ein Teilnehmer eine Nachricht hinterlassen kann, um auf diese Weise mit anderen Telefonteilnehmern in „elektronischen" Kontakt zu treten. Diese elektronischen Kontaktbörsen funktionieren ähnlich wie Kontaktanzeigen in der Zeitung, mit dem Unterschied, daß die Anzeige elektronisch und die anschließende Kontaktaufnahme entweder schriftlich oder ebenfalls elektronisch vorgenommen werden kann. Einen unerwarteten

Barbara Böttger
Barbara Orland
Die private
3
Seite der
Frankfurter
Informations-
Rundschau vom
gese schaft
27. 5. 1989, S. 40.

Erfolg erzielten vor allem die neuen Dienstleistungsangebote, „messagerie rosée" genannt, die bislang vor allem Medienkonzernen überraschende Gewinne einbrachten. Tageszeitungen wie der „Nouvelle Observateur" oder „Libération" beschäftigen Animateure, die mit ihren Kunden über deren geheime Phantasien reden, ganz nach dem Motto: „Reden Sie mit Lola über Ihre geheimen Wünsche, von denen Ihre Frau nichts weiß."[3] Neuestes französisches Produkt ist seit Jahresbeginn eine „Sprechmaschine", d. h., der Benutzer muß nur noch eine Telefonnummer und den Text z. B. einer Glückwunschbotschaft auf dem Bildschirm eingeben, und zum gewünschten Zeitpunkt klingelt das Telefon beim Geburtstagskind, dem dann mit synthetischer Maschinenstimme die Glückwünsche mitgeteilt werden.

▶ In Frankreich ist angesichts solcher Entwicklungen bereits die Rede von unsichtbaren Bildschirm-Städten, in denen sich die Menschen auf einem elektronischen Marktplatz versammeln. Obwohl die Franzosen solcherlei Dienste durchschnittlich ganze drei bis vier Minuten täglich pro Anschluß benutzen, haben sich dennoch diese Marktangebote für die Post und die privaten Anbieter bereits als riesiges und wachsendes Geschäft erwiesen, denn mit der Telefonrechnung flattern zusehends auch Gebührenrechnungen für die verschiedenen Dienste ins Haus.

▶ In der Bundesrepublik war ein Bildschirmtextanschluß anfänglich durch eine Verbindung des Fernsehens mit dem Telefon erreicht worden. Davon will man in Zukunft abkommen und ein eigenständiges kleines Gerät für den Schreibtisch oder den Ort, wo bisher das Telefon stand, anbieten. Diese kleinen Ceptel-Geräte, bestehend aus Bildschirm mit Tastatur, sollen dann deutlich unter 1000 DM kosten. Deren Entwicklung ist im Zusammenhang zu sehen mit der zur Zeit laufenden Umstellung des Telefons auf ein multifunktional einzusetzendes Kommunikationsgerät. Doch dazu später.

▶ Außerdem wird es in Zukunft Anschlüsse geben, um die etwa zwei Millionen bereits verkauften Heimcomputer und die ca. eine Million in bundesdeutschen Haushalten stehenden Personalcomputer für Bildschirmtext auszurichten. Lediglich ein kleines Modem muß erstanden werden, um aus dem Heimcomputer eine „kommunikationsfähige" Maschine zu machen, mit der über die Telefonleitung der Kontakt nach draußen gewährleistet wird. Vor allem auf diese preisgünstige Variante setzen die Elektronikhersteller und die Bundespost ihre Hoffnungen, die Telekommunikation im Privatbereich zu etablieren. Auch bietet die Deutsche Bundespost bereits heute ein „elektronisches Telefonbuch" an, das als besonderen, wenngleich auch aus datenschutzrechtlichen Gründen problematischen Service die Adressen der Telefonteilnehmer enthält, ein Angebot, das vor einigen Jahren bei der telefonischen Auskunftszentrale abgeschafft wurde. Zwar sollen diese „elektronischen Telefonbücher" auch Privatleute anlocken, werden wohl aber nur von Telefonzentralen in den Unternehmen genutzt werden können; denn wer schafft sich ein Bildschirmtextgerät zwischen 1500 und 4000 DM mit hohen Gebühren nur wegen einer komfortableren Telefonauskunft an?

▶ Eine entscheidende Verbesserung wird Bildschirmtext längerfristig durch die Einführung des digitalisierten Fernsprechnetzes (ISDN-Netz) erfahren, wenn die Übertragungszeiten dann um die Hälfte verkürzt werden und sich der Bildaufbau auf dem Fernseher oder Heimcomputer von derzeit etwa 30 Sekunden auf 2 Sekunden reduziert. Langfristig ist somit durchaus vorstellbar, daß auch in den Privathaushalten neben dem oder in das Telefon integriert ein kleines Bildschirmtextgerät existiert, mit dessen Hilfe Telefonnummern, Fahrpläne, Veranstaltungsprogramme, Informationen öffentlicher Institutionen, Verkaufs- und Reiseangebote, Verbraucherhinweise, Sportergebnisse, das Wetter usw. abgefragt und bestimmte Dienstleistungen, wie z. B. tele-banking oder tele-shopping, in Anspruch genommen werden können.

Das multifunktionale Telefon oder Telefonieren mit „Intelligenz"?

► Auch die zweite Strategie zur Informatisierung der Privathaushalte setzt am Telefon an. Das Telefon ist die im häuslichen Alltag zuerst und am weitesten akzeptierte „Kommunikationsmaschine": zeit- und raumübergreifend, aber dennoch nicht ganz so abstrakt wie das Schlüsselmedium der sogenannten Informationsgesellschaft, der Computer.

► Hierin liegt auch die unerwartet hohe Akzeptanz eines seit 1987/88 als Pilotversuch angelaufenen elektronischen Kontakthofs, des „Telefontreffs" − zuerst in Düren, dann in Köln eingeführt und langfristig für alle bundesdeutschen Großstädte vorgesehen. Bei diesem Experiment können bis zu 9 Teilnehmer mittels einer Sammelschaltung der Post im Ortstarif miteinander sprechen. Meist sind es Jugendliche, Hausfrauen, Rentner und einsame Erwachsene (mehr Männer als Frauen), die vom heimischen Sofa aus versuchen, sich in die meist besetzten Leitungen einzuklinken, um sich einfach mal mit jemandem zu unterhalten, nette Leute „kennenzulernen", sich zu zerstreuen oder sich auf angenehme Art zu allen Tag- und Nachtzeiten „Geselligkeit ins Haus" zu holen. Und dies alles, ohne dabei die Verbindlichkeit einer direkten Begegnung eingehen zu müssen. Im Schutz einer künstlich hergestellten Anonymität werden Kontaktarmut und Einsamkeit gelindert, aber nicht wirklich überwunden. Zugleich können sich aber üblicherweise sozial nicht akzeptierte Verhaltensweisen entfalten, wie z. B. aggressive Anmache und Obszönitäten, insbesondere gegenüber Frauen und Ausländern. Dennoch ist dies eine neue Form der Alltagskommunikation für die Nutzer, von der sie oft kaum mehr lassen wollen. Erreicht wird jedenfalls das Ziel, die Bevölkerung darauf hinzuweisen, daß auch Konferenzschaltungen im Privatbereich möglich sind.

► Da als Folge der Umstrukturierung der Deutschen Bundespost auch deren Telefonmonopol aufgelöst wurde, werden sich in Zukunft nicht nur Telefonapparate in völlig neuem Design und mit unterschiedlichen Ausstattungsstandards auf dem Markt befinden, sondern auch gänzlich neue Dienstleistungen von privaten Anbietern. Bereits heute beginnen Telefonläden damit, ihre Ware in Form einer Coca-Cola-Dose oder einer Mickey-Mouse anzubieten. Der Phantasie sind keine Grenzen gesetzt. Vor allem aber wird sich das technische Leistungsangebot der Telefonapparate je nach den persönlichen Vorlieben und finanziellen Möglichkeiten ganz unterschiedlich gestalten. Bereits heute stehen dem, der es sich leisten kann, folgende Leistungen der neuen Fernsprechapparate zur Verfügung:
„Tastwahl, Wahlwiederholung, Kurzwahl, Direktruf (Baby-Ruf), beleuchtete Wahltastatur, Anzeige der gewählten Rufnummer, Gebührenanzeige, Anschluß für Zweithörer, Lauthören, elektronischer Drei-Ton-Ruf, Freisprechen, Anschluß an Familientelefonanlage oder Nebenstellenanlage, Notizbuchfunktion, automatische Hinweisansage, Wahl mit aufgelegtem Hörer, Uhrenanzeige, Sperrschloß."[4]
Mit einem ab 1992 nach Postangaben flächendeckend zur Verfügung stehenden ISDN-Anschluß sind dann noch zusätzlich möglich: der Einzelgebührennachweis, den anrufenden Teilnehmer per Nummer zu erkennen (was aus datenschutzrechtlichen Gründen höchst problematisch ist), Gespräche auf andere Apparate umzulegen und vom Sprechdienst auf Text-, Daten- oder Bildübertragung umzustellen.

► Vor allem das Bild-Telefon soll für private Zwecke äußerst attraktiv sein. Denn damit können auch die nonverbalen Elemente menschlicher Kommunikation, die Mimik, Gestik und Körpersprache über das Telefonieren eingefangen werden.

► Schließlich wird das Telefonieren durch den Mobilfunk privater Anbieter auch von der örtlichen Anbindung an die Telefonleitung im Haushalt unabhängig werden. Ohne mit verdrehter oder zu kurzer Leitung kämpfen zu müssen, ist das Telefon dann bei der Gartenarbeit dabei wie beim Einkaufen.

4
SCHINAGL 1987, S. 13.

▶

Barbara Böttger
Barbara Orland
Die private
Seite der
Informations-
gesellschaft

▶ Rund um das computerisierte Telefon sind noch weitere Dinge möglich, so z. B. der neue, ebenfalls auf der Fernsprechleitung basierende Dienst der Bundespost, TEMEX genannt. TEMEX steht für „Telemetry Exchange" und bedeutet „Fernwirken", genauer gesagt „Fernüberwachen" oder „Fernsteuern" räumlich entfernter Objekte von einem oder mehreren Orten aus. Das heißt, in einer Fernsteuerzentrale sitzen Vertreter privater Unternehmen, der Feuerwehr oder der Polizei usw., die z. B. die Gas-, Wasser- oder Stromablesung vornehmen, auf die häusliche Alarmanlage reagieren oder auf einen „elektronischen Hilferuf".

„Auf den Gedanken zur Errichtung des TEMEX-Dienstes ist die Deutsche Bundespost auf vielfältige Weise gestoßen. Wach- und Schließgesellschaften fordern eine sichere, schnelle und kostengünstige Möglichkeit, Alarme an eine Zentrale übermitteln zu können. Soziale Hilfsorganisationen, Technisches Hilfswerk, Polizei, Feuerwehr, aber auch die Bundeswehr suchen nach alternativen Möglichkeiten zur Alarmierung ihrer Kräfte. Energieversorgungsunternehmen suchen nach effektiveren Erfassungssystemen für die Zählerablesung und andere Zwecke. Aber auch im privaten Bereich findet der TEMEX-Dienst viele Anwendungen. Sie reichen von der Temperaturerfassung und -regelung bis hin zu den verschiedensten Überwachungsaufgaben."[5]

5
SCHINAGL 1987, S. 6.

Aus der Haushaltsperspektive ist von den derzeit in einigen bundesdeutschen Städten als Modellversuche getesteten verschiedenen Nutzungsarten des TEMEX-Dienstes neben der aus datenschutzrechtlichen Gründen äußerst problematischen Möglichkeit, z. B. den Stromverbrauch zu kontrollieren, vor allem der TEMEX-Einsatz für karitative Zwecke zu betrachten.

Alte Leute oder Haushalte von Behinderten sollen mit einer TEMEX-Leitung versehen werden, so daß die Betroffenen nur noch auf einen Knopf zu drücken haben, um im Notfall Hilfe herbeizurufen. Das große Handicap für die karitativen Institutionen besteht vor allem in der beschränkten Zutrittsmöglichkeit zur privaten Wohnung. Denn was nützt es, wenn eine alte Frau den Notruf bestätigt und dann aber nicht mehr in der Lage ist, die Tür zur Wohnung zu öffnen. Sie müßte also einer ihr unbekannten Gruppe von Menschen im vorhinein vertrauensvoll ihren Wohnungsschlüssel überlassen, was verständlicherweise auf Zurückhaltung bei den Angesprochenen stößt. Letztlich basiert aber dieses technische System, wenn es wirklich helfen soll, auf der Mitwirkung der Angehörigen oder Nachbarn, die vertraut sind, die Wohnung betreten können und dann auch menschliche Hilfe leisten.

Zu welchen zwiespältigen Entwicklungen eine solche Technik gerade im sozialen Bereich führen kann, zeigt die Entscheidung der Stadt Dortmund, den TEMEX-Dienst nicht für ihre sozialen Dienste einzusetzen. Im Falle zunehmender Notrufe, die mit der ansteigenden Zahl der Hilfsbedürftigen durchaus zu erwarten seien, verfüge man nicht über genügend Personal, das dann wirklich hilfegebend eingreifen könne.

▶ Aber auch ohne aufwendige Vermittlungstechniken ist heute schon die Überwachung innerhalb des Hauses z. B. durch die Bild-in-Bild-Technik digitaler Fernsehgeräte möglich, die, mit einer Videokamera verbunden, jederzeit einen Blick ins Kinder- oder Krankenzimmer erlauben. Der elektronisch versorgte Mensch erscheint dann als verkleinertes Teilbild auf dem Fernsehschirm, während daneben weiter die Sportschau oder „Dallas" läuft. Voraussetzung dafür ist, daß auch alle anderen Geräte der Unterhaltungselektronik (HiFi-, Video- und TV-Geräte) auf computerverständliche Signale umgestellt werden − ein Prozeß, der zum gegenwärtigen Zeitpunkt schleichend vor sich geht, kaum daß wir davon etwas merken.

▶ Zusammenfassend könnte diese Entwicklungslinie als durchaus effektiv bezeichnet werden. Je näher die neuen Angebote an schon weitgehend akzeptierte Technikanwendungen im privaten Alltag anschließen, desto eher wird der unmerkliche Einzug winziger, aber hochleistungsfähiger Mikrochips in das gewohnte Telefon und Fernsehgerät und die HiFi-Anlage und schließlich auch die Verbindung aller dieser Geräte mit dem Computer angenommen werden. Die Einzelgeräte der Individualkommunikation, wie Telefon oder Computer, werden „massenkommunikationsfähig", und die bisherigen Geräte der Massenkommunikation (Fernsehen oder Radio) werden interaktiv nutzbar, d.h., sie können, wie z. B. beim Pay-TV, in zwei Kommunikationsrichtungen eingesetzt werden, sind also nicht mehr nur Empfängerstationen.

Computerintegriertes Leben und Haushalten

▶ Damit sind wir bei der letzten und folgenreichsten Entwicklungslinie zur Informatisierung des Privatbereichs angekommen, der in den USA schon mehrfach realisierten Vision eines computergesteuerten Haushalts oder „intelligenten Haus" genannten Entwicklung. Wie erst kürzlich eine bekannte Wirtschaftszeitung bemerkte, laufen in den USA die Bemühungen um einen einheitlichen Standard für das intelligente Heim der 90er Jahre auf Hochtouren.[6] Was langfristig auch in bundesdeutschen Haushalten möglich sein soll, die Fernsteuerung verschiedener Haushaltsgeräte per Telefonbefehl, sollen die intelligenten Häuser in den USA vom ersten bis zum letzten Stromverbraucher allemal können:
„Ob Toaster oder Mikrowellenherd, jedem wird zur richtigen Zeit die richtige Menge Energie zugeführt, damit das Sandwich pünktlich fertig ist oder die Tiefkühlpizza knusprig zum Dinner auf den Tisch kommt. Sensoren, elektronische Augen, Nasen oder Ohren registrieren ständig, wo Energie nötig ist oder bestimmte Funktionen in Gang kommen müssen. Der Sicherheitsgewinn: Bei ungewöhnlich großem Wasserstrom sperrt der Computer den Hahn ab, und auch Kinder geraten nicht in Gefahr, wenn sie beispielsweise mit einem Metallspieß in einer Steckdose herumfuhrwerken."[7]

▶ Im Haushalt der Zukunft soll ein „Heim-Informations-System" − das Computer-Herz des Hauses − soviel wie möglich steuern und kontrollieren, von der Haustür und den Rolläden, der Elektrizität, der Heizung, den Haushaltsgeräten jeglicher Art bis hin zu den Geräten der Unterhaltung, Information und Kommunikation und schließlich auch den Menschen und seine meßbaren gesundheitlichen Verfassungen selbst (Herzschläge, Körpertemperatur usw.). Diese langfristig angelegte Strategie läuft also darauf hinaus, alle bereits zum gegenwärtigen Zeitpunkt noch getrennten Systeme der Haustechnik (z. B. Gas-, Wasser- und Stromversorgung) und die Haushaltsmaschinen und Kommunikations- und Unterhaltungsgeräte zusammenzufassen, sie von einem Computer, der nicht umsonst in den USA als „Haus-Gehirn" bezeichnet wird, zu steuern und zu kontrollieren. Die hausinterne Vernetzung rundet dann schließlich die Vernetzung des Haushaltes mit der Welt draußen über ein „intelligentes" Telefon und ein „intelligentes" Telefonnetz (ISDN-Netz) ab.

▶ Sollte diese Zukunft Wirklichkeit werden, so prophezeien die Anbieter, werden auch die bislang äußerst kritisch beurteilten Tele-Heimarbeitsplätze bessere Durchsetzungschancen haben. Und auch das Bildungssystem wird davon nicht unberührt bleiben, denn neben den zahlreichen Informationsdiensten des Geschäftsverkehrs soll insbesondere im häuslichen Alltag praktizierte computergestützte Bildung von dieser Entwicklung begünstigt werden.

▶ In diesem rundum technisierten Haushalt der Zukunft kann dann schließlich auch noch die „lebende" Maschine ihren Dienst tun. Noch läßt der perfekte Dienstmädchen-Roboter auf dem bundesdeutschen Markt auf sich warten − und dennoch, Robot, Turbo, Hubot, RB5X oder Topo, die Prototypen der Haushaltsroboter, spazieren bereits durch die Forschungsabteilungen der amerikanischen Computer-Home-System-Unternehmen und durch die Köpfe pfiffiger Manager,

6
Vgl.
Wirtschaftswoche
vom 22. 9. 1989,
S. 120−122.

7
Ebd., S. 121.

die den arbeitsfreien Haushalt damit endlich zu seiner Vollendung bringen wollen.[8] Hubot beispielsweise, ausgestattet mit einem 8-Bit-Mikrocomputer, Arbeits- und Plattenspeicher, Monitor und abnehmbarem Programmierpult, einer Video-Anlage, Radio- und Kassettenrecorder mit Stereolautsprechern, digitaler Zeit- und Temperaturanzeige, reagiert auf Zuruf und antwortet über Stimmen-Syntheziser aus einem 1200 Wörter umfassenden Vokabular. Immerhin 1500 Dollar kostet er in dieser Grundausführung, gegen entsprechendes Aufgeld kann man noch eine Staubsaugerausrüstung, einen Drucker und einen Arm zum Tragen aller möglichen Gegenstände erhalten. Hubot kann zum Beispiel die Kaffeemaschine einschalten ebenso wie den Toaster, Bier einschenken vor dem Fernseher, die Teppichböden staubsaugen, die Gäste an der Haustür begrüßen und ist schließlich das diskret durch die Wohnung fahrende Gedächtnis der Familie, das an den Arzttermin oder an Geburtstage erinnert.

Wissen und Unwissen über die Haushalte der Zukunft

▶ Am Ende dieser keineswegs vollständigen Technik-Revue wollen wir keine Prognosen darüber wagen, inwieweit sich alle diese vorgetragenen Techniken in Zukunft durchsetzen werden. Auch wollen wir es den Leser/innen überlassen, über die Funktionalität der vorgetragenen Techniken zu urteilen. Vielmehr sollen zu Sinn und Nutzen der Informations- und Kommunikationstechniken im Privathaushalt diejenigen zu Wort kommen, die diese Techniken entwickeln. Schließlich definiert eine überwiegend männliche Elite von Wissenschaftlern, Entwicklungsingenieuren und Marketing-Kaufleuten heute in der unternehmerischen Praxis, welche Bedürfnisse ihre potentiellen Kunden morgen haben und in welcher Weise sie befriedigt werden sollen.

▶ Fragt man diese an einer zentralen gesellschaftlichen Schaltstelle tätigen Männer nach möglicherweise bei der Anwendung ihrer Produkte im Privatbereich auftretenden sozialen, psychologischen oder gar politischen Gefährdungen oder nach der Notwendigkeit dieser Technik, so stößt man durchgängig auf Unkenntnis und Desinteresse oder gar Abwehr. Ebenso verhält es sich bei der Frage nach einer Verantwortung der Hersteller für die Auswirkungen der von ihnen produzierten Waren auf die Beziehungen und Kommunikationsformen der Menschen in ihrer privaten Umwelt. Außer einer Produzentenhaftung für die Sicherheit ihrer Geräte lehnen die befragten Industrievertreter einhellig jegliche Verantwortung für die Folgen der Anwendung ihrer Produkte mit dem Hinweis auf den „mündigen Bürger" ab: Schließlich handele es sich hier um Angebote, und von jedem Angebot könne man unsinnig oder sinnvoll Gebrauch machen. Eine andere Untersuchung, die sich mit Entwicklungsingenieuren und deren Verantwortungsbewußtsein beschäftigte, faßte eine wesentliche Meinung der Befragten folgendermaßen zusammen:

„Schon immer habe neue Technik das Erfahrungswissen und -können der Menschen aus früheren Epochen überflüssig gemacht, und schon immer hätten Menschen sich an diesen Prozeß anpassen müssen. Die zunehmende ‚Mächtigkeit' der technischen Mittel sei daher etwas ganz Normales und Natürliches, ja gerade das hohe Ziel der technischen Entwicklung, dem man sich als Ingenieur verschrieben habe."[9]

▶ Während bereits über die Folgen des zunehmenden Technikeinsatzes in der Industrie viel nachgedacht und diskutiert wird, werden die vermutlich ähnlichen und neuartigen Folgen der Maschinisierung der Kopfarbeit und Kommunikation im Privatbereich und der schrittweisen Vernetzung der Haushalte weiterhin mit dem Hinweis auf unbewußte Ängste und Technikfeindlichkeit abgetan.

Mit der Vorstellung, daß das Wachstum aus dem professionellen Bereich auch auf den privaten Bereich ausstrahlen wird, werden die Techniken mehr oder weniger

▶

8
Vgl. METHFESSEL/
ORLAND 1988,
S. 4–13.

Barbara Böttger
Barbara Orland
Die private
Seite der
Informations-
gesellschaft

9
SENGHAAS-KNOB-
LOCH/VOLMERG 1988,
S. 100.

nach dem Prinzip „Versuch und Irrtum" entwickelt. So meinte z. B. ein Mitarbeiter von Siemens:

„Voraussetzung ist, daß einem etwas Gescheites einfällt, was man anwenden kann, und daran hapert es. Das ist sozusagen der (...) blinde Fleck, das unerforschte Land, der weiße Fleck auf der Landkarte."[10]

10
Zit. nach BÖTTGER
u. a. 1988, wie Anm.
1, S. 17.

Mit anderen Worten, es gibt bei den Herstellern gegenwärtig keine gesicherten Kenntnisse über den tatsächlichen Bedarf nach einer Informatisierung des privaten Alltags. Zwar rechnet man fest mit dem riesigen Markt von 26 Millionen Haushalten in der Bundesrepublik, erstaunlicherweise haben sich aber die Wissenschaftler und Manager bisher kaum um die realen Tätigkeiten, Verhaltensweisen und spezifischen Orientierungen des privaten Alltags gekümmert. Oft, so scheint es, werden einfach nur persönliche Vorlieben auf die breite Bevölkerung übertragen.

„Man spielt mit dem Terminal und erlernt seinen Nutzen. Man spielt mit dem Angebot, etwas zu verkaufen, und findet elektronisch einen Interessenten."[11]

11
PETERS, WOLFGANG P.
1987, S. 29.

Der Spieltrieb eines Ingenieurs als Antrieb für die technische Umwälzung der privaten Lebenswelten? Die Technik, so wird immer wieder behauptet, entwickelt sich naturgesetzlich. Aber können wir wirklich glauben, daß die technische Zivilisation sozusagen unser Schicksal ist? Gibt es kein Entrinnen mehr? Freilich, die Informationsgesellschaft soll nicht ohne einen Dialog vorangetrieben werden, wie es z. B. im Bericht des vom Bundesministerium für Forschung und Technologie einberufenen Gesprächskreises „Informationstechnik 2000" heißt:

„Der Dialog zwischen gesellschaftlichen Gruppen sollte von Verbänden gefördert und von der Bundesregierung unterstützt werden, um Hemmnisse für die Anwendung der Informationstechnik wegzuräumen, die auf unzureichendem Wissen und mangelnder Kommunikation beruhen."[12]

12
Leitideen für ein
Zukunftskonzept 1987,
S. 3.

Welche Funktion hat aber ein Dialog, dessen Sinn und Zweck, nämlich die Beseitigung von Hemmnissen „für die Anwendung der Informationstechnik", bereits vorgegeben ist? Und was wird hier unter „unzureichendem Wissen" verstanden? Wie man weiß und auch die Geschichte lehrt, stoßen private Haushalte viel eher an die Grenzen einer technisch-rationalen Organisierbarkeit als betriebliche Produktions- und Arbeitsprozesse. Um einen Haushalt zu bewältigen, werden weit mehr als rein technische Qualifikationen benötigt. Ist aber dieses Wissen über die vielfältigen Bedürfnisse der Menschen und die Wege zu ihrer Bewältigung tatsächlich gefragt bei der Diskussion um die Anwendungsmöglichkeiten der Informations- und Kommunikationstechniken?

▶ Gleichwohl steckt in der Bewältigung des Haushaltsalltages ein reiches Erfahrungswissen insbesondere bei Frauen, das in den „Dialog" über die Informationsgesellschaft ebenso hineingehört wie die Arbeitsleistung von Männern in den Haushalten. Aber genauso, wie letzteres noch keineswegs selbstverständlich ist, scheint auch die Mitwirkungsmöglichkeit der Verbraucher allgemein und der Frauen im besonderen an der technischen Gestaltung der Haushaltszukunft noch nicht üblich. Bislang, so hat es den Anschein, beschränkt sich die Mitwirkung der Verbraucher in erster Linie auf die Kaufentscheidung, von einem breiten gesellschaftlichen „Dialog" ist jedenfalls nichts zu spüren.

▶ Dennoch ist die „Macht der Käufer/innen" keineswegs ohne Bedeutung gewesen. Bislang waren die Erwartungen der Hersteller im Durchschnitt größer als die Realität der computergestützten Hausarbeit. Je mehr es also gerade Frauen in Zukunft gelingen wird, ihre Erfahrungen zu Gehör zu bringen und aktiv an der technischen Gestaltung der Haushalte der Zukunft mitzuwirken, um so weniger beängstigend werden dann vielleicht die Auswirkungen sein. Welche Wirkung die Anwendung der Informations- und Kommunikationstechniken im privaten Alltag haben wird, hängt somit wesentlich von dem Kräfteverhältnis zwischen Männern und Frauen in Familien- und Partnerbeziehungen ab.

Literaturverzeichnis

▶
Barbara Böttger
Barbara Orland
Die private
Seite der
Informations-
gesellschaft

BÖTTGER, BARBARA, INGE HEHR und BARBARA METTLER-MEIBOM: *Informatisierung des privaten Alltags und Strategien der Anbieter*, Ein Diskussionsbeitrag aus der Sicht von Frauen, erstellt im Auftrag des Ministeriums für Arbeit, Gesundheit und Soziales, Abschlußbericht September 1988. (Der Bericht ist als vervielfältigtes Manuskript beim Ministerium für Arbeit, Gesundheit und Soziales, Nordrhein-Westfalen, erhältlich)

DAUBE, ERICH: *Bildschirmtext: Stand und weitere Entwicklung aus der Sicht der Deutschen Bundespost*, in: ONLINE '88

Leitideen für ein Zukunftskonzept Informationstechnik 2000 (vervielfältigtes Manuskript) hrsg. vom BUNDESMINISTERIUM FÜR FORSCHUNG UND TECHNOLOGIE, Bonn 1987.

METHFESSEL, BARBARA und BARBARA ORLAND: *Home-Tech-Panoptikum, Mikroelektronik im Haushalt*, in: SCHÖLL, INGRID und INA KÜLLER (Hg.), *Micro Sisters, Digitalisierung des Alltags — Frauen und Computer*, Berlin 1988, S. 4–13.

ONLINE '88, 11. Europäische Kongreßmesse für Technische Kommunikation, Band IV, Hamburg 1988.

PETERS, WOLFGANG P.: *Von der geschäftlichen Nutzung zum Massendienst. Nutzen des ISDN*, Vortrag auf der 28. Tagung des Vereins der deutschen Postingenieure (vervielfältigtes Manuskript), Hannover 1987.

SCHINAGL, WALTER: *Neue Dienste der Deutschen Bundespost*, hg. vom Fernmeldetechnischen Zentralamt der Deutschen Bundespost, Darmstadt 1987.

SENGHAAS-KNOBLOCH, EVA und UTE VOLMERG: *Technischer Fortschritt und Verantwortungsbewußtsein*. Forschungsbericht (vervielfältigtes Manuskript), Universität Bremen 1988.

▶ Im häuslichen Alltag besteht oft keine Zeit, über die Zukunft, gerade auch die technische Zukunft der Haushalte, nachzudenken. Zwischen Schul- und Arbeits-, Ladenschluß- und Bürozeiten hat der zumeist übervolle Alltag zu funktionieren. Möglicherweise werden aber auch die Möglichkeiten einer Mitsprache bei der technischen Gestaltung der privaten Lebensbereiche als gering eingeschätzt.

▶ Dabei besteht kein Zweifel: Unsere Haushalts-Zukunft wird gestaltet. Jede Menge Wissenschaftler und Technikexperten ist damit beauftragt, in ihren jeweiligen Disziplinen die technische Zukunft zu planen und zu gestalten. Die herausragenden Schlüsseltechnologien der Gegenwart - die Bio- und Gentechnologie wie die Informations- und Kommunikationstechniken - geben bereits Blicke auf die Haushaltsführung der Zukunft frei. Jenseits der Frage, ob hiermit die „Altlasten" bisheriger Haushaltstechnisierung zu bewältigen sind, stellen sie eine Herausforderung dar und fordern zur Stellungnahme aus Haushaltsperspektive auf.

▶ Auch in den Haushalten selbst wird die Zukunft gestaltet, was die zahlreichen kleinen, oft namenlosen Verhaltensänderungen im Alltag ebenso zeigen, wie die Zusammenarbeit vieler Haushalte mit Initiativen, die Hilfen zur ökologischen Haushaltsführung geben. Umweltbewußtes Kaufverhalten und Haushalten, neue Konzepte in Architektur und Haustechnik werden zunehmend selbstverständlicher.

▶ Die Suche nach neuen Lösungen ist keineswegs technikfeindlich, allerdings wird stärker als bisher versucht, die sozialen Bedingungen der Haushalte und die ökologisch orientierte Techniknutzung als Ganzes zu begreifen.

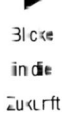

Gentechnik im Kochtopf

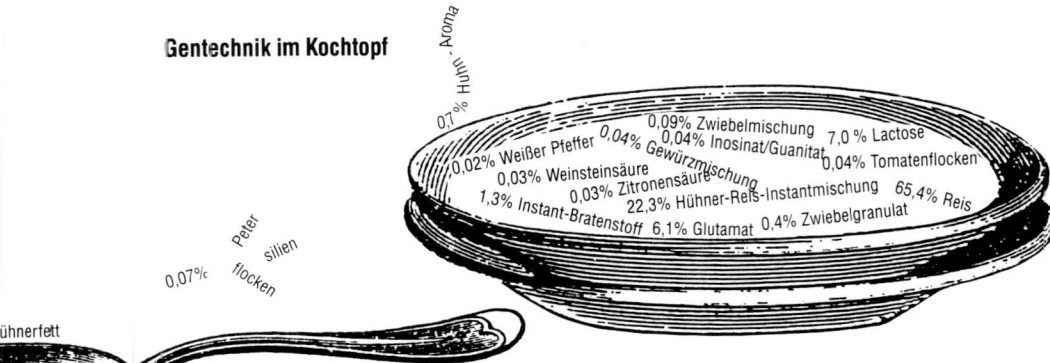

0,7% Huhn-Aroma

0,09% Zwiebelmischung 7,0 % Lactose
0,04% Inosinat/Guanitat
0,02% Weißer Pfeffer 0,04% Gewürzmischung 0,04% Tomatenflocken
0,03% Weinsteinsäure
0,03% Zitronensäuremischung
1,3% Instant-Bratenstoff 22,3% Hühner-Reis-Instantmischung 65,4% Reis
6,1% Glutamat 0,4% Zwiebelgranulat

Peter silien flocken
0,07%

2,74 % Hühnerfett

Wußten Sie, aus wievielen und welchen Bestandteilen eine Hühner-Reis-Fertigsuppe besteht?

Bestandteile einer
Hühner-Reis-
Fertigsuppe

► „Food-Processing" lautet in der Fachsprache der Prozeß, aus einer Vielzahl von präparierten tierischen und pflanzlichen Rohstoffen eine Instant-Suppe herzustellen. Mit dem Einsatz neuer zellbiologischer und gentechnischer Verfahren erhält diese bereits existierende Praxis, Nahrungsmittel nach dem Baukastenprinzip herzustellen, neuen Auftrieb. Die Bestandteile von Lebensmitteln und deren Wirkungen auf Gesundheit und Umwelt werden immer undurchsichtiger. Gesetzliche Regelungen sind unerläßlich.

Anwendungsbereiche der Gentechnik in der Lebensmittelherstellung:

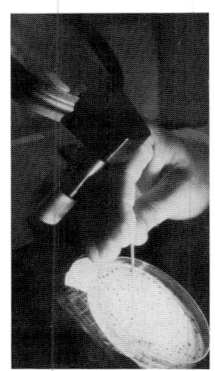

► Direkte Manipulation an Pflanzen und Tieren
► zur Beseitigung unerwünschter Eigenschaften bei der landwirtschaftlichen Produktion; z. B. ist es dem Chemiekonzern Hoechst gelungen, Kulturpflanzen gegen das konzerneigene Unkrautvernichtungsmittel „Basta" resistent zu machen;
► zur Erhöhung der Anteile erwünschter Nähr- oder sonstiger Inhaltsstoffe; z. B. hat ein amerikanischer Saatgutkonzern Sonnenblumen und Sojapflanzen mit einem Gen versehen, das den Proteingehalt der Früchte erhöht;
► zur gentechnischen Beeinflussung des Größenwachstums, der Streß- und Krankheitsresistenz, für eine markt- und verbrauchergerechte Nahrung.

Manipulation an Mikroorganismen, die bei der Verarbeitung oder Konservierung eine Rolle spielen

► Durch gentechnische Manipulation der Bierhefe sollen andere Getreidearten statt Gerste zum Einsatz kommen, das Bier kalorienärmer und die Ausbeute an Alkohol erhöht werden, unerwünschte Geschmacksstoffe reduziert, die Schaumbildung verstärkt werden.

Zellen von Pflanzen sollen statt auf dem Feld im Labor gezüchtet werden

► Z. B. werden Tomaten gezüchtet, die ungenießbar nur für die Herstellung von Tomatensuppen und Ketchup gedacht sind.

Elektronische „Dienstmädchen"

▶ Mit Mikrocomputern in ansonsten kaum veränderten Haushaltsgeräten nahm es in den 70er Jahren seinen Anfang - das intelligente Heim der Zukunft. Mittlerweile stellen elektronisch gesteuerte Geschirrspül- oder Waschmaschinen durch Aufleuchten oder Blinken von Anzeigenfeldern Fragen nach der Art des Geschirrs/der Wäsche, der gewünschten Temperatur, dem Verschmutzungsgrad. Bedienungsanweisungen oder Störmeldungen können auch bereits durch einen Sprachcomputer gegeben werden: „Füllen Sie Waschmittel ein!" - „Die Tür ist nicht geschlossen!" Die Elektronik macht's möglich, daß auch völlig neu konzipierte Haushaltsgeräte auf dem Markt erscheinen, so z. B. Küchencomputer als Rezeptespeicher.

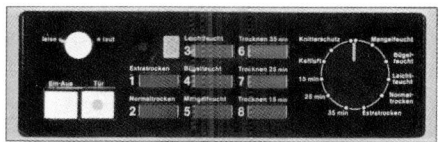

„Xanadu", dieses vollcomputerisierte Haus wird komplett mit Roboter in Fertigbauweise auf dem US-amerikanischen Markt angeboten.

▶ Noch läßt der perfekte Dienstmädchen-Roboter auf dem bundesdeutschen Markt auf sich warten, und dennoch, Robot, Toby, Hubot und wie sie alle heißen, die Prototypen der Haushalts-Androiden spazieren bereits durch die Forschungsabteilungen der amerikanischen Computer-Home-System-Unternehmen und durch die Köpfe pfiffiger Manager.

▶ Das zentrale und multifunktionale Haushaltsgerät der Zukunft soll der Heimcomputer sein. Mit einer Tastatur, einem Bildschirm, einem Drucker und der entsprechenden Software verspricht er „unbegrenzte" Einsatzmöglichkeiten für die „computergestützte" Haushaltsführung Mit einer entsprechenden Leitung versehen, übernimmt er die heute noch telefonische Bestellung beim „Teleshopping" oder „Telebanking", kann beim Lohnsteuerjahresausgleich ebenso eingesetzt werden wie bei der Berechnung des Inhalts der Tiefkühltruhe. Vielleicht werden in Zukunft für gestreßte Eltern Softwarepakete mit „Erziehungstips" ebenso angeboten wie heutzutage Telespiele und Bildungsprogramme.

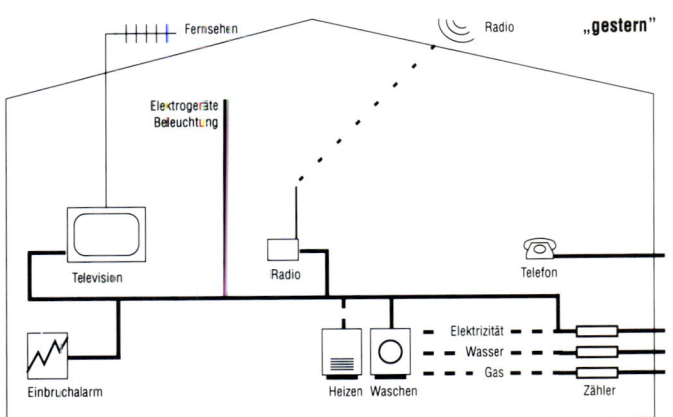

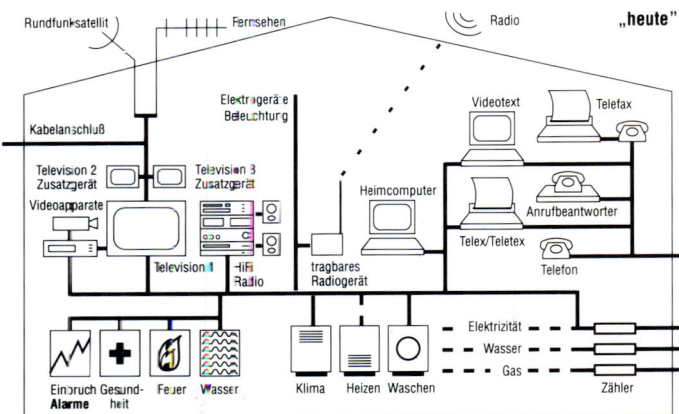

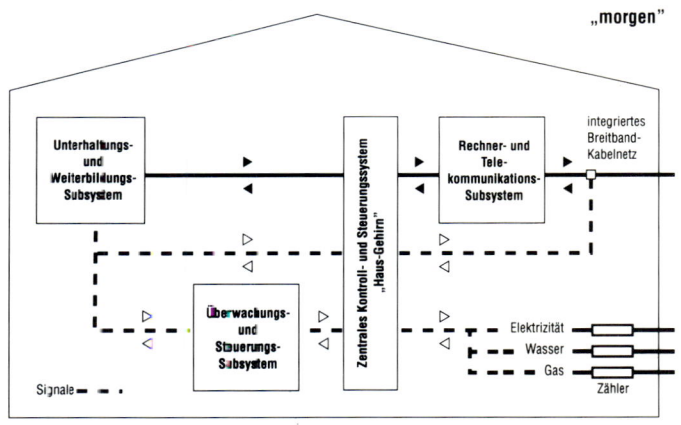

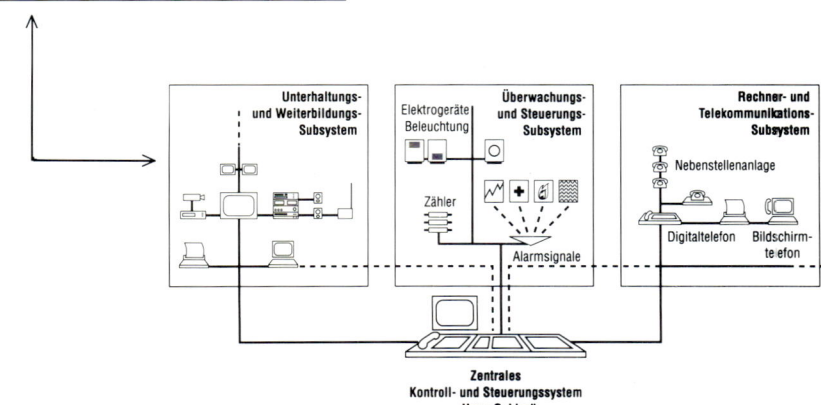

Das „intelligente" Haus

▶ Was langfristig auch in bundesdeutschen Haushalten möglich sein soll, die Fernsteuerung verschiedener Haushaltsgeräte per Telefonbefehl, sollen die „intelligenten" Häuser in den USA vom ersten bis zum letzten Stromverbraucher allemal können.

▶ Im Haushalt der Zukunft soll ein „Heim-Informations-System" - das Computer-Herz des Hauses - soviel wie möglich steuern und kontrollieren, von der Haustür und den Rolläden, dem Stromverbrauch, der Heizung, den Haushaltsgeräten jeglicher Art bis hin zu den Geräten der Unterhaltung, Information und Kommunikation und schließlich auch den Menschen und seine meßbare gesundheitliche Verfassung (Herzschläge, Körpertemperatur usw.).

▶ Alle bereits zum gegenwärtigen Zeitpunkt noch getrennten Bereiche der Haustechnik (Gas-, Wasser- und Stromversorgung), der Haushaltstechnik und Kommunikations- und Unterhaltungstechnik sollen zusammengefaßt und zentral von einem Computer, der nicht umsonst in den USA als „Haus-Gehirn" bezeichnet wird, gesteuert und kontrolliert werden.

▶ Die hausinterne Vernetzung rundet dann schließlich die Vernetzung des Haushaltes mit der Welt draußen ab.

Der integrierte Heim- und Hausarbeitsplatz

▶ Nicht erst in Zukunft sind in den Haushalten neue
Arbeitsformen vorstellbar. Sie sind bereits Gegenwart, auch
wenn sie sich bislang noch nicht in den prognostizierten
Zahlen durchgesetzt haben.

▶ Teleheimarbeit wird heute überwiegend von Frauen aus-
geübt. Der größte Arbeitgeber ist die Druckindustrie, für die
große Teile der Texterfassungs- und Satzerstellungsarbeiten
von Frauen in deren Privatwohnungen ausgeführt werden.
Zumeist Frauen mit ein bis zwei Kindern nehmen diese
Arbeitsmöglichkeit wahr, weil sie den Wunsch oder nicht
die Gelegenheit haben, einen Arbeitsplatz zu finden, der die
Vollzeitberufstätigkeit mit den Familienaufgaben verbinden
läßt. Bei schwankender Auftragslage sind zwischen zehn und
60 Arbeitsstunden pro Woche und zwei bis acht Hausar-
beitsstunden pro Tag die Regel. Dies setzt eine hohe zeitliche
Flexibilität voraus, die gleichermaßen als Vor- wie als Nachteil angesehen wird. Problematisch ist der oft fehlende
arbeitsrechtliche Schutz von Teleheimarbeiterinnen.

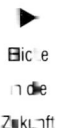

Haushälterische Vernunft und Technik

▶ „Ökonomie" – dieser Begriff stammt aus dem Griechi-
schen und setzt sich zusammen aus „oikos" = Haus, Hauswirtschaft und „nomos" = Weideland, dessen Größe den
Herrschaftsbereich der Gemeinschaft markierte. In dieser
ursprünglichen Bedeutung war nicht eine für den Absatz,
sondern für den Bedarf ihrer Mitglieder produzierende
Wirtschaftsgemeinschaft gemeint.

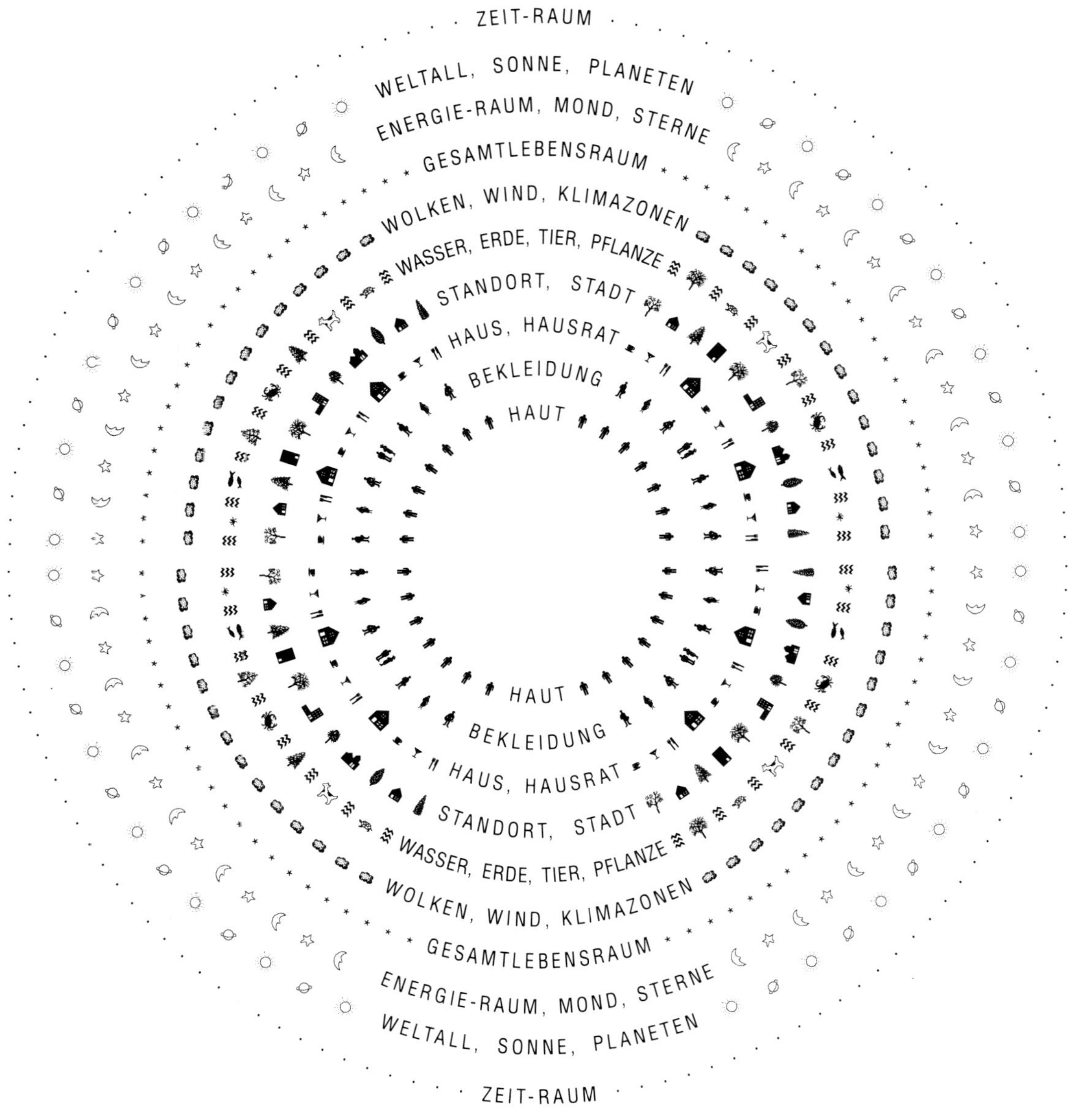

ZEIT-RAUM

WELTALL, SONNE, PLANETEN
ENERGIE-RAUM, MOND, STERNE
GESAMTLEBENSRAUM
WOLKEN, WIND, KLIMAZONEN
WASSER, ERDE, TIER, PFLANZE
STANDORT, STADT
HAUS, HAUSRAT
BEKLEIDUNG
HAUT

HAUT
BEKLEIDUNG
HAUS, HAUSRAT
STANDORT, STADT
WASSER, ERDE, TIER, PFLANZE
WOLKEN, WIND, KLIMAZONEN
GESAMTLEBENSRAUM
ENERGIE-RAUM, MOND, STERNE
WELTALL, SONNE, PLANETEN

ZEIT-RAUM

Im ökologischen Denken erlebt diese Auffassung von „Haushalten" eine Renaissance. Werte wie Rentabilität, technische
Machbarkeit und maximale Rationalität sind fragwürdig
geworden. Es geht darum, nicht mehr verschwenderisch,
sondern „qualitativ" zu konsumieren, den Verbrauch nicht
mehr auf Kurzlebigkeit, sondern auf Dauerhaftigkeit anzule-
gen, weniger zeit- und kraftsparend als rohstoff- und ener-
giesparend zu haushalten.

▶

Frankreich

Grossbritannien
und Irland

Israel

Italien

Neuseeland

Australien

Belgien

Canada

Österreich

Schweiz

Schweden

Ungarn

Spanien

U.S.A.

Vollwertige und umweltschonende Ernährung

▶ Immer wieder gab es seit Ende des 19. Jahrhunderts Bewegungen für eine andere als die industriell geprägte Ernährung. So ist auch in den letzten Jahren eine alternative Lebensmittelversorgung herangewachsen. Als geschlossenes System umfaßt sie den alternativen Landbau als Produktionssektor, neue Verteilungswege im Handel und neue Ernährungsweisen im Haushalt.

Alternativ arbeitende Landwirte schließen sich direkt mit den Verbrauchern zusammen:

▶ Verkauf ab Hof (z. B. Selbstpflücken)
▶ Verkauf auf Wochenmärkten
▶ Erzeuger-Verbraucher-Gemeinschaften
▶ Biohandel/Reformhäuser

Vollwertige Ernährung im Haushalt heißt:

▶ Weniger Fleisch und Wurst, dafür mehr Vollkornprodukte, Obst und Gemüse
▶ Möglichst unbearbeitete/unbehandelte Lebensmittel verwenden
▶ Erst kurz vor dem Verzehr schneiden, mahlen, raspeln usw., um Zersetzung der Nährstoffe durch Lagerung zu vermeiden
▶ Schonende Garverfahren, viel Rohkost usw.

Alternative Wege der Haustechnik

► Die „Wohnmaschinen" vergangener Jahrzehnte sind passé. Angesichts des ökologischen Denkens in Architektur und Haustechnik werden zunehmend neue Wege in Baustilen und haustechnischer Ausstattung gegangen.

► Vorausgesetzt wird eine ganzheitliche Betrachtungsweise; so soll bei Kaufentscheidungen nicht nur der Gebrauchswert berücksichtigt werden, auch an die bei der Produktion und Entsorgung entstehenden Belastungen für Umwelt und Gesundheit soll gedacht werden. Der Verantwortungsbereich der Haushaltsführenden ist auf neue Art weit über die eigene Wohnung hinaus gewachsen, beschäftigt sich ebenso mit Kernkraftwerken wie Kläranlagen, Müllverbrennungsanlagen oder landwirtschaftlichen Produktionsweisen.

Mittlerweile gibt es einzelne Hersteller, die Regenwasseranlagen vertreiben und auch Tips für den Selbsteinbau geben. Ein der Größe des Hauses angemessener Wassertank aus Kunststoff oder Betonfertigteilen wird im Garten vergraben. Eine Kette von Reinigungsvorrichtungen muß eingebaut werden, um das weiche Regenwasser von groben Schmutzteilchen zu reinigen. Dann kann es z. B. zum Autowaschen oder auch über eine Pumpe zur Nutzung in der Waschmaschine vorgesehen werden.

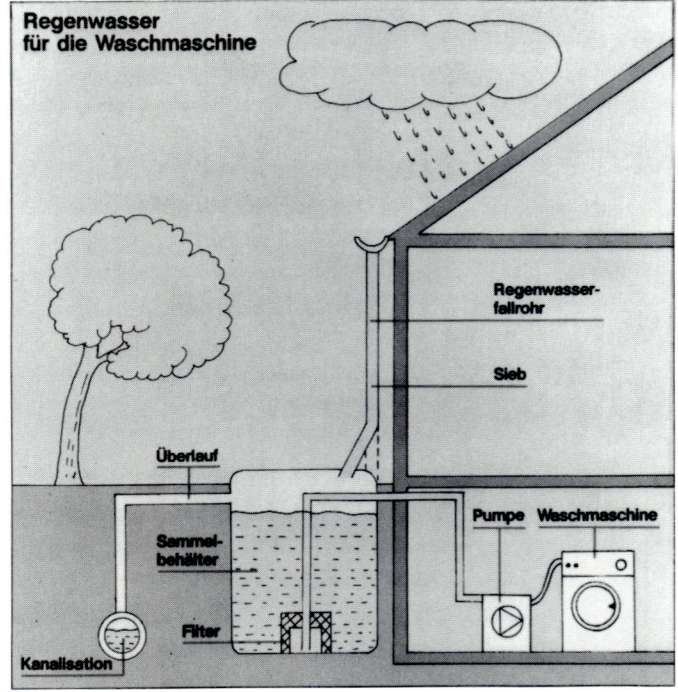

Öko-Solarhaus des Architekten Richard J. Dietrich von 1985 mit weitgehend autarker Energieversorgung, mit Solarzellen und Brauchwassernutzung, Glashäusern und Wintergärten bis hin zum Innenausbau nach baubiologischen Gesichtspunkten

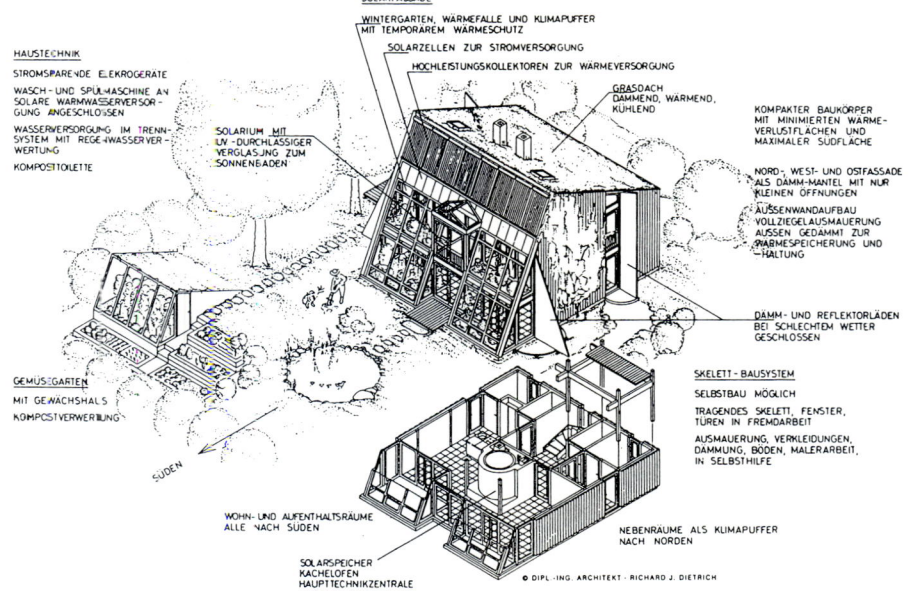

Das integrierte Wasser-Konzept mit Pflanzenkläranlage: In Berlin-Kreuzberg wurde, gefördert vom Bundesbauministerium, erstmalig
ein Neubaukomplex (106 Wohnungen) mit
einem dezentralen innerstädtischen Wasser-
kreislauf verwirklicht, der zu Trinkwasserein-
sparungen bis zu 50 Prozent führt. Die
Abwässer der Wohnungen werden in den
Innenhof zu einer Pflanzenkläranlage, bestehend aus Schilf und Binsen, geleitet und dort
so weit gereinigt, daß sie als Brauchwässer für
die Toilettenspülung und zur Bewässerung
der Freianlagen wiederverwendet werden
können. In separaten Regenwasserteichen
wird, auch von den z. T. begrünten Dächern,
das Regenwasser gesammelt. In den Wohnungen werden Trink- und Brauchwasser getrennt
geführt. Außerdem verfügen alle Wohnungen
über wassersparende Sanitäreinrichtungen:
Toiletten, die mit vier und sechs Litern spülen, statt der üblichen neun Liter, Warm- und
Kaltwasserzähler in jeder Wohneinheit für
eine verbrauchsbezogene Abrechnung.

Anders leben und arbeiten

▶ In den Industriegesellschaften ist die Arbeit in zwei gesellschaftliche Bereiche aufgeteilt: in den öffentlichen, arbeitsteilig organisierten Bereich der bezahlten Erwerbsarbeit und den privaten, gering arbeitsteiligen und ökonomisch allenfalls als Konsumbereich wahrgenommenen Haushaltsbereich. Dennoch ist diese Trennung nur eine scheinbare, sind beide Bereiche eng aufeinander bezogen und voneinander abhängig.

▶ Die ökologische Krise hat die globalen Zusammenhänge zwischen Herstellung und Nutzung der lebensnotwendigen Güter deutlich ins öffentliche Bewußtsein gebracht. Unbegrenztes Wachstum ist seitdem sowohl für Herstellung wie Konsum fragwürdig geworden.

▶ Gleiches gilt auch für die Organisation der gesamtgesellschaftlichen Arbeit. Eine gleichverteilte Zuständigkeit von Männern und Frauen für Kinder und Haushalt wird so lange nur für eine kleine Minderheit zu verwirklichen sein, wie sich die Berufswelt nicht ebenfalls ändert.

Was wir brauchen:

Kinder- und Familienfreundliche Arbeitszeitstrukturen
▶ Selbst dort, wo Väter bereit sind, ihren Haushaltsanteil zu erhöhen, wird dies bisher durch spezifisch männerorientierte Arbeitszeitstrukturen verhindert.

Weitere Möglichkeiten der Arbeitszeitreduzierung
▶ qualifizierte Teilzeitarbeitsplätze. Männer- und Frauenarbeiten werden häufig unterschiedlich entlohnt und sozial abgesichert. Bei ungleichen Absicherungen bedeutet die Reduzierung der männlichen Erwerbsarbeit nicht selten einen familiären Einkommensverlust.
Betrieblich abgesicherter Elternurlaub für Männer und Frauen
allgemeine Arbeitszeitverkürzung

Berufliche Gleichstellung und Förderung von Frauen
▶ Da die Teilung von Hausarbeit und Kinderbetreuung heute noch am ehesten jüngere Eltern mit vergleichsweise guter Ausbildung und beruflicher Position der Frauen gelingt, folgt daraus die Notwendigkeit, daß die berufliche Förderung, Einkommensgleichstellung und arbeitsrechtliche Absicherung für Frauen allgemein verbessert werden muß. So lange der Arbeitsmarkt tendenziell Frauen diskriminiert, wird die egalitäre familiäre Arbeitsteilung nicht zu realisieren sein.

Prognosenspiegel ▷

Zukünftige Haushaltsentwicklungen aus der Sicht ▷

von Unternehmen, Verbraucherorganisationen u. a. ▷

Miele

Küche der Zukunft:

Freude am Kochen und „Kurzweil"

▷ Wie sieht die Küche der Zukunft aus? Wird sie zum Tummelplatz für Computer und Roboter oder wird sie zu einer nostalgischen Oase inmitten einer hochtechnisierten Umwelt?

▷ Ein Blick zurück in die Entwicklung der Küchen in den vergangenen vier Jahrzehnten zeigt auf, woher die Küche kommt und wohin sie gehen könnte. Lange Zeit war die Küche das Stiefkind von Architekten und Bauherren und ist es teilweise auch heute noch. Als es kurz nach dem Krieg darauf ankam, in großer Zahl und kurzer Zeit Wohnraum zu schaffen, verkümmerte die vormals großzügig bemessene Wohnküche vielfach zu einer größeren Kochnische. Auch der soziale Wohnungsbau in den 60er Jahren gestand der Küche nur wenig Fläche zu. Erst die immer größer werdenden Wohnungen in den 70er Jahren − dazu die steigende Popularität der Einbauküche − sorgten für einen Wertewandel: Der Stellenwert der Küche innerhalb des Hauses begann zu steigen. Die Küche wurde vom reinen Funktionsraum zu einem vorzeigbaren Objekt.

▷ Die moderne Einbauküche, perfekt nach ergonomischen Gesichtspunkten geplant, millimetergenau von Wand zu Wand montiert und mit energiesparenden und arbeitserleichternden Einbaugeräten ausgestattet − sie ist heute zu einem Bestandteil der Wohnkultur geworden. Nicht selten stellt sie gar die „Visitenkarte" des Hauses dar.

▷ Auch in absehbarer Zeit dürfte sich daran nichts ändern. Die Küche der Zukunft wird wieder das sein, was sie früher immer war: Treffpunkt der Familie. Damit erfüllt dieser Raum eine wichtige soziale Funktion. Die Küche wird zum Kommunikationszentrum. In vielen Fällen ist eine gemeinsame Mahlzeit am Tag, in der Küche eingenommen, schon heute die einzige Gelegenheit zum Kontaktgespräch.

▷ Daraus resultiert auch der Wunsch nach einer Einrichtung, in der man sich wohl fühlen kann. Wohnlich und gemütlich eingerichtete Küchen werden sich klar gegenüber den reinen Arbeitsküchen durchsetzen. Das Bild von der Familie rund um den Küchentisch − sei es bei den Mahlzeiten oder beim geselligen Spiel am Abend −, es wird auch in Zukunft für die soziale Bedeutung der Küchen stehen.

▷ In der Art und Weise der Einrichtung wird sich dabei verstärkt der jeweils aktuelle Zeitgeschmack widerspiegeln. Ein überaus großes Angebot an Küchenprogrammen aus Holz und Kunststoff, Holz-Kunststoff-Kombinationen und künftig in verstärktem Maße Lackküchen kann auch ausgefallene Käuferwünsche erfüllen.

▷ Mit Blick auf den weiter steigenden Anteil an Freizeit ergeben sich auch ganz andere Funktionen für die Küche. Schon heute zählt die gemeinsame Speisenzubereitung in der Familie oder das Ausprobieren neuer Rezepte mit Freunden zu den beliebten Freizeitbeschäftigungen. Dieser Trend dürfte sich in Zukunft verstärkt fortsetzen.

▷ In dieser „Erlebniswelt Küche" werden auch die herkömmlichen Einbaugeräte wie Herd, Mikrowellengerät, Dunstabzugshaube, Kühl- und Gefrierzentrum und Geschirrspüler ihren Platz haben. Im Vordergrund dürften dabei Geräte stehen, die dem Benutzer hohen Bedienungskomfort bieten und ihm die Arbeit erleichtern. Keine Chancen werden Geräten mit überzogener Technikausstattung eingeräumt. Schon jetzt ist im Gerätebereich ein deutlicher Trend zu qualitativ hochwertigen und langlebigen Produkten erkennbar.

▷ Einen noch höheren Stellenwert bei der Geräteauswahl wird künftig die Umweltverträglichkeit der Geräte einnehmen. Niedrigere Verbrauchswerte für

Strom, Gas, Wasser und Spülmittel, noch geringere Arbeitsgeräusche und nicht zuletzt die Verwendung umweltschonender und leicht zu entsorgender Materialien werden die neuen Einbaugeräte für die Küche der Zukunft auszeichnen.

Rainer Stephan
Miele & Cie, GmbH
Postfach 2400
4830 Gütersloh

„Mutmaßungen über künftige Entwicklungen des privaten Haushalts unter besonderer Berücksichtigung seiner weiteren Technisierung"

▷ Haushaltswissenschaften und Hausfrauenorganisationen sehen im Einsatz der Technik eine Möglichkeit zur Rationalisierung der täglichen Hausarbeit. Dabei geht es u. a. um die Wahl geeigneter Arbeitsverfahren. Um die Arbeitswirtschaft des Haushalts zu beleuchten, bedient man sich wissenschaftlicher Methoden, wie der „Haushaltsanalyse" nach Prof. Dr. R. v. Schweitzer. Die Hausfrauenorganisationen sprechen in den 70er Jahren die Empfehlung zur Technisierung ganzer Arbeitsbereiche aus. So empfiehlt z. B. der Deutsche Hausfrauenbund mit dem Slogan „Verspül nicht deine Zeit" die Befreiung von der Handarbeit des Geschirrspülens. Die RWE-Beratung, bereits 1925 durch die Eröffnung eines sogenannten Elektrohauses in Essen gegründet und seit den 60er Jahren in über 70 Beratungsstellen des RWE-Versorgungsgebietes etabliert, greift zur selben Zeit wissenschaftliche Erkenntnisse zur Rationalisierung der Arbeit im privaten Haushalt auf und formuliert auf deren Basis Entscheidungshilfen für den Technikeinsatz im Haushalt. Diese werden von Anfang an unter den Kriterien des sinnvollen und sparsamen Einsatzes elektrischer Energie im Haushalt gegeben.

▷ In der Bundesrepublik stellt sich die Ausstattung der privaten Haushalte mit Elektrohausgeräten 1988 wie folgt dar:

Elektroherd	77%
Kühlschrank	98%
Gefriergerät	66%
Geschirrspülmaschine	29%
Waschmaschine	91%
Wäschetrockner	18%
Staubsauger	98%
Bügeleisen	96%
Handrührgerät	86%
Kaffeemaschine	85%[1]

1
Quelle: HEA-Messe-
Schnellinformation
Domotechnica '89

▷ Die Haushaltswissenschaften stellen heute fest, daß die Technisierung des Haushalts zu eindeutiger Entlastung von körperlicher Arbeit geführt hat. Auch die Zeitersparnis für einzelne Arbeitsgänge ist unbestritten. Kritisch angemerkt wird gelegentlich, daß der durch Technikeinsatz erreichte Rationalisierungseffekt häufig wieder verlorengehe, indem durch eine Erhöhung des Anspruchsniveaus die Ausweitung der Hausarbeit durch Geräteeinsatz begünstigt wurde, z. B. durch häufigeres Wechseln der Wäsche oder verschwenderischen Umgang mit Geschirr. Richtig ist sicherlich, daß die Technik im Haushalt heute Komfort und Hygiene ermöglicht, wie sie früher unerreichbar waren.

▷ Bei den künftigen Entwicklungen des privaten Haushalts lassen sich unter besonderer Berücksichtigung seiner Technisierung folgende Tendenzen erkennen:

1. Die wachsende Freizeit und das stärkere Eingehen auf Wünsche und Bedürfnisse einzelner Haushaltsmitglieder führen zur Ausweitung der Hausarbeit

▷ Durch die Verkürzung der Arbeitszeit verbringen die Bundesbürger mehr freie Zeit zu Hause. Häufigere Anwesenheit aller Haushaltsmitglieder führt zu Mehraufwand im Bereich Wohnungspflege. Vermehrte sportliche Freizeitaktivitäten erhöhen durch häufigen Bekleidungswechsel den Arbeitsaufwand im Bereich Wäschepflege. Stärkeres Eingehen auf individuelle Bedürfnisse und unregelmäßige Essenszeiten führen zu Mehraufwand im Bereich Nahrungszubereitung.

2. Die Hausarbeit wird als kreatives Betätigungsfeld entdeckt

▷ Kochen wird als Freizeitspaß betrieben. Der Absatz sogenannter Profi-Küchen und -Geräte steigt. Gästebewirtung zu Hause und selbstgemachte Geschenke bzw. Mitbringsel aus der Küche sind „in".

3. Das wachsende Gesundheitsbewußtsein verlagert wieder mehr Arbeit von der Lebensmittelindustrie in den Haushalt

▷ Der Trend zu einer gesundheitsbewußten Ernährung zeigt am Beispiel der „Vollwert-Ernährung", daß in bestimmten Fällen die Verarbeitung der Lebensmittel wieder in die Küchen verlagert wird. Das gilt auch für den Bereich der Vorratshaltung. Der Verbraucher möchte die Inhaltsstoffe der von ihm konsumierten Lebensmittel kennen und selbst verantworten. Einfrieren gilt als die zeitgemäße Haltbarmachungsart.

4. Das Umweltbewußtsein beim Kauf und bei der Nutzung von Elektrogeräten nimmt weiter zu

▷ Verbraucher achten zunehmend auf den niedrigen Verbrauch von Strom, Wasser und Chemieprodukten, aber auch auf die umweltschonende Produktion und Entsorgung von Elektrohausgeräten.

5. Der Technisierungsstand der 1- bis 2-Personen-Haushalte Berufstätiger erhöht sich weiter

▷ Die Anzahl der 1- bis 2-Personen-Haushalte ist in den letzten Jahren ständig gewachsen. Dieser Haushaltstyp verfügt über relativ hohe Kaufkraft, um Technik als Entlastung von unangenehmer, zeitraubender Arbeit einzusetzen (Beispiel: Wäschetrockner, Geschirrspülmaschine). Die klassische Rollenverteilung zwischen Mann und Frau löst sich weiter auf. Haushalte, in denen Männer die Hausarbeit teilweise oder ganz übernehmen, sind überdurchschnittlich technisiert. Wahrscheinlich wird in den kommenden Jahren eher mit einer Ausweitung der Hausarbeit zu rechnen sein. Es gilt deshalb, dem Haushalt zur Schonung der Umwelt zu sparsamem Umgang mit Energie, Wasser und Chemieprodukten zu raten. Hier leisten die Stromversorgungsunternehmen einen wesentlichen Beitrag, den Technikeinsatz im Haushalt sinnvoll und umweltverträglich zu gestalten.

1. Das Beratungsangebot als Dienstleistung für den Kunden

▷ Im Versorgungsgebiet des RWE werden derzeit in 77 Beratungsstellen alle Fragen des sinnvollen Energieeinsatzes beantwortet. Auf Messen und Ausstellungen wird diese Funktion von Beratungsständen übernommen. Daneben werden auch mobile Beratungseinrichtungen eingesetzt.

2. Die Einwirkungsmöglichkeit auf die Senkung des spezifischen Strombedarfs bei Elektrohausgeräten

▷ In den vergangenen Jahren haben Elektrohausgerätehersteller durch veränderte Techniken den spezifischen Strombedarf erheblich senken können.
Senkung des Strombedarfs durch veränderte Gerätetechnik im Zeitraum 1978—1985:

Waschmaschine	17,6%
Geschirrspülmaschine	28,9%
Backofen	15,7%
Kühl-/Gefriergeräte	27,7%[2]

▷ Hierzu haben die Aktivitäten der Stromversorger beigetragen. Auch wenn die Reduzierung des Stromverbrauchs bei Elektrohausgeräten in Zukunft nicht mehr ähnlich spektakuläre Erfolge verzeichnen kann, so wird dennoch fortschrittliche Gerätetechnik weiter ständig gefördert.

3. Die Erstellung von Produktinformationen und Gerätelisten

▷ Anregungen der Stromversorger und deren Mitarbeit in Normungsgremien und Verbraucherverbänden führten dazu, daß seit einigen Jahren an Haushaltsgroßgeräten Produktinformationen angebracht werden. Wesentliche Geräteeigenschaften und der spezifische Stromverbrauch gehen daraus hervor. Das RWE erstellt zusammen mit anderen Stromversorgern Gerätelisten, in denen die einzelnen Gerätegruppen nach der Höhe des spezifischen Stromverbrauchs geordnet sind.

4. Die Förderung der Gebrauchstauglichkeit von Elektrohausgeräten

▷ Schon 1954 wurde die Prüfgemeinschaft der Elektrizitätswerke mit dem Ziel gegründet, die Gebrauchstauglichkeit von Elektrogeräten nach einheitlichen Gesichtspunkten und objektiven Merkmalen zu beurteilen. Die Prüfgemeinschaft stellt anwendungstechnische und elektrizitätswirtschaftliche Kriterien als Vorgabe für Normen und Qualitätsmerkmale auf.

5. Die Erstellung von Informationsmaterial über die sinnvolle Anwendung von Elektrohausgeräten

▷ Zur Unterstützung der Beratungsarbeit liegt eine Vielzahl von Schriften vor, die über die sinnvolle Anwendung von Elektrohausgeräten informieren. Dazu gehören auch Tips zum Stromsparen.

6. Die Durchführung von Informationsveranstaltungen zur sinnvollen Stromanwendung

▷ In Informationsveranstaltungen wird den Kunden Gelegenheit gegeben, anhand praktischer Demonstrationen den sinnvollen Umgang mit Elektrohausgeräten zu lernen. Dabei finden alle Zielgruppen und Altersstufen Berücksichtigung.

▷ Zusammenfassend kann festgestellt werden, daß Stromversorgungsunternehmen über ihre Beratungseinrichtungen einen wesentlichen Beitrag zum sinnvollen und umweltverträglichen Technikeinsatz im Haushalt leisten können. Diese Dienstleistung der Stromversorger steht allen Verbrauchern kostenlos zur Verfügung.

Literaturverzeichnis:

HEA, Hauptberatungsstelle für Elektrizitätsanwendung (Hrsg.): *Messe-Schnellinformation Domotechnica '89*, Frankfurt/Main, 1989

ZVEI, Zentralverband der Elektrotechnischen Industrie (Hrsg.): *Fortschreibung der Senkung des Energiebedarfs durch veränderte Techniken im Zeitraum 1978–85*, Frankfurt/Main, 1989

Hildegard Schmitz
Rheinisch-Westfälisches
Elektrizitätswerk
Abt. Anwendungstechnik
Kruppstraße 5
4300 Essen 1

Vorsorge im Heizungskeller zahlt sich aus

▷ Die aktuelle Wetterlage macht Hauseigentümern gleichermaßen wie Mietern deutlich, wieviel Energie verbraucht wird und was das kostet. Energiefachleute raten deshalb gerade jetzt zur Initiative: Mit Blick auf den eigenen Geldbeutel und auf die Umwelt lohnt es sich nach wie vor, alte Anlagen gegen moderne und sparsame Heiztechnik auszutauschen, vor allem solange Vater Staat noch Steuervorteile gewährt.

▷ Der „kluge" Mann baut dadurch vor, daß er mögliche Schwachstellen seiner Heizungsanlage aufdeckt und beseitigt. Schließlich werden rund drei Viertel der im Haushalt benötigten Energie zum Heizen verbraucht. Hier lohnt es sich, auf die Wirtschaftlichkeit zu achten. Wie kann man aber als Laie erkennen, ob über eine Modernisierung oder Erneuerung der Heizungs- und Warmwasseranlage nachgedacht werden sollte. Haus- und Wohnungsbesitzer sind keine Heizungstechniker oder Energiefachleute. Der beste Anhaltspunkt für einen Heizungstest ist der Kessel. Die Fachleute gehen von über fünf Millionen überalterten und überdimensionierten und damit energieschluckenden Heizkesseln aus. Diese Kessel sind meist schlecht isoliert und geben viel Wärme an den Aufstellraum ab. Wenn der Kessel mehr als zehn Jahre alt ist, ist der Weg zum Energieberater in jedem Fall ratsam. Energieversorgungsunternehmen, Heizungshandwerker und Verbraucherberatungen stehen für diese Auskünfte zur Verfügung.

Wann rechnet sich eine neue Heizungsanlage?

▷ Die Erneuerung einer Heizungsanlage kann sich schon ab einer Energieersparnis von 10% rechnen. Die niedrigeren Verbrauchskosten tilgen den Anschaffungspreis innerhalb weniger Jahre. Zumal der Staat unter bestimmten Voraussetzungen noch bis Ende 1991 die Erneuerung oder Verbesserung von Heizungs- und Warmwasseranlagen durch Steuervergünstigungen unterstüzt.
Aufwendungen für Modernierungsmaßnahmen, die bis Ende 1991 durchgeführt werden, können zehn Jahre lang zu je zehn Prozent als Sonderausgaben abgeschrieben werden, vorausgesetzt, daß das betroffene Gebäude bis 1991 mindestens zehn Jahre alt ist (Datum der Bezugsfertigkeit). Die Finanzierungshilfe durch steuermindernde Abschreibung gibt es für den Einbau einer zentralen Heizanlage, einer Warmwasseranlage und – falls keine Zentralheizung vorhanden ist – auch für die Anschaffungskosten neuer Einzelöfen.

▷ Das Finanzamt berücksichtigt bei einem Heizungsaustausch oder einer Teilmodernisierung nicht nur die reine Anschaffung, sondern auch die zusätzlich anfallenden Kosten: So können die Hausanschlußkosten an das Erdgasnetz ebenso geltend gemacht werden wie Aufwendungen für die Demontage der alten Heizanlage. Dazu gehört z. B. auch die Beseitigung eines Heizöltanks. Die Finanzämter

▷

gewähren ebenfalls Steuerabzüge für die bei einer kompletten Modernisierung anfallenden Heizungsrohre, Wärmeabgabeeinrichtungen (Heizkörper oder Radiatoren), Steuerungseinrichtungen und die erforderlichen Aufwendungen für einen neuen Schornstein. Selbst Thermostatventile fallen unter die abzugsfähigen Anschaffungen einer Totalmodernisierung.

▷ Das Alter der bereits vorhandenen Geräte und der Umfang der Maßnahmen ist für die Gewährung nicht maßgebend. Wichtig ist jedoch, daß die Maßnahmen nachweislich Erfolge beim Energiesparen und für den Umweltschutz bringen. Deshalb lohnt es sich im Zweifelsfall, vorab das zuständige Finanzamt oder einen Steuerexperten zu Rate zu ziehen.

Entscheidungskriterien bei der Energiewahl

▷ Offensichtlich wird Erdgas gerade in Privathaushalten als moderne, komfortable Energie zum Heizen, Warmwasserbereiten und Kochen geschätzt. Die Wärme kommt eben bequem in die Wohnung. Erdgas muß nicht gelagert und die Vorratshaltung finanziert werden. Man spart im Hause Platz für andere Zwecke, z. B. für einen Abstellraum, für die Hausarbeit oder für Spiel, Sport und Hobby.

▷ Seit Anfang der 70er Jahre haben sich pro Jahr rd. 300 000 Haushalte für eine Erdgasheizung entschieden. Heute wird mehr als jede vierte Wohnung in der Bundesrepublik Deutschland mit Erdgas beheizt. Über 50% der Neubauwohnungen werden mit einer Erdgasheizung ausgestattet. Auch bei Umstellungen von einer Heizenergie auf eine andere liegt das Erdgas vorn.

▷ Dem Wunsch nach Sauberkeit im Haushalt kommt Erdgas ebenfalls entgegen. Darüber hinaus wird heute auch mehr an die Sauberkeit unserer Umwelt gedacht. Erdgas erlaubt es, einen Beitrag zum Umweltschutz zu leisten. Es enthält praktisch keine schadstoffbildenden Bestandteile und verbrennt schadstoffarm. Daher sind Gasfeuerungen nur mit außerordentlich geringem Anteil an der allgemeinen Schadstoffemission beteiligt.

Energieeinspartechnik mit hohem Jahresnutzungsgrad

▷ Die Sparsamkeit von Wärmeerzeugern der „neuen Generation" erklärt sich aus dem technischen Fortschritt der letzten Jahre in der Feuerungstechnik. Er hat z. B. bewirkt, daß Erdgasheizungen heute einen hohen Jahresnutzungsgrad haben. Konstruktive Verbesserungen der Kesseltechnik haben die Abstrahlungs-, Abgas- und Stillstandsverluste deutlich vermindert. Die folgenden Gerätetypen werden von der Gaswirtschaft als Beispiele für „Spitzentechnologie" genannt:

▷ Niedertemperaturkessel: Im Unterschied zum konventionellen Heizkessel wird das Kesselwasser im Niedertemperaturkessel nicht dauernd auf einer hohen Temperatur gehalten und ggf. durch Rücklaufwasser bedarfsgerecht heruntergemischt. Vielmehr wird von vornherein nur auf die jeweils benötigte Temperatur aufgeheizt. Dadurch wird weniger Erdgas benötigt.

▷ Brennwertkessel: Der Brennwertkessel nutzt die Kondensationswärme, die bei herkömmlichen Heizungsanlagen mit dem Abgas verlorengeht. Voraussetzung für die Nutzung des Brennwerts ist eine saubere Verbrennung, die mit dem Einsatz von Erdgas gewährleistet wird. Der Brennwertkessel ermöglicht gegenüber einem modernen Gaskessel mit hohem Wirkungsgrad eine zusätzliche Energieeinsparung von bis zu 15%.

Auch bei warmem Wasser günstiger „fahren"

▷ Neben warmen Räumen gehört warmes Wasser zum zeitgemäßen Wohnkomfort im modernen Wohnhaus. Auch an Altbauwohnungen werden diese Komfort- und Hygieneansprüche vermehrt gestellt. Man kann heute etwa von einem durchschnittlichen Wasserverbrauch von 150 Litern pro Person und Tag ausgehen, wovon 5 Liter als Warmwasser benötigt werden. In einem Vier-Personen-Haushalt kann das finanziell merklich zu Buche schlagen. Immerhin sind dann rein rechnerisch jährlich 68 000 l Wasser zu erhitzen. Dabei kann einiges Geld gespart werden.

Deshalb sind Systeme und Geräte gefragt, die eine wirtschaftliche Wärmeerzeugung und -verteilung ermöglichen, häufig in Verbindung mit der Heizung. Erdgasbetriebene Durchlaufwassererhitzer oder Warmwasserspeicher gehören zu den sparsamsten Geräten dieser Art. Sie können mit einer konventionellen Heizung ebenso kombiniert werden wie mit Systemen neuester Technologie z. B. Brennwertgeräten. Welcher Gerätetyp für die Warmwasserbereitung im Einzelfall am besten ist, hängt von verschiedenen Planungs- und Bedarfskriterien ab. So spielt dabei z. B. die Anzahl und Größe der zu versorgenden Wohnungen sowie die gewünschte Anzahl von Zapfstellen eine Rolle.

Know-how und Service der Fachleute nutzen

▷ Erdgas ist mit modernen Gasgeräten ein rationell verwendbarer Energieträger. Das trifft sowohl auf Neubauten als auch auf Altbauten zu. Dabei fährt man am besten, wenn man autorisierte Fachinstallateure mit Einbau und Wartung beauftragt. So ist gewährleistet, daß die gesamte Heizungsanlage auch langfristig wirtschaftlich und sicher arbeitet. Darüber hinaus können der Energieverbrauch und zum Teil die bereits sehr niedrigen Schadstoffemissionen der Erdgasheizung durch die richtige Brennereinstellung minimiert werden.

Kurt Rippholz

Ruhrgas A.G.

Huttropstraße 60

4300 Essen 1

 **Konsequenzen aus der zu erwartenden Haushaltsentwicklung für das hauswirtschaftliche, haushaltstechnische Beratungsangebot der Elektrizitätsversorgungsunternehmen als Dienstleistungspartner**

▷ Der zu erwartende Wandel in der Bevölkerungsstruktur und damit auch die Änderung in der Gesellschafts- und Wirtschaftsstruktur werden die hauswirtschaftliche und haushaltstechnische Beratung in den Elektrizitätsversorgungsunternehmen – EVU – mit prägen.

▷ Ohne die zu erwartende Entwicklung im einzelnen nachzeichnen zu wollen, werden sich u. a.

▷ der wachsende Anteil von Klein- bzw. Einpersonenhaushalten

▷ die erhebliche Zunahme des Anteils älterer Menschen

▷ das veränderte Umweltbewußtsein

▷ sowie die vermehrten Probleme alleinlebender Menschen auch auf die Elektroberatung auswirken.

▷ Der technische Fortschritt und damit die Daseinsberechtigung elektrischer Geräte im modernen Haushalt wird anhalten. Ein Zurückschrauben der Lebensgewohnheiten mit häuslicher Schwerarbeit oder mangelnder Hygiene ist sicher unrealistisch. Der sich abzeichnende Wertewandel, hin zu mehr Eigenverantwortung und größeren Freiheitsräumen, wie auch das gewandelte Umwelt- und Ernährungsbewußtsein werden mehr Beratung erforderlich machen.

▷ Heute ist es für jedermann eine Selbstverständlichkeit, jederzeit problemlos auf die bereitgestellte Energie Strom preisgünstig und in ausreichender Menge zurückgreifen zu können. Ob ein Fernsehgerät oder die Beleuchtung eingeschaltet, der Herd oder die Waschmaschine bedient werden, der hohe soziale und wirtschaftliche Nutzen von Strom ist anerkannt und bejaht.

▷ Die langjährige Beratungstätigkeit in den EVU mit mehr als 1600 qualifizierten Beratungskräften wird auch in Zukunft auf die Erweiterung der Kenntnisse des Ratsuchenden, seine Urteils-, Entscheidungs- und Handlungsfähigkeit hinzielen.

▷ War die Beratung bisher überwiegend auf die technische Ausstattung der verschiedenen Haushaltsgeräte ausgerichtet und wurde anwendungsbezogen bedarfsgerecht beraten, so werden die Beratungsaussagen in der Zukunft davon stärker losgelöst, übergreifend bedürfnisgerecht ausgerichtet sein.

▷ Daraus folgt, daß sich die Inhalte und Formen der hauswirtschaftlichen, haushaltstechnischen Beratung anpassen werden. Eine Umstellung wird durch folgende Fakten noch stärker erforderlich werden:

▷ Der Kunde unterliegt einer Informationsüberladung, und

▷ das Angebot der Gerätetechnik und ihrer Anwendung wird für ihn unüberschaubarer.

▷ So werden die technischen Neuerungen bei Haushaltsgeräten von dem kritischer gewordenen Kunden vermehrt im Hinblick auf Arbeitserleichterung, Leistungsoptimierung und Umweltschonung betrachtet. Ökologische und ökonomische Aspekte stehen im Vordergrund.

▷ Um das Problem des Kunden zu lösen, wird das Gerät nur als ein Mittel betrachtet werden. Nicht das Gerät, sondern der Kunde mit seinem Bedürfnis steht im Vordergrund.

▷ Das wesentliche Ziel der Kundenberatung wird auch in Zukunft die sinnvolle Anwendung von Strom im Haushalt sein. In den vergangenen 10 Jahren haben sich die Hersteller von Elektrohaushaltsgeräten erfolgreich um die Energieeinsparung im Haushalt bemüht und werden es auch noch weiterhin tun.

▷ Energieeinsparpotentiale

betrugen von	1978 bis 1985	1985 bis 1988
Waschmaschinen	17,6%	11,4%
Geschirrspülmaschinen	28,9%	14,0%
Elektroherde/Backöfen	15,7%	3,1%
Kühl-/Gefriergeräte	27,7%	8,8%

▷ Diese Entwicklung bestätigt eindrucksvoll, daß das Verantwortungsbewußt-sein der Industrie und das Wirken des Innovationswettbewerbs sich zum Nutzen des Verbrauchers ausgezahlt haben.

▷ Die Elektroberatung wird nun dazu beitragen, daß diese Vorteile beim Kauf dieser Elektrogeräte in den kommenden Jahren voll zum Tragen kommen. Der jährliche Bedarf liegt bei ca. 5 bis 10% des jeweiligen Bestandes der Gerätegrup-pen, somit wird eine neue Gerätegeneration mindestens 10 Jahre brauchen, bis diese spektakulären Energiesparerfolge voll wirksam werden. Außerdem ist anzu-nehmen, daß zwischenzeitlich weitere technische Verbesserungen das Marktan-gebot beeinflussen werden, z. B. verbesserte Wärmedämmungen und kleinere Temperaturabweichungen, geringere Maße oder sogar neue Techniken, wie dies bei der Einführung des Mikrowellengerätes stattgefunden hat. Bei der Verringe-rung des Wasserverbrauchs und damit auch des Stromverbrauchs ist jedoch z. B. bei den Wasch- und Geschirrspülmaschinen bereits ein Stadium erreicht, das kaum noch weitere Reduzierungen erwarten läßt.

▷ In den Kundenzentren der EVU wird durch Offenlegung dieser Gebrauchs- und Leistungstauglichkeit sowie der Umweltbeeinflussung dem Kunden Markt-transparenz geschaffen und durch den praktischen Einsatz von Elektrogeräten in Vorträgen und Lehrgängen der Nutzen deutlich gemacht.

Angesichts der bestehenden Informationsflut ist es die vorrangige Aufgabe der Beratung, die Informationen so zu verdichten, daß die Zielpersonen auch erreicht werden. Die Partner der Beratung – Elektroindustrie, Fachhandel und EVU – wer-den deshalb in Zukunft vermehrt gemeinsam auftreten und zeitgleich informie-ren und beraten. Die HEA wird für diesen Weg der Informationsverdichtung in ausgewählten hauswirtschaftlichen Anwendungsbereichen komplette Informations- und Medienangebote vorlegen.

▷ Aus der demographischen Entwicklung in den Haushalten wird sich auch ergeben, daß Probleme komplex beraten werden, wie z. B. „Wohnen im Alter". Hier kann gezeigt werden, daß Wohnen im Alter keine völlige Umgestaltung der Wohnung nach sich zieht, sondern meistens nur wenige Schritte notwendig sind. Ähnliche Ansätze sind für die Gruppen „kleine Haushalte" und „junge Men-schen" denkbar. Mit der intensiven Beratung von Lehrern und Schülern wird bereits dem „Kunden von morgen" der sinnvolle Einsatz von Strom vermittelt und das Informationsverlangen der Kunden langfristig erfüllt.

▷ Diese Beratungsinhalte sind nur in einem direkten menschlichen Kontakt umzusetzen. Die z. Zt. bestehenden 600 Beratungseinrichtungen der EVU werden z. T. erweitert und verändert, um den Bekanntheitsgrad der Beratung zu erhöhen.

▷ Die Vor-Ort-Beratung in den Wohnungen, Bürgerhäusern und Schulen wird ausgebaut.

▷ Mit mobilen Beratungsstellen, d. h. mit Beratungsbussen, wird verstärkt Kun-dennähe in Überlandversorgungsgebieten genutzt werden.

▷ Neu entstehen kleine Beratungsräume in Vororten und kleinen Gemeinden. Kundenzentren, die an der Peripherie in Verwaltungsgebäuden ausgebaut waren, werden dezentral in Fußgängerzonen verlegt.

▷ Im Rahmen der „Aktionsprogramme" werden unabhängig vom Zielgruppen-bezug Informationen kultureller Art, wie z. B. Bildergalerien, mit angeboten werden.

▷ Stoßen kleine Versorgungsunternehmen an finanzielle und personelle Grenzen, werden Kundenberatungszentren in Kooperation mit Nachbarunternehmen betrieben werden.

▷ Die Beratungsstellen werden damit ein Ort der Kommunikation und der Begegnung sein und eine breite Kundenansprache ermöglichen.

▷ Auch wird darüber nachgedacht, in Zukunft wieder durch „Kundenbetreuer" den Kontakt zum EVU zu verstärken, da durch das Wegfallen des monatlichen Stromablesens ein direkter Kontakt vernachlässigt wurde.

▷ Für diese Beratungsvielfalt wird weiterhin eine qualifizierte Fort- und Weiterbildung für die ca. 600 Elektroberaterinnen durchgeführt werden. Die Fortbildung ist auf die veränderten Inhalte und auf kundenorientierte Formen ausgerichtet. So werden neben der Vermittlung von gerätespezifischem Fachwissen Beratungstechniken geübt, um die Bedürfnisse des Kunden besser erfassen zu können und Vertrauen aufzubauen. Hier seien beispielhaft die „Einzelberatung mit System" und zum Erfassen der Kundenwünsche „das Arbeiten mit Metaplan" genannt.

▷ Diese Beratungsmethoden ermöglichen es, die Wünsche und Probleme des Kunden besser zu berücksichtigen. Der Kunde wird stärker einbezogen und zum aktiven Mitgestalter und Partner.

▷ Zum Erreichen dieser Ziele werden von den Elektroberaterinnen noch mehr fachliche Kompetenz und Flexibilität erwartet. Außer der räumlichen Mobilität werden zur Qualitätssteigerung moderne Medien, wie z. B. Computer als Datenbank für Verbrauchsdiagnosen oder die Bildplatte zur Visualisierung von vielfältigen Ausstattungsmerkmalen der Geräte, einzusetzen sein.

▷ Die hauswirtschaftliche, haushaltstechnische Elektroberatung wird sich damit dem Wandel in den Haushalten anpassen. Neue Beratungsziele werden formuliert und erweiterte Kundenkreise angesprochen werden. Unter Nutzung des vorhandenen breiten Erfahrungspotentials wird Bewährtes fortgesetzt und Neues aufgenommen werden.

▷ Um ein rationelles und umweltschonendes Haushalten ohne Komfortverzicht zu ermöglichen, wird die Akzeptanz von Strom im Haushalt gefördert werden. Die EVU werden hierzu verstärkt kundennah, qualifiziert und kostenlos Beratung anbieten.

Kirsten Momber
Referentin f. Hauswirtschaft
und Haushaltstechnik
Hauptberatungsstelle für
Elektrizitätsanwendung
HEA e. V.
Am Hauptbahnhof 12,
6000 Frankfurt/Main 1

**Die Entwicklung der Telekommunikationsgeräte
in privaten Haushalten aus der Sicht der Deutschen Bundespost**

▷

Deutsche
Bundespost
Entwicklung
der Tele-
kommunikations-
geräte

▷   In Sekundenschnelle erreicht man heute einen von 29 Millionen Telefonanschlüssen im Bundesgebiet einschließlich Berlin (West) oder einen von 450 Millionen weltweit und nahezu alle in Selbstwahl. Eine tolle Leistung − das Telefon − die größte Maschine der Welt.

▷   Im privaten Bereich jedoch hat der jahrzehntelang auf Fernsprechhäuschen zu lesende Spruch „Fasse dich kurz" seine Spuren bis heute hinterlassen und erklärt möglicherweise, daß viele Deutsche noch ein gestörtes Kommunikationsverhalten haben. Etwa die Hälfte aller Telefonanschlüsse besteht aus einem einfachen Standardapparat, und der steht dann noch auf dem ohnehin unfreundlichen „Telekommunikationsplatz Flur". Während ein Amerikaner durchschnittlich 1800mal im Jahr telefoniert, greifen die Bundesbürger nur knapp 500mal jährlich zum Hörer. Die Möglichkeiten, die Leistungsfähigkeit des Telefons zu nutzen, sind besonders im privaten Bereich noch sehr entwicklungsfähig.

▷   Der Trend dazu ist erkennbar. Die Zahl der Doppelanschlüsse entwickelt sich positiv. 1988 gab es einen Zuwachs von 24 Prozent auf 616 000 Doppelanschlüsse, von denen fast 50 Prozent ausschließlich privat genutzt werden. Immer mehr Deutsche greifen zum Telefon mit zusätzlichen Komfortmerkmalen. Die Deutsche Bundespost bietet zur Zeit 36 verschiedene Telefonmodelle mit 100 Varianten an. Mit der Liberalisierung des Endgerätemarktes ab 1. Juli 1990 ist eine Erweiterung der Angebotspalette zu erwarten. Durch das Auftreten von privaten Anbietern wird sich durch sinkende Preise bei Apparaten und Telefonanlagen der Trend zu häufigerem Modellwechsel, zu Zweit- und Drittapparaten sowie zu kleineren Telefonanlagen in privaten Haushalten verstärken. Auch mit einer wachsenden Teilnahme von privaten Nutzern am Telefax- und Bildschirmtextdienst kann gerechnet werden.

▷   Im Hinblick auf die Liberalisierung und die dann freiverkäuflichen, zugelassenen Endgeräte rüstet die Deutsche Bundespost die Haushalte mit neuen Telefonanschlußeinrichtungen aus. Über 6 Millionen dieser neuen Anschlußdosen sind bereits installiert. Sie ermöglichen das problemlose Anschließen eines Telefons über einen Stecker. Steckdosen werden zunehmend dorthin gelegt, wo telefoniert wird, in das Arbeits-, das Wohn-, das Kinder-, das Schlafzimmer, in die Küche, in den Hobby- und auch in den Baderaum. Der Trend, überall und jederzeit auch im privaten Bereich telefonisch erreichbar zu sein, wird schon heute durch den Einsatz mobiler, sogenannter schnurloser Telefone unterstützt. Mit zunehmender Digitalisierung wird in Zukunft auch das mobile Telefon kostengünstiger und damit auch für den privaten Bereich interessanter werden.

▷   Das Leben in einer Informationsgesellschaft wirft naturgemäß das Problem der Informationsselektion auf. Hier kann ein computergestütztes Telefonieren bei der Informationsbeschaffung, wie z. B. der Bildschirmtext (Btx), wertvolle Dienste leisten.

▷   Längerfristig ist für Btx auch im privaten Bereich ein großes Nutzerpotential zu erwarten. Ein deutliches Indiz hierfür ist die Entwicklung in Frankreich, wo es inzwischen über 5 Millionen vorwiegend privat genutzter Anschlüsse gibt.

▷   Das offene Btx-Angebot wird von über 3000 Anbietern gestaltet und erinnert in seiner Vielfalt und Heterogenität an einen Zeitungskiosk oder an eine Bücherei, die beide wie Btx die unterschiedlichsten Interessenbereiche abdecken. Es reicht von der brandaktuellen Nachrichtenmeldung über Börsen- und Wirtschaftsdaten, den Zugang zu Datenbanken, Fahr- und Flugplänen, Produktinformationen, amtlichen Statistiken, Reisevakanzen, den elektronischen Zugriff auf das eigene Giro- oder Wertpapierkonto bis zur schriftlichen Mitteilung an andere Btx-Teilnehmer. Abgerundet wird diese allgemeine Angebotspalette durch Übergänge zu anderen Fernmeldediensten. Die Verbindung zu Telex ermöglicht, über Btx Mitteilungen an alle Telex-Teilnehmer weltweit verschicken und von ihnen empfangen zu können. Durch den Verbund zum Cityruf können bis zu 80 Textzeichen an die Rufempfänger übermittelt werden. Für Anfang 1990 wird der Übergang zu Telefax vorbereitet.

▷ Auch internationale Btx-Kommunikation gewinnt zunehmend an Bedeutung. Sie ist heute schon mit Frankreich, Luxemburg, den Niederlanden, Österreich und der Schweiz möglich. Btx wird sich in den nächsten Jahren immer mehr zu einem unverzichtbaren Servicemedium entwickeln und damit unaufhaltsam zu einem Massenmedium werden. Mit der Einführung preiswerter multifunktionaler Endgeräte wird Btx auch für den privaten Bereich höchst attraktiv werden.

▷ Auch TEMEX, ein Dienst der Deutschen Bundespost, der Fernmessen, Ferneinstellen, Fernanzeigen und Fernschalten über die Telefonleitung ermöglicht, wird in den nächsten Jahren zunehmend auch den privaten Haushalt erreichen. Anwendungsgebiete sind Überwachung und Kontrolle elektronischer Geräte, wie z. B. Heizungen und Tiefkühlschränke, Einbruchsmeldungen, Krankenüberwachung, Notruf etc.

▷ Von der Einführung von ISDN, dem diensteintegrierenden digitalen Fernsprechnetz, das ab 1993 flächendeckend angeboten wird, profitiert auch der private Haushalt. Über die vorhandene Telefonleitung wird die digitale Übertragung von Sprache, Texten, Bildern und Daten möglich. Unter einer gemeinsamen Rufnummer können alle Kommunikationsformen, davon zwei gleichzeitig, auf einer Leitung betrieben werden. Die Übertragungsqualität und -geschwindigkeit werden erhöht. Für das Telefonieren ergeben sich durch das ISDN besondere Komfort-

merkmale. So zeigt das Display des ISDN-Telefons die Rufnummer des Anrufers an oder, wenn ein weiterer Anruf während eines Gesprächs ankommt, die Nummer des „Anklopfenden". Mit der Rufumleitung kann der Anruf zu einer anderen Rufnummer programmiert werden. Die Rufnummern der Anrufenden können bei Abwesenheit gespeichert werden. Falls der angewählte Anschluß besetzt ist, kann ein automatischer Rückruf veranlaßt werden. Eine aktivierbare Anrufsperre ermöglicht die „Ruhe vor dem Telefon". Automatischer Weckdienst und Gebührenspeicherung sind weitere Komfortmerkmale des ISDN-Telefons. Allein aus dieser kurzen Aufzählung einiger Leistungsmerkmale kann erwartet werden, daß auch in privaten Haushalten großes Nutzungsinteresse besteht.

▷ Bei der rasanten Entwicklung der Telekommunikation ist heute nicht abzusehen, welche neuen Formen der Telekommunikation die Bedürfnisse der Menschen in Zukunft befriedigen werden.

Günther Bruchmüller
Der Bundesminister für Post
und Telekommunikation
Pressereferat
Heinrich-von-Stephan-Str. 1
5300 Bonn 2

Brauchen wir einen Zuckerwürfelformer?

▷ Mit dieser auf den ersten Blick überraschenden Fragestellung hatte die AgV vor etwa 10 Jahren eine Serie von Merkblättern für Elektrokleingeräte überschrieben. Ziel der damaligen, aber immer noch aktuellen Aufklärungskampagne war es nicht nur, über ausstattungs- und funktionsbedingte Kriterien zu informieren. Auch das Bewußtsein für andere mit dem Kauf verbundene Folgen, so z. B. für die Umwelt, sollte geschärft werden. In der Tat hat die Eingangsfrage angesichts der heute kaum noch überschaubaren Geräte- und Modellvielfalt an Bedeutung gewonnen. Insofern könnte die Frage auch anders lauten, nämlich: Brauchen wir tatsächlich all das, was uns die Werbung als unentbehrliche Helfer andient?

▷ Elektrogeräte sind für uns mittlerweile so selbstverständlich geworden, daß wir uns unserer Abhängigkeit von ihrer reibungslosen Funktion meist erst dann bewußt werden, wenn sie wegen eines Defektes ihren Dienst quittieren. 500 Mio. kleine und große Elektrogeräte sollen inzwischen in den bundesdeutschen Haushalten stehen. Marketing-Studien zeigen, daß bei der Ausstattung der Haushalte insbesondere mit Großgeräten vielfach die Sättigungsgrenze erreicht ist. So besitzen z. B. von 100 Haushalten inzwischen 98 ein Kühlgerät, 86 einen Elektroherd und 89 eine Waschmaschine (Stand 1986). Dennoch sehen Industrie und Handel noch immer ein „Entwicklungspotential", und das nicht nur bei Wäschetrocknern, Geschirrspülmaschinen oder Mikrowellengeräten. Die Ursachen für die offenbar weiterhin guten Konjunkturaussichten in diesem Marktsegment sind sicherlich vielfältig.

▷ Da sind zunächst die demographischen Verschiebungen. Altersstruktur — mehr ältere, weniger junge Menschen — und Haushaltsgröße — überproportionale Zunahme von Einpersonenhaushalten — haben sich in den vergangenen Jahren drastisch verändert. In welchem Maße die wachsende Zahl von Um- und Aussiedlerhaushalten einen zusätzlichen Absatzschub auslösen wird, wird in erster Linie vom Grad der Integration dieser Bevölkerungsgruppen in das Erwerbsleben abhängen.

▷ Doch nicht nur die Käuferstruktur, auch die Ansprüche der Verbraucher haben sich offenbar gewandelt. Marketing-Experten jedenfalls sprechen bereits vom „multifunktionalen Konsumenten", dessen verändertes Kaufverhalten neue Absatzstrategien erzwinge.

▷ Kürzere Arbeitszeiten haben zu einer gesteigerten Nachfrage nach Freizeitangeboten geführt. Längst hat sich als Reaktion auf diese Nachfrage eine umsatzstarke neue Branche etabliert. Auch die Konsumgüterindustrie profitiert von diesem Trend. Man denke nur an den seit Jahren expandierenden Heimwerkermarkt oder den umsatzmilliardenschweren Markt der Unterhaltungselektronik, auf dem durch immer schnelleren Modellwechsel und kürzere Technologiesprünge (Digitalisierung, Kabelfernsehen und -rundfunk, Satellitendirektempfang) ein ständiger Nachfragedruck beim Verbraucher erzeugt wird.

▷ Wachsender Wohlstand auf der einen Seite und zunehmende Umweltbelastungen auf der anderen lassen den Wunsch nach einer gesünderen Lebens- und Ernährungsweise stärker werden. So haben z. B. sich häufende Meldungen über angebliche Lebensmittel- und Umweltskandale — erinnert sei an das geflügelte Wort vom „Schadstoff des Monats" — das Vertrauen vieler Menschen in industriell gefertigte Lebensmittel erschüttert und zur Rückbesinnung auf eine möglichst vollwertige Ernährung entscheidend beigetragen. Dies hat auch die Hausgeräteindustrie nicht untätig sein lassen.

▷ Und so muß der gesundheits- und ernährungsbewußte Verbraucher nicht auf das eine oder andere „nützliche" Gerät verzichten — zumindest wenn es nach den Vorstellungen der Absatzstrategen geht.

▷ Die Verbraucherverbände beobachten diese Entwicklung des „Absatzmachens um jeden Preis" mit großer Sorge. In ihren Beratungsmaterialien, in speziellen Ausstellungen oder Gruppenberatungen versuchen sie, die Notwendigkeit eines ganzheitlichen und bewußteren Kaufverhaltens aufzuzeigen, das auch den Kaufverzicht als legitimes Entscheidungsinstrument einbezieht. Von bestimmten Fehlentwicklungen haben sie öffentlich gewarnt. Jüngstes Beispiel einer derartigen, zu Lasten der Umwelt gehenden Fehlentwicklung ist der Boom bei den schnurlosen Akku-Kleingeräten, die mit dem Argument einer größeren Bequemlichkeit und Handhabbarkeit von der Industrie in den Markt gedrückt werden. Ihr Absatz steigt stetig, obgleich die in den Haushalten bereits vielfach vorhandenen Netzgeräte in den seltensten Fällen regelmäßig genutzt werden.

▷ Ausschließlich auf persönliche Wunschvorstellungen fixierte Kaufentscheidungen müssen aber bei weiter zunehmenden Umweltbelastungen zugunsten eines ökologisch orientierten Kaufverhaltens in den Hintergrund treten. Diese Forderung an den einzelnen Bürger hat in dem von den Verbraucherverbänden propagierten Prinzip des „qualitativen Konsums", das die Einbeziehung der Ökologiefolgen in die Kaufentscheidung fordert, sehr frühzeitig ihren Niederschlag gefunden. Umwelt- und Verbraucherberatung der Verbraucherverbände weisen bei ihren Beratungen daher immer wieder auch auf die ökologischen Auswirkungen eines ausschließlich am persönlichen Nutzendenkens ausgerichteten Konsumverhaltens hin. Sie versuchen Alternativen aufzuzeigen, ohne dabei zu bevormunden. Diese Aufklärungsarbeit wird künftig noch an Bedeutung gewinnen. Ziel der Anstrengungen ist der „ökologisch orientierte Konsument", der seine Umwelt bewußt erlebt, die Notwendigkeit seiner Kaufentscheidungen daher erst einmal grundsätzlich in Frage stellt und nach weniger umweltbelastenden Alternativen sucht, Überflüssiges weder selbst anschafft noch verschenkt und nur sporadisch benötigte Geräte ausleiht.

▷ Als eine Grundvoraussetzung für ein derartig verändertes Kaufverhalten ist langfristig das System einer „sozioökonomischen Warenbeschreibung" zu schaffen — erste Ansätze hierfür finden sich im „Umweltzeichen". Eine solche Warenbeschreibung wird den Kaufinteressenten nicht nur — wie heute üblich — über Ausstattung und Gebrauchseigenschaften informieren. Vielmehr wird sie vor allem Angaben über Rohstoff- und Energieeinsatz bei der Produktion, über eventuelle Schadstoffe, Lebensdauer, Reparaturfreundlichkeit und Entsorgung enthalten. Erst wenn dem Verbraucher solch umfassende Informationen zur Verfügung stehen, kann er eine Enscheidung im obigen Sinne treffen.

▷ Hierzu gehört auch, daß der Warentest mehr noch als bisher Umweltgesichtspunkte einbezieht. Nur durch eine stärkere Gewichtung ökologischer Aspekte kann der Druck auf die anbietende Wirtschaft erhöht werden, umweltverträglichere Produkte und Verfahren anzubieten.

▷ Aber auch im Handel ist ein generelles Umdenken in Sachen Ökologie erforderlich, hat man sich doch dort bisher in dieser Beziehung mehr als zurückhaltend gezeigt und die Verantwortung vorrangig auf den Gesetzgeber, letztlich aber auf den Verbraucher geschoben.

▷ Oft ist bei der Lösung ökologischer Probleme dem Freiwilligkeitsprinzip der Vorrang eingeräumt worden. Dieses Prinzip hat jedoch immer nur dann Aussicht auf Erfolg, wenn die Anbieter nicht um ihre Umsatzzahlen fürchten müssen. So wird es in Zukunft darauf ankommen, Marktentwicklungen, die klar zu Lasten der Umwelt gehen, auch durch Ausschöpfung bestehender Gesetze oder Verordnungen und, sofern notwendig, durch Schaffung strengerer gesetzlicher Vorgaben wirksam entgegenzutreten. Insbesondere sollten auch die Möglichkeiten der präzialen Lenkung genutzt werden. Zur weiteren Senkung der Energienachfrage sollten Verhaltensänderungen der Energieverbraucher durch entsprechende Tarifänderungen (etwa durch Einführung des von der AgV bevorzugten linearen Stromtarifs) provoziert werden.

▷ Eine Prognose über die Zukunftsperspektiven bei der Technisierung der Privathaushalte darf sich nicht an Umsatzzahlen und Sättigungsgraden allein ausrichten. Die zentrale Frage lautet also nicht: Wie viele technische Geräte können in den kommenden Jahren noch in den Haushalten untergebracht werden? Vielmehr gilt es, das Augenmerk auf die mit einem bestimmten Konsumverhalten verbundenen Begleiterscheinungen zu richten.

▷ Fest steht, daß die Verbraucher auch in Zukunft den Verlockungen eines von der Werbung vorgezeichneten unbegrenzten Produkt- und Freizeitkonsums ausgesetzt sein werden. Dem werden die Verbraucherverbände eine weitere Intensivierung der Aufklärung über ökonomische und ökologische Folgen entgegensetzen müssen.

In Anbetracht jahrzehntelanger „Verführung" werden zwar grundlegende Verhaltensänderungen mit Ausnahmen direkter, persönlicher Betroffenheit kurzfristig nur schwer zu erreichen sein. Dennoch besteht kein Grund zu übertriebenem Pessimismus.

Immerhin ist angesichts zunehmend negativer Auswirkungen eines ungehemmten Produzierens und Konsumierens ein erster Ansatz für eine Bewußtseinsänderung in der Bevölkerung erkennbar. Dieser positive Trend wird sicherlich auch den Hausgerätebereich einschließen, denn einen „Zuckerwürfelformer", den brauchen wir in Zukunft genausowenig wie in der Vergangenheit.

Michael Bobrowski
Arbeitsgemeinschaft der
Verbraucherverbände e. V.
Heilsbachstraße 20
5300 Bonn 1

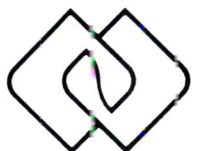

Deutscher Familien-Verband

Deutscher Familien-Verband

Bei der Technisierung im Haushalt kann man unterscheiden zwischen dem Arbeits- und dem Freizeitbereich

▷ Im Arbeitsbereich ist in jeder Weise eine positive Entwicklung entstanden, weil die Arbeit im Haushalt in erster Linie für die Mutter, aber auch für den Vater, wenn er zu Hause ist, weniger wird und dadurch mehr Freizeit für die Familie bleibt. Die Arbeit wird wesentlich erleichtert, auch die Kinder sind an technischen Dingen in der Küche, z. B. an einem modernen Herd, Backofen, an einer modernen Spülmaschine, interessiert und helfen den Eltern eher, als wenn sie per Hand arbeiten müssen. Im Bereich der Küchenarbeit, des Aufräumens, des Putzens, des Sauberhaltens sind technische Neuerungen deshalb grundsätzlich zu begrüßen.

▷ Beim Bereich Hobby und Freizeit muß man unterscheiden: technische Spiele, die die Familie zusammenführen oder zumindest einen Teil der Familie, Väter mit Söhnen, Väter, Mütter und Kinder insgesamt etc., und solche Freizeitbeschäftigungen, die den Familienkreis zum Familienhalbkreis werden lassen, insbesondere das Fernsehen. Der Umgang mit dem Fernsehen ist aber keine technische Angelegenheit, sondern eine Erziehungssache. So ist die Familie weitgehend nicht vorbereitet worden auf die Nutzung dieser technischen Errungenschaft, und so kommt es, daß das Fernsehen oft von Familien, von Vätern und Müttern als Ersatz für eine „Kinderbetreuung" betrachtet wird und Kinder zu sehr von dem Massenmedium Fernsehen beeinflußt werden. Das ist jedoch kein Problem der Industrie, sondern eine Aufgabe der Erziehungsberatung und der Erziehung der Familie untereinander. Etwas anderes ist es schon mit den Computerspielen, aber auch da ist größte Vorsicht geboten, weil auch bei den Computerspielen eine Spielleidenschaft gezüchtet wird, die dann später in Spielsucht bei den Jugendlichen ausarten kann. Hier ist ein Einwirken auf die Industrie möglich, wenn Eltern z. B. nicht diejenigen Computerspiele kaufen, die Zerstörung ganz allgemein fördern — Kriegsspiele etc. Mehr Wettbewerb bei diesen Spielen in geeigneter Form wäre notwendig. Generell kann man keinen technischen Fortschritt verbieten, aber die in der Öffentlichkeit wirkenden Organisationen wie auch die Familien selbst sollten darauf achten, daß jede Übertreibung vermieden wird. Sowohl vom Angebot des Spiels her als auch von der Zeit, die damit verbracht wird.

Im Prinzip ist alles das zu fördern, was mehrere Mitglieder in der Familie gemeinsam, möglichst mit Vater oder Mutter, tun können, damit dabei das Gespräch, die Diskussion das Spiel befruchten kann. Es ist auch vom Alter eines Kindes abhängig, ob man dem Kind mehr Spielraum für eigene Kombinationsmöglichkeiten und Mitdenken gibt, um das Denken des Kindes anzuregen, oder aber ihm freien Raum läßt. Das bedeutet dann im allgemeinen, daß das Kind den leichtesten Weg geht, nämlich sich in irgendeiner Form bespielen zu lassen durch das elektronische Spielzeug. Technisierung im Freizeitbereich kann gravierende negative Auswirkungen auf das Familienleben haben und gegen die Erziehungsverpflichtung der Eltern gerichtet sein. Es ist hier in erster Linie nicht an den Gesetzgeber zu appellieren, sondern an die Eltern selbst, ihre eigene Verantwortung gegenüber den Kindern zu erkennen. Die Beziehungen der Familie zur Außenwelt im Freizeitbereich werden bei Übertreibung durch Computerspiele und Fernsehen weitgehend gestört. Der Kontakt zur Außenwelt jedoch ist notwendig, um im Vergleich mit den anderen in dieser Welt zu bestehen. Die Bestrebungen, z. B. für Jugendliche, die sogenannten Spielsalons einzuschränken, sind zwar wich-

tig, aber im Endeffekt nicht durchführbar, wenn Kinder nicht dazu erzogen sind, solche Spielformen zu meiden.

▷ Im Hinblick auf zukünftige technische Entwicklungen müssen auch wieder die beiden Unterscheidungen getroffen werden: Es sollten alle Möglichkeiten technischer Art genutzt werden, die helfen, im Bereich der Familie mehr Zeit zu gewinnen und mehr Freude im Haus und im Garten zu erlangen. Andererseits ist es für die physische und psychische Gesundheit der Familie belastend, wenn das Übertreiben elektronischer Spiele und vor allem des Fernsehens nicht verhindert wird. Wir sagen dazu: „Alles nützt, was den Familienkreis schließt, alles ist in der Übertreibung verderblich, was den Familienkreis zum Halbkreis mit Berieselung von außen macht."

PERSPEKTIVE BERLIN e. V.

**„Auf dem Weg zu neuen Formen des Zusammenlebens –
Chancen für das Service-Haus"**

▷ 1. Einleitung

Als ein Weg zur Behebung sozialer Mißstände galten schon früh Wohngebäude mit Service-Haus-vergleichbaren Einrichtungen wie z. B.

▷ die Wohn- und Produktionskollektive sozialrevolutionärer Utopisten wie Robert Owen in Lanark/Schottland (1820), Charles Fourier, André Godin mit dem „Familistère" (Frankreich). Owen motivierte seine Fabrikarbeiter durch verbesserte Wohn- sowie Gemeinschafts- und Versorgungseinrichtungen zu erhöhter Arbeitsleistung bei gleichzeitiger Senkung der Arbeitszeit um mehr als ein Drittel;

▷ das „Berliner Einküchenhaus" von 1908 der „Einküchenhausgesellschaft der Berliner Vororte" und der „Gesellschaft für neue Heimkultur zur Reform des Wohnungs-, Haushaltungs- und Erziehungswesens"[1],

▷ die frühsowjetischen „Wohn-Hotels" als arbeitskräfteschonende und auch dem neuen Staat adäquate Kommunewohnungsform für Arbeiter und zur „wahren Befreiung der Frau . . ." sowie „. . . gegen die Kleinarbeit der Hauswirtschaft" (Lenin, Engels);

▷ die „Kollektivhäuser" seit 1930 vor allem in Schweden (initiiert von der Frauenrechtlerin Alva Myrdal, dem Architekten Sven Markelius);

▷ nach dem 2. Weltkrieg: Sollentuna/Stockholm (1973) mit 1250 Wohnungen für „37 Nationalitäten";

▷ John-Hancock-Center, Chicago, mit 100 Stockwerken das wohl höchste Wohngebäude der Welt (davon ca. 30 Stockwerke für gewerbliche und gemeinschaftsversorgende Zwecke. Wegen der urbanen Kriminalität in den USA inzwischen schwer bewacht);

▷ in Deutschland seit den 70er Jahren Service-Häuser unterschiedlichster Ausstattung und Akzeptanz (z. B. Hamburg-Steilshoop und -Lohbrügge, Köln-Porz, Bremen-Achim, Arabella/München, Berlin-Heiligensee). Die NEUE HEIMAT versuchte Ende der 70er Jahre Service-Häuser in das Programm der damaligen „Bauausstellung Berlin GmbH" (später IBA Internationale Bauausstellung Berlin), zu bringen (Senatoren Reichel/Familie, Jugend, Sport; Ristock/Bauen und Wohnen; Sund/Arbeit und Soziales, alle SPD, als Unterstützer). Das Vorhaben gelangte jedoch über Voruntersuchungen (u. a. dieser Verfasser im Auftrag der Neuen Heimat) und seminaristische Diskussionen nicht hinaus. Die Zeit war nicht reif.

▷ Wesentliche Ziele dieser Projekte und Bestrebungen waren mit jeweils variierende Prioritäten:

▷ die Ökonomisierung der Hausarbeit zur Freistellung von Arbeitskräften für die produzierende Industrie,

▷ die Entlastung der Volkswirtschaft vom verschwenderischen Aufwand täglicher millionenfacher kleinwirtschaftlicher Hausarbeit,

▷ Steigerung der Lebensqualität, der Selbstverwirklichung der Frau, berufliche und gesellschaftliche Gleichstellung Mann – Frau, Befreiung von unproduktiver Arbeit, Überforderung durch Kindererziehung etc.[2]

▷ Die Hausfrauenarbeit gilt zunehmend als unnütz, unattraktiv, ohne Einkommensregelung, ohne gesellschaftlichen Umgang, ohne Weiterbildungschancen, Vehikel zur Manipulierung der Arbeitslosenziffern etc.,

▷ Reaktion auf den Geburtenrückgang („berufstätig = kinderlos", „Kinderreichtum = Hausarbeit" als Zwangsentscheidung)

▷ Resozialisierung der Gesellschaft durch Dienstleistungen, wie sie im Prinzip von den Utopisten im Programm für das „Berliner Einküchenhaus" oder von August Bebel zur Erleichterung der Alltagsfron erhoben wurden:

zentralisierte Verpflegung nach dem Einküchenprinzip,

zentralisierte Alltagsdienstleistungen,

ganztägige Hauskindergärten,

hauseigene Angebote für Bildung, Freizeit und Erholung.

Prognosen für das Service-Haus

▷ Die zuvor genannten Ziele waren wesentlich unter den Bedingungen der Industrialisierung und der beginnenden frauenemanzipatorischen Bestrebungen entstanden. Es ging hierbei in erster Linie um die Verbesserung der sozialen Verhältnisse der mittleren und unteren Klassen.

▷ Daraus leitet sich her, daß Service-Häusern (bzw. vergleichbaren Einrichtungen in der Vergangenheit) etwas Diskriminatorisches anhaftet: Behausung sozialer Randgruppen, „Ledigenhäuser", Gettos für Alleinstehende, Alte, Behinderte...

▷ Übersehen werden hierbei die erheblichen demographischen Veränderungen: In der Bundesrepublik wird im Jahr 2030 ein Drittel der Bevölkerung über 65 Jahre alt sein. Dies bedeutet eine hohe Anzahl von 1- bis 2-Personen-Haushalten, die keinesweg zu den sozial schwachen gehören, sondern ihre Ansprüche auf hohen Lebensstandard formulieren werden (siehe z. B.: „Graue Panther").

▷ Neben der eher stagnierenden Kleinfamilie steht die bemerkenswerte Zunahme vielfältiger anderer Zusammenlebensformen, denen der übliche Wohnungszuschnitt (Zimmer, Küche, Bad) nicht mehr gerecht wird. Neben dem schon „klassischen" Wohnbedarf alleinerziehender Eltern (meistens Frauen, die das Ledigsein schon lange nicht mehr als Makel, sondern im Gegenteil als Emanzipationsstufe verstehen), fordern Wohngemeinschaften Jugendlicher, Familiengemeinschaften, Eltern-Kinder-Gruppen, Pflegefamilien, Einlieger (Familienmitglieder, Alte, Freunde, Studenten), studierende Eltern mit Bedarf an ungestörten Arbeitsplätzen zu Hause, Behinderte, Einwanderer, Kommunewohnungen als politisch motivierter Zusammenschluß für sich oder auch untereinander adäquate Wohnmöglichkeiten.

▷ Hier ist der Bedarf nicht im entferntesten gedeckt, die Problematik nicht einmal im Bewußtsein kommunaler und sonstiger Bauherren als dringlich vorhanden.

▷ Entsprechende Forderungen werden auf den Wohnungsmarkt zukommen und die Nachfrage nach Wohngebäuden mit Service-Haus-ähnlichen Angeboten die Entscheidungen politisch Verantwortlicher bzw. sich am Markt orientierender Bauherren beeinflussen.

▷ Anspruchssteller werden aus allen Einkommens- und Bildungsschichten kommen, viele werden in den Rahmen irgendeiner sozialen Bedürftigkeit nicht mehr passen.

▷ Sie repräsentieren zu einem hervorragenden Teil intellektuelle, kritische, innovative Bevölkerungsschichten, die durch den Wunsch nach veränderten Lebensstilen gesellschaftliche Veränderungen vorwegnehmen und thematisieren (so wie z. B. Ende der 60er Jahre die „Kommune 1" in Berlin in damals als überspitzt erscheinender Form manche Tabus zu überwinden begann).

▷ Die gesellschaftliche Segregation der Bevölkerung, vor allem sogenannter „Randgruppen", wird von politisch Wachen längst kritisiert und u. a. auch als Mittel ökonomischer Verwaltung, nicht zuletzt auch als Disziplinierungsform gesehen. Was hier auch immer übertrieben sein mag: Tendenzen, dieser Segregation entgegenzuwirken und in neuen Formen solidarischen Zusammenlebens einen Gewinn zu sehen, sind auch erkennbar.

▷ Steigende Lebenshaltungskosten einerseits, steigender Lebensstandard andererseits, dazu das steigende Bewußtsein, Verbrauch aller Art umweltschonend einzuschränken, werden die Nachfrage nach Service-Haus-Dienstleistungen steigern.

Die Technisierung, Angebotserweiterung und Rationalisierung des Dienstleistungsbereichs werden der Verschwendung traditioneller Wohn- und Haushaltungsformen zunehmend Konkurrenz machen. In einem Wohnhaus mit Service-Einrichtungen zu leben, wird Geld und erheblich Zeit sparen.

▷ Ein Service-Haus zu betreiben, wird unternehmerisch künftig interessanter werden.

▷ Eigentumsanteile an einem Service-Haus oder z. B. genossenschaftlicher Betrieb wird neue Investitionsmöglichkeiten erschließen.

3. Entwurfsgesichtspunkte für ein Servicehaus

Als Zwischenlösung, etwa bis zur Änderung der Entwurfsvorschriften von Wohnungsbaukreditanstalten und der dadurch vorprogrammierten traditionellen Zimmer-Küche-Bad-Wohnung mit eng vorgeschriebenen Grundrißquadratmetern könnten in konventionell geplanten Gebäuden Anteile oder Stockwerke für den Sektor „Alternative Wohnungen" reserviert werden, vergleichbar etwa den schon heute vorgeschriebenen Sonderwohnungen für Behinderte oder Senioren.

Wegen des nicht präzise voraussehbaren räumlichen Bedarfs und um auch künftig ein weiteres Spektrum an Wohnungsvariationen entsprechend den gesellschaftlichen Strukturen der Bewohner zu ermöglichen, ist eine gewisse Grundrißflexibilität erforderlich.

Dies wäre dadurch erreichbar, wenn die untersten Stockwerke eines konventionellen Gebäudes in Stützenbauweise mit nichttragenden Ausfachungswänden ausgeführt werden. Durchbrüche, Abriß, Neuaufbau von Zwischenwänden sind dadurch möglich. Zusammenschaltbarkeit von Wohnungen, Läden, Gemeinschaftseinrichtungen, Büros etc., die neben- und/oder übereinanderliegen (verbunden z. B. durch montable Treppen), An- und Abbaufähigkeit von vor Fassaden gestellten oder gehängten Konstruktionen geben weitere Flexibilität.

Flachdächer bestehender Gebäude könnten auf diese Weise relativ einfach und kostengünstig zusätzliche Nutzungen aufnehmen.

1. Zur selben Zeit, vor ca. 100 Jahren, schrieb AUGUST BEBEL in seinem Bestseller *Die Frau und der Sozialismus*: „Die Privatküche ist für Millionen Frauen eine der anstrengendsten, zeitraubendsten und verschwenderischsten Einrichtungen, bei der ihnen Gesundheit und gute Laune abhanden kommt und die ein Gegenstand der täglichen Sorge ist, namentlich wenn, wie bei den allermeisten Familien, die Mittel die knappsten sind. Die Beseitigung der Privatküche wird für ungezählte Frauen eine Erlösung sein. Die Privatküche ist eine ebenso rückständige und überwundene Einrichtung wie die Werkstätte des Kleinmeisters – beide bedeuten die größte Unwirtschaftlichkeit, eine große Verschwendung an Zeit, Kraft, Heiz- und Beleuchtungsmaterialien..."

2. Auch hierzu schreibt BEBEL im gleich Buch: „Auch können die allermeisten Eltern ihre Kinder nur sehr ungenügend erziehen. Der sehr großen Mehrzahl fehlt die Zeit dazu. Die Väter haben ihren Geschäften, die Frauen den Haushaltungsarbeiten nachzugehen, wenn sie nicht selbst zur Erwerbsarbeit gehen müssen. Haben sie aber selbst zur Erziehung die Zeit, so fehlt ihnen in unzähligen Fällen die *Fähigkeit* dazu. Wie viele Eltern sind denn imstande, den Bildungsgang ihrer Kinder in der Schule zu verfolgen und ihnen an die Hand zu gehen? Sehr wenige. Die Mutter, die es ... am ehesten könnte, hat selten die Fähigkeit, weil sie dazu nicht genügend vorgebildet ist. Auch wechseln die Lehrmethoden und der Lehrstoff so häufig, daß die Eltern demselben fremd gegenüberstehen..."

Lea Rosh, Jakob-Schulze-Rohr,
Ada Withake-Scholz,
Perspektive Berlin e. V.
Tempelhofer Ufer 22, 1000 Berlin 31

Anhang

Verbände und Institutionen

Hauswirtschaftliche Verbände/ Frauenverbände

Arbeitsgemeinschaft Hauswirtschaft e.V.
5300 Bonn 1, Poppelsdorfer Allee 15

Arbeitsgemeinschaft Evangelischer
Hausfrauen*)
der Evangelischen Frauenarbeit
in Deutschland e.V.
3000 Hannover, Bödekerstraße 59

Berufsverband hauswirtschaftlicher
Fach- und Führungskräfte e.V.
7053 Kernen i. R., Esslinger Straße 8

Bundesverband der Lehrer an
beruflichen Schulen e.V.*)
5300 Bonn 2, An der Esche 2

Bundesverband der Meisterinnen der
Hauswirtschaft e.V.*)
6720 Speyer, Wimphelingstraße 5

co op Verbraucherrat*)
8729 Knetzgau, Unterschwappacher
Straße 5

Deutsche Angestellten-Gewerkschaft*)
Hauptabteilung „Weibliche Angestellte"
2000 Hamburg, Karl-Muck-Platz 1

Deutscher Frauenrat
5300 Bonn 2, Südstraße 125

Deutscher Frauenring e.V.*)
6350 Bad Nauheim, Lessingstraße 9

Deutsche Gesellschaft für
Hauswirtschaft e.V.
4300 Essen, Huttropstraße 60

Deutscher Gewerkschaftsbund*)
Bundesvorstand, Abteilung „Frauen"
4000 Düsseldorf, Hans-Böckler-
Straße 39

Deutscher Hausfrauen-Bund e.V.*)
Berufsverband der Hausfrau
5300 Bonn 1, Adenauerallee 193

*) Mitgliedsverbände
der Arbeits-
gemeinschaft
Hauswirtschaft e.V.

Deutscher Landfrauenverband e.V.*)
5300 Bonn 2, Godesberger
Allee 142–148

Deutscher Staatsbürgerinnen-Verband
e.V.*)
1000 Berlin 42, Tempelhofer Damm 2

Deutscher Verband berufstätiger
Frauen e.V.*)
8000 München 90, Athener Straße 84

Deutscher Verband Frau und Kultur
e.V.*)
5657 Haan/Rhld., Briandstraße 2

Frauenarbeitsgemeinschaft im Bund
der Vertriebenen*)
5300 Bonn 2, Godesberger Allee 72

Gemeinschaft Hausfrauen –
Berufsgemeinschaft der Kath.
Frauengemeinschaft Deutschlands –
Zentralverband e.V.*)
4000 Düsseldorf, Prinz-Georg-Straße 44

Hausfrauenvereinigung des Kath.
Deutschen Frauenbundes e.V.*)
Berufsverband der Kath. Hausfrauen
5000 Köln 1, Kaesenstraße 18

Verband der Diplom-Oecotrophologen
e.V.
5000 Köln 2, Geranienhof 2

Verband der Lehr- und Beratungskräfte
für Haushalt und Verbrauch im
ländlichen Raum e.V.
4750 Unna, Magnolienweg 2

Verband der Oecotrophologen an
Fachhochschulen e.V.
2060 Bad Oldesloe, Lübecker Straße 85

Verband der weiblichen Angestellten
e.V.*)
5300 Bonn 1, Rheinweg 31

Verbraucherorganisationen

Arbeitsgemeinschaft der
Verbraucherverbände e.V.
5300 Bonn 1, Heilsbachstraße 20

Arbeitsgemeinschaft Wohnberatung
e.V.
5300 Bonn 1, Heilsbachstraße 20

Stiftung Verbraucherinstitut
1000 Berlin 30, Reichpietschufer 74–76

Stiftung Warentest
1000 Berlin 30, Lützowplatz 11–13

Verbraucherschutzverein
1000 Berlin 30, Lützowplatz 11–13

Verbraucherzentrale Baden-
Württemberg e.V.
7000 Stuttgart 1, Augustenstraße 6

Verbraucherzentrale Bayern e.V.
8000 München 2, Mozartstraße 9

Verbraucherzentrale Berlin e.V.
1000 Berlin 30, Bayreuther Straße 40

Verbraucherzentrale des Landes
Bremen e.V.
2800 Bremen 1, Obernstraße 38–42

Verbraucherzentrale Hamburg e.V.
2000 Hamburg 36, Große Bleichen 23

Verbraucherzentrale Hessen e.V.
6000 Frankfurt/Main, Berliner
Straße 27

Verbraucherzentrale Niedersachsen e.V.
3000 Hannover 1, Georgswall 7

Verbraucherzentrale Nordrhein-
Westfalen e.V.
4000 Düsseldorf 1, Mintropstraße 27

Verbraucherzentrale Rheinland-Pfalz
e.V.
6500 Mainz 1, Große Langgasse 16

Verbraucherzentrale des Saarlandes e.V.
6600 Saarbrücken 1,
Hohenzollernstraße 11

Verbraucherzentrale Schleswig-
Holstein e.V.
2300 Kiel, Bergstraße 24

Sonstige Umwelt- und Verbraucherverbände

Arbeitsgemeinschaft für Umweltfragen
e.V.
5300 Bonn 2, Matthias-Grünewald-
Straße 1

Bundesverband Bürgerinitiativen
Umweltschutz e.V.
5300 Bonn 1, Prinz-Albert-Straße 43

Bund für Umwelt und Naturschutz
Deutschland e.V.
5300 Bonn 3, Im Rheingarten 7

Deutscher Naturschutzring
Bundesverband für Umweltschutz e.V.
5300 Bonn, Kalkuhlstraße 24

Verbraucher-Initiative e.V.
5300 Bonn 1, Postfach 1746

Bundesverband gesundes Bauen und
Wohnen e.V.
3300 Braunschweig, Postfach 3300

Fördergemeinschaft für gesundes
Bauen und Wohnen
7815 Kirchzarten-Burg, Am
Heidengraben 14

Büro für Energieberatung und
ökologische Konzepte (ebök)
7400 Tübingen, Dorfackerstraße 12

Arbeitsgemeinschaft für sparsamen
und umweltfreundlichen
Energieverbrauch e.V.
6230 Frankfurt-Höchst,
Kurzmainzer Straße 2

Bezugsquellen für Medien
(Ausleihe oder Verkauf)*

Auswertungs- und Informationsdienst
für Ernährung, Landwirtschaft und
Forsten e.V. (AID)
5300 Bonn 2, Postfach 20 01 53

B.U.N.D.
2300 Kiel 1, Lerchenstraße 22

FWU
Institut für Film und Bild in
Wissenschaft und Unterricht
8022 Grünwald, Bavaria-Film-Platz 3

HEA
Hauptberatungsstelle für
Elektrizitätsanwendung e.V.
6000 Frankfurt 1, Am Hauptbahnhof 12

Stiftung Verbraucherinstitut
1000 Berlin 30, Reichpietschufer 74–76

Landesbildstellen (LBS)

LBS 1: Baden
7500 Karlsruhe 51, Rastatter Straße 25

LBS 2: Nordbayern
8580 Bayreuth, Josephsplatz 8

LBS 3: Südbayern
8000 München 80,
Prinzregentenplatz 12

LBS 4: Berlin
1000 Berlin 21, Wikingerufer 7

LBS 5: Bremen
2800 Bremen, Uhlandstraße 33

LBS 6: Hamburg
2000 Hamburg 54, Kieler Straße 171

LBS 7: Hessen
6000 Frankfurt, Gutleutstraße 8–12

LBS 8: Niedersachsen
Niedersächsisches
Landesverwaltungsamt –
Bildtechnologie –
3000 Hannover 1, Stiftstraße 13

LBS 9: Rheinland
4000 Düsseldorf 30, Prinz-Georg-
Straße 80

LBS 10: Rheinland-Pfalz
5400 Koblenz-Ehrenbreitstein,
Hofstraße 257

LBS 11: Saarland
Staatliche Landesbildstelle Saarland
6602 Dudweiler, Beethovenstraße 26

LBS 12: Schleswig-Holstein
2300 Kiel 1, Schloß

LBS 13: Westfalen-Lippe
4400 Münster, Warendorfer Straße 24

LBS 14: Württemberg
7000 Stuttgart, Rotenbergstraße 111

Landesfilmdienste (LFD)

LFD 1: Baden-Württemberg
7000 Stuttgart 1, Wolframstraße 20

LFD 2: Bayern
8000 München 40, Dietlindstraße 18

LFD 3: Berlin
1000 Berlin 12, Bismarckstraße 40

LFD 4: Hessen
6000 Frankfurt, Kennedy-Allee 105a

LFD 5: Niedersachsen
3000 Hannover 1, Podbielkistraße 30

LFD 6: Nordrhein-Westfalen
4000 Düsseldorf 1, Schirmerstraße 80

LFD 7: Rheinland-Pfalz
6500 Mainz 1, Deutschhausplatz
oder:
6730 Neustadt, Talgrafenstraße 2
oder:
5500 Trier, Neue Zurmaienstraße 14
oder:
5400 Koblenz, Markenbildchenweg 38

LFD 8: Saarland
6600 Saarbrücken 1, Mainzer Straße 30

LFD 9: Schleswig-Holstein
2370 Rendsburg, Thormannplatz 20–22

Medien sind auch bei
den erwähnten
Verbraucher-
organisationen zu
erhalten.

Barbara Böttger, geb. 1942, Journalistin und Sozialwissenschaftlerin, zwei Kinder, derzeit wissenschaftliche Angestellte der Fraktion der Grünen im Deutschen Bundestag, Arbeitsschwerpunkte: Informations- und Kommunikationstechnologien, Forschungs- und Frauenpolitik im Umfeld technischer Entwicklung.

Irmhild Kettschau, Dr. phil., wissenschaftliche Angestellte an der Universität Dortmund, Schwerpunkt: Frauenstudien. Grenzgängerin zwischen Haushaltssoziologie, Frauenforschung und Frauenbildung, Veröffentlichungen und Beiträge zur Hausarbeits-Zeitbudgetforschung.

Frauke Langguth, Historikerin M. A. und Journalistin, derzeit Volontärin beim Sender Freies Berlin, Regionalstudie zur Geschichte der Haushaltselektrifizierung am Beispiel der BEWAG in Berlin.

Mehrtens, Herbert, Dr. phil., Wissenschaftshistoriker, eine Tochter, derzeit wissenschaftlicher Angestellter an der Technischen Universität Berlin, Institut für Philosophie, Wissenschaftstheorie, Wissenschafts- und Technikgeschichte, Arbeitsschwerpunkte: Mathematik, Nationalsozialismus, auch Techniktheorie und -geschichte.

Methfessel, Barbara, Professorin für Hauswirtschaft an der Pädagogischen Hochschule Heidelberg, Dipl. oec. troph., ein Sohn, beschäftigt sich besonders mit der Frage, inwieweit die Komplexität des häuslichen (Arbeits-)Alltages in (Haushalts-)Wissenschaft, Technikentwicklung, Bildungs-, Familien- und Frauenpolitik berücksichtigt wird.

Meyer, Sibylle, geb. 1955, Dr. phil., Dipl.-Soziologin, derzeit wissenschaftliche Mitarbeiterin an der Technischen Universität Berlin, Institut für Soziologie, Projekt: Technik und Familie, Arbeitsschwerpunkte: Familiensoziologie, Frauen- und Technikforschung, Nachkriegsgeschichte, zahlreiche Veröffentlichungen zu diesen Themen.

Orland, Barbara, geb. 1955, Dipl.-Politologin, war neben der Arbeit an der Ausstellung auch wissenschaftliche Mitarbeiterin an der Technischen Universität Berlin, Institut für Biologie, Projekt: Reproduktionsmedizin, Arbeitsschwerpunkte: Techniksoziologie und Frauenforschung, insbesondere zu Geschichte und Gegenwart der Haushaltstechnisierung, Gen- und Fortpflanzungstechniken.

Sachse, Carola, geb. 1951, Dr. phil., eine Tochter, studierte Geschichte, Romanistik und Politologie in Fribourg (CH), Frankfurt a. M. und Berlin, promovierte an der Technischen Universität Berlin mit einer Studie zur betrieblichen Sozialpolitik während der Weimarer Republik und des Nationalsozialismus, derzeit wissenschaftliche Mitarbeiterin am Hamburger Institut für Sozialforschung. Projekt: Soziale Rationalisierung und Geschlechterverhältnis im 20. Jahrhundert, Bücher und Aufsätze zur Sozialgeschichte, Frauengeschichte und Unternehmensgeschichte.

Schulze, Eva, geb. 1948, Dr. phil., Dipl.-Soziologin, derzeit wissenschaftliche Mitarbeiterin an der Technischen Universität Berlin. Institut für Soziologie, Projekt: Technik und Familie, Arbeitsschwerpunkte: Familiensoziologie, Frauen- und Technikforschung, Nachkriegsgeschichte, zahlreiche Veröffentlichungen zu diesen Themen.

Schwartau-Schuldt, Silke, Dipl. oec. troph., zwei Kinder, derzeit Ernährungsberaterin in der Verbraucherzentrale in Hamburg, Autorin zahlreicher Sachbücher und Aufsätze zu Haushalt, Ernährung und Umwelt, aktuelle Arbeitsschwerpunkte: Arbeitslehre „Umweltfreundliches Haushalten", Ratgeber und Tests zu Kosmetika.

▷ Weiterführende Literatur

Das folgende Verzeichnis enthält die Literatur, die in der Ausstellung
Verwendung gefunden hat. Darüber hinausgehend wurden weitere
Titel zu den einzelnen Themenblöcken der Ausstellung aufgenommen,
die v. a. aktuell, preisgünstig, ansprechend und leicht lesbar sind.

AID-Verbraucherdienst informiert, Nahrungsmittel aus alternativem Landbau,
1218/1988

ALTNER, GÜNTHER u. a. (Hg.), *Gentechnik und Landwirtschaft*, Karlsruhe
1988

ARBEITSGEMEINSCHAFT DER VERBRAUCHERVERBÄNDE (Hg.), *Verbraucher-
information Gesundheit*, Bonn 1988

ARBEITSKREIS SCHULINFORMATION ENERGIE, Lehrer-Informationen zum
Thema Energie, Elektrische Energie im Haushalt, Frankfurt 2/1988

ASMUS, GESINE (Hg.), *Hinterhof, Keller und Mansarde. Einblicke in Berliner
Wohnungselend 1901–1920*, Reinbek b. Hamburg 1982

Aus der Küche um 1900, hg. von EVA STILLE und PETER BEITLICH, München
1978

AUSSTELLUNGSLEITUNG HEIM und TECHNIK (Hg.), *Der Haushalt als Wirt-
schaftsfaktor*, München 1928

BARGHOLZ, JULIA (Hg.), *Ökotopolis. Bauen mit der Natur*, Köln 1984

BECKER-SCHMIDT, REGINA u. a., *Eines ist zu wenig — beides ist zu viel. Erfahrungen von Arbeiterfrauen zwischen Familie und Beruf*, Bonn 1985

BEWAG, *Jahresbericht der Verkehrsdirektion*, Reihe 2, Bd. 12, Berlin 1933

BILLEN, GERD und OTMAR SCHMITZ. *Der alternative Verbraucher. Rund ums
Waschen — Chemie im Haushalt*, Frankfurt a. M. 1984

BOHMER, FRIEDRICH, *Hauptsache sauber? Vom Waschen und Reinigen im Wandel
der Zeit*, Düsseldorf 1989

BRAUN, LILY, *Frauenarbeit und Hauswirtschaft*, Berlin 1901

BRIGITTE-UNTERSUCHUNG '85, *Der Mann*, Hamburg 1985

BROMME, MORITZ W. H., *Lebensgeschichte eines modernen Fabrikarbeiters*,
Leipzig–Jena 1905, Reprint: Frankfurt a. M. 1971

BRÖDNER, ERIKA, *modernes Wohnen*, München 1954

BUNDESMINISTERIUM FÜR JUGEND, FAMILIE, FRAUEN und GESUNDHEIT
(Hg.), *Männer und Frauen sind gleichberechtigt, 40 Jahre Grundgesetz*, Bonn
1989

Chemie im Haushalt, hg. von Öko-Institut Freiburg u. a., bearbeitet von
RAINER GRIESSHAMMER, Reinbek b. Hamburg 1984

DELILLE, ANGELA und ANDREA GROHN, *Blick zurück aufs Glück. Frauenleben
und Familienpolitik in den 50er Jahren*, Berlin 1985

DEUTSCHES JUGENDINSTITUT (Hg.), *Wie geht's der Familie? Ein Handbuch
zur Situation der Familien heute*, München 1988

DÖRHÖFER, KERSTIN und ULLA TERLINDEN, *Verbaute Räume*, Köln 1985

EURICH, KLAUS, *Computerkinder. Wie die Computerwelt das Kindsein zerstört*,
Reinbek b. Hamburg 1985

Fortschritte in den Einrichtungen unserer Wohnräume, in: Das neue Universum, 8.
1887, S. 4

FRANKE, LUTZ (Hg.), *Menschlich wohnen*, Frankfurt a. M.–New York 1985

FREDERICK, CHRISTINE. *Die rationelle Haushaltsführung, Betriebswissenschaftli-
che Studien*, übersetzt von Irene Witte, Berlin 1921

FREUDENTHAL, MARGARETE, *Gestaltwandel der städtischen, bürgerlichen und
proletarischen Hauswirtschaft*, Frankfurt a. M. 1934, Reprint: Berlin 1986

GEIST, JOHANN FRIEDRICH und KLAUS KÜRVERS, *Das Berliner Mietshaus*, München 1984

GIEDON, SIEGFRIED, *Die Herrschaft der Mechanisierung*, Frankfurt a. M. 1982

Grauzonen — Kunst und Zeitbilder — Farbwelten — 1945 bis 1955, hg. v. BERNHARD SCHULZ, Berlin–Wien 1983

GROPIUS, WALTER, *Bauhausbauten Dessau*, Dessau 1930

GRUBE, FRANK und GERHARD RICHTER, *Das Wirtschaftswunder, Unser Weg in den Wohlstand*, Hamburg 1983

GRÜBER, WOLFRAM, *Sozialer Wohnungsbau in der Bundesrepublik. Der Wohnungssektor zwischen Sozialpolitik und Kapitalinteressen*, Köln 1981

HAMMER, WALTER, KARIN MICHELBERGER, und WILFRIED SCHREM, *Deutsche Gußeisenöfen und Herde*, Neu-Ulm 1984

HARTENSTEIN, WOLFGANG u. a., *Geschlechtsrollen im Wandel, Partnerschaft und Aufgabenteilung in der Familie*, Stuttgart–Berlin–Köln 1988

Hausfrau, Gattin, Mutter. Gedanken über Frauenbildung, den Gebildeten ihres Geschlechts gewidmet von der Verfasserin, Halle 1870

HÄUSSLER, GERHARD, HELLER, PETER und CHRISTEL ROSENBERGER, *Tiefgekühlt und doch nicht haltbar!*, Freiburg i. Br. 1987

HEINIG, SABINE und ILSE LENZ (Hg.), *Schöne neue Frauenwelt. Computer in Bildung, Beruf und Beziehungen*, Münster 1988

HERLYN, INGRID und ULFERT, *Wohnverhältnisse in der Bundesrepublik*, Frankfurt a. M.– New York 1983

HORBELT, RAINER und SONJA SPINDLER, *Tante Linas Kriegskochbuch, Erlebnisse, Kochrezepte, Dokumente*, Frankfurt a. M. 1982

HORN, ERNA, *Der neuzeitliche Haushalt*, München-Sölln 1956

HUBER, ANDREA und HALO SEIBOLD, *Bio- und Gentechnologie in der Lebensmittelverarbeitung*, hg. von der Fraktion Die Grünen im Bundestag, Bonn 1990

INSTITUT FÜR ÖKOLOGISCHES RECYCLING (Hg.), *Abfall vermeiden. Leitfaden für eine ökologische Abfallwirtschaft*, Frankfurt a. M. 1989

JARRE, JAN (Hg.), *Möglichkeiten und Grenzen umweltfreundlichen Verbraucherverhaltens*, Loccumer Protokolle 33/1982, Rehburg/Loccum 1986

John's Volldampfwaschmaschine, Werbebroschüre der Fa. John (um 1905)

JUSOS BERLIN (Hg.), *Frauen-Bilder-Ausstellung, Die weibliche Wirklichkeit ist anders*, Berlin 1986

KÄHLER, GERT, *Wohnung und Stadt. Hamburg, Frankfurt, Wien. Modelle sozialen Wohnens in den zwanziger Jahren*, Braunschweig–Wiesbaden 1985

KOLB, BERNHARD, *Beispiel Biohaus. Bio- und Solarhäuser im deutschsprachigen Raum*, Karlsruhe 1984

KRÜGER, HELGA u. a., *Privatsache Kind — Privatsache Beruf. „ . . . und dann hab ich ja noch Haushalt, Mann und Wäsche!"*, Opladen 1987

KRÜSSELBERG, HANS-GÜNTER u. a., *Verhaltenshypothesen und Familienzeitbudgets*, Stuttgart–Berlin–Köln–Mainz 1986

Kunstpädagogisches Zentrum im Germanischen Nationalmuseum, JULIUS, CORNELIA, *Alltag 1900 bis 1930, Erzählblätter, Seria A*, Nürnberg 1980

KÜHN, ELISE, *Grundzüge der Haushaltungslehre*, Leipzig 1912

KÜLLER, INA und INGRID SCHÖLL (Hg.), *Micro Sisters, Digitalisierung des Alltags — Frauen und Computer*, Berlin 1988

LANDSCHAFTSVERBAND RHEINLAND, RHEINISCHES MUSEUMSAMT (Hg.), *Die Große Wäsche*, Köln 1988

LEHRER-INFORMATION ZUM THEMA ENERGIE, *Elektrische Energie im Haushalt, Stand 2/88*, hg. vom Arbeitskreis Schulinformation Energie, Frankfurt 1989

MARGIS, HILDEGARD, *Die erfolgreiche Hausfrau*, Berlin o. J. (um 1929)

MASON, ROY u. a., *Xanadu, The Computerized Home of Tomorrow And How It
Can Be Yours Today!*, Washington, D. C. 1983

MEYER, ERNA, *Der neue Haushalt, Ein Wegweiser zur wirtschaftlichen Haushaltsführung*, Stuttgart 1926

MEYER, SIBYLLE und EVA SCHULZE, *Balancen des Glücks, Neuen Lebensformen:
Paare ohne Trauschein, Singles, Alleinerziehende*, München 1989

MEYER SIBYLLE und EVA SCHULZE, *Von Liebe sprach damals keiner, Familienall-
tag in der Nachkriegszeit*, München 1985

MEYER, SIBYLLE, *Das Theater mit der Hausarbeit*, Frankfurt—New York 1982

*Mitteilungen der Reichsforschungsgesellschaft für Wirtschaftlichkeit im Bau- und
Wohnungswesen*, Sonderheft Frankfurt a. M.—Praunheim 1928—29

MÖLLER, EVELIN, *Unternehmen pro Umwelt*, München 1989

MÜHLEISEN, ISABELLE, *Gute Argumente: Ernährung*, München 1988

MÜLLER, URSULA und HILTRAUD SCHMIDT-WALDHERR (Hg.), *FrauenSozial-
Kunde. Wandel und Differenzierung von Lebensformen und Bewußtsein*, Bielefeld
1989

NAPP-PETERS, ANNELIE, *Ein-Eltern-Familien. Soziale Randgruppe oder neues
familiales Selbstverständnis?* Weinheim 1985

NEUBERGER, MINNA, *Ich kann wirtschaften*, Berlin—Wien 1910

NEUE GESELLSCHAFT FÜR BILDENDE KUNST e. V. (Hg.), *Wem gehört die Welt?
Kunst und Gesellschaft in der Weimarer Republik*, Berlin 1977

ORLAND, BARBARA, *Effizienz im Heim*, in: Kultur und Technik 4/1983, S.
222—228

PETSCH, JOACHIM, *Eigenheim und gute Stube. Zur Geschichte des bürgerlichen
Wohnens*, Köln 1989

PFEIFFER, EDUARD, *Die Technik des Haushalts*, Stuttgart 1928

PHILIPPEIT, UTE und SILKE SCHWARTAU, *Zuviel Chemie im Kochtopf?*, Reinbek 1982

SCHNEIDER, LOTHAR und J. P. GROOT-MARCUS, *Abfall, Verpackungsmaterial
und Chemikalien im Haushalt*, in: Hauswirtschaftliche Bildung, 4/1989, S.
177—185

SCHWARTAU, SILKE und BERNHARD ROSENKRANZ, *Gesund leben nach Tschernobyl. Ratgeber für schadstoffarme Ernährung und Umwelt*, Reinbek b. Hamburg 1987

SCHWEITZER, ROSEMARIE VON und HELGE PROSS (Hg.), *Familienhaushalte
im wirtschaftlichen und sozialen Wandel*, Göttingen 1976

SCHWERTFEGER, GERTRUD, *Haushalt heute — Haushalt morgen?*, München, 5.
Auflage 1987

SODER, MARTIN, *Hausarbeit und Stammsozialismus. Arbeiterfamilie und Alltag
im Deutschen Kaiserreich*, Gießen 1980

SPENGEMANN K. L., *Grundrißatlas*, Gütersloh 1955

STEINMANN, ANTONIE, *Die tüchtige Hausfrau*, Bd. 1, Stuttgart—Wien 1913

STIFTUNG WARENTEST, *Küche und Haushalt* (profi, eine Ratgeberreihe der
Stiftung Warentest), Berlin 1989

STORM, HANS-HERMANN, *Das Leben auf dem Lande*, Bd. 1, Rendsburg, 4.
Aufl. 1986

STÖLZL-GUMPPENBERG, ANNELIESE, *Haushalt mit dem Rechenstift*, München
1972

TAUT, BRUNO, *Die Neue Wohnung, Die Frau als Schöpferin*, Leipzig 1924

TEUTEBERG, HANS, J. (Hg.), *Durchbruch zum modernen Massenkonsum. Lebens-
mittelmärkte und Lebensmittelqualität im Städtewachstum des Industriezeitalters*,
Münster 1987

TEUTEBERG, HANS J. und CLEMENS WISCHERMANN, *Wohnalltag in Deutschland 1850 bis 1914, Bilder-Daten-Dokumente*, Münster 1985

THOMAS, FRIEDER und RUDOLF VÖGEL, *Gute Argumente: Ökologische Landwirtschaft*, München 1989

THURAU, MARTIN (Hg.), *Gentechnik ohne Kontrolle? Die industrielle Verwertung und ihre Risiken* (Ein Diskussionsbeitrag aus dem Öko-Institut Freiburg i. Br.), Frankfurt a. M. 1989

TORNIEPORTH, GERDA (Hg.), *Arbeitsplatz Haushalt*, Berlin 1988

UHLIG, GÜNTHER, *Kollektivmodell „Einküchenhaus"*, Gießen 1981

Umweltfibel Hamburg, hg. von der BEHÖRDE FÜR BEZIRKSANGELEGENHEITEN, NATURSCHUTZ UND UWELTGESTALTUNG, Hamburg 1982

VERBRAUCHERZENTRALE NRW e.V. (Hg.), *Energiepolitik und Verbraucherinteressen, Verbraucherpolitische Hefte*, Nr. 2, Düsseldorf 1986

VERBRAUCHERZENTRALE NRW e.V. (Hg.), *Informations- und Kommunikationsgesellschaft, Verbraucherpolitische Hefte*, Nr. 1, Düsseldorf 1985

Vier Berliner Siedlungen in der Weimarer Republik. Britz, Onkel Toms Hütte, Siemensstadt, Weiße Stadt, hg. vom BAUHAUS-ARCHIV, MUSEUM FÜR GESTALTUNG, Berlin 1987

Was gibt's Neues?, Werbebroschüre der Fa. Elektro-Lux 1933

WEBER-KELLERMANN, INGEBORG, *Frauenleben im 19. Jahrhundert*, München 1983

WIERLING, DOROTHEE, *Mädchen für Alles — Arbeitsalltag und Lebensgeschichte städtischer Dienstmädchen um die Jahrhundertwende*, Berlin—Bonn 1987

WITTE, IRENE, *Heim und Technik in Amerika*, Berlin 1928

WOTHE, ANNY (Hg.), *Sei sparsam, Ein praktischer Ratgeber für sorgsame Frauen*, Leipzig 1906, Reprint: 1983

ZÄNGL, WOLFGANG, *Deutschlands Strom. Die Politik der Elektrifizierung von 1866 bis heute*, Frankfurt a. M. 1989

ZELLER, A. P., *Das Reich der Hausfrau*, Konstanz o. J. (um 1930)

ZENTRALVERBAND DER ELEKTROTECHNISCHEN INDUSTRIE (ZVEI Hg.), *Energie-Einsparpotential von Elektro-Haushaltsgeräten. Abschlußbericht Energieeinsparung 1978—1985*, Frankfurt a. M. 1986

Bildnachweis

AEG Aktiengesellschaft Firmenarchiv, Frankfurt: 10; 11 (3x); 85 (2x); 86 (3x); 88; 89; 90; 91 (2x); 114

Amerika Gedenkbibliothek, Berlin: 39; 40; 83

Andres; Erich, Hamburg: 13; 72

Arbeitsgemeinschaft „Die moderne Küche", Darmstadt: 12; 69; 85

Archiv für Kunst und Geschichte, Berlin: 10; 28; 32 (2x); 76; 79; 83; 84; 87

atelier : müller, Berlin: frontispiz; 44; 111; 113; 115; 186; 188; 190

Bauhaus-Archiv, Berlin: 64; 66 (3x); 69 (2x)

Bauknecht Hausgeräte GmbH, Stuttgart: 84

Behörde für Bezirksangelegenheiten, Naturschutz und Umweltgestaltung, Hamburg: 112

Bewag-Archiv, Berlin: 12; 83

Bilderdienst Süddeutscher Verlag, München: 73 (2x); 91

Blickpunkt-Verlag, Herford: 113 (2x)

BLV Verlagsgesellschaft, München: 9; 30; 31; 86; 88

Bolduan, Christina, Berlin: 132; 195

bonn press, Bonn: 191

Coppenrath Verlag KG., Münster: 83

Deutsche Presseagentur, Berlin: 189 (Kleefeldt)

Deutsches Museum, München: 8; (Gemälde von Prof. Winter) 8; 33; 47 (2x); 86; 88 (4x); 89 (2x)

Dietrich, Richard J., Bergwiesen: 192

Edition Metropol Musikverlag, Köln: 92

Elefantenpress Verlag, Berlin: 14; 133

Erich Schmidt Verlag, Berlin: 129

Firma Elektro-Baby, Ahlem/Hannover: 42

Frauen-Bilder-Ausstellung „Die weibliche Wirklichkeit ist anders", hg. von Berliner Jusos, Berlin: 129 (Birgit Henjes); 129 (Heinz Suckrow); 135 (Patrizia)

Globus-Kartendienst, Hamburg: 111

Henkel-Archiv, Düsseldorf: 11; 36; 41

Horbelt, Rainer, Privatarchiv, Frankfurt: 45

Horn, Erna, Der neuzeitliche Haushalt, München-Sölln 1956: 39; 41; 44; 74; 75; 83; 85 (4x)

Humboldt-Taschenbuchverlag, München: 39

Kallabis, Klaus, Hamburg: 172, 187

Laif (Günther Beer), Köln: 15; 189

Landesbildstelle, Berlin: 14; 45; 70 (3x); 71 (5x); 72 (3x); 74 (3x); 82; 83; 84; 88; 116; 126; 128; 129; 135

Leu, Olaf, Frankfurt: 186

Lever Sunlicht GmbH, Hamburg: 31

manager-magazin, Hamburg: 186

Märchenofen Verlag, Neu-Ulm: 84, 88

Mehrtens, Herbert, Berlin: 150 (2x); 155 (2x); 159; 160

Melitta Pressedienst: 115

Miele & Cie Firmenarchiv, Gütersloh: 12; 87; 89

Museum für Deutsche Volkskunde, Berlin: 38

Neue Gesellschaft für Bildende Kunst e.V., Berlin: 65; 66 (2x); 73 (2x)

Orland Privatarchiv, Berlin: 46 (3x); 47 (2x); 67 (2x); 68 (2x); 82

Pressebilderdienst Kindermann, Berlin: 130

Pressebüro Wolfgang Busch, Bad Soden: 191

Pressefoto Mrotzkowski, Berlin: 14

Rhein. Freilichtmuseum – Landesmuseum für Volkskunde, Mechernich-Kommern: 88

Robert Bosch Hausgeräte GmbH, Abt. Presse und Information: 133

Rumpf, Barbara, München: 40

Siemens-Pressebild, München: 12; 85 (2x); 86; 87; 89; 91; 110; 115; 117; 131; 134

Staatsbibliothek Preußischer Kulturbesitz, Berlin: 30; 40; 41 (2x); 45 (2x); 46; 62; 67 (3x); 87; 88; 90

Stark-Otto-Pressefotos, Berlin: 73; 117

Stiftung Warentest, Berlin: 15; 116 (2x); 117; 131; 133 (2x); 134; 191; 192

Tornieporth, Gerda, Berlin: 9; 82; 84; 129 (2x)

Uhlig, Günther, Privatarchiv: 65 (2x)

Ullstein Bilderdienst, Berlin: 26; 28; 29 (2x); 32; 65; 87; 88; 90

Umweltbundesamt, Berlin: 39

Verlag Heinrich Möller Söhne, Rendsburg: 34 (3x); 35 (4x)

Vileda GmbH Pressedienst, Weinheim: 117

Weber-Kellermann Bildarchiv, Marburg: 39

Wechselwirkung-Verlag, Berlin: 193 (4x)

Wedo press GmbH, Oberursel: 42

Xanadu, The computerized Home of tomorrow and how it can be yours today! Washington D. C. 1983: 187 (4x)

Zeller, A. P. Das Reich der Hausfrau, Konstanz o. J. (um 1930): 41; 43 (2x); 44

Impressum:

Herausgeber:
Arbeitsgemeinschaft Hauswirtschaft e. V.
(AgH)
Poppelsdorfer Allee 15
5300 Bonn 1

Stiftung Verbraucherinstitut (VI)
Reichpietschufer 74—76
1000 Berlin 30

Das Ausstellungsprojekt wurde realisiert mit
Unterstützung des Bundesministeriums für
Jugend, Familie, Frauen und Gesundheit,
Abteilung Frauenpolitik

Gesamtprojekt
(Ausstellung und Begleitbuch):

Leitung:
Angelika Michel-Drees (AgH), Klaus Werner
(VI)

Konzeption, Redaktion (Text und Bild):
Barbara Orland, Berlin

Alle nicht namentlich gekennzeichneten Texte:
Barbara Orland, Berlin

Gestaltung:
atelier : müller : betina müller : claudia trauer :
birgit tümmers, alle Berlin

Ausstellung:

Technik:
Dietmar Mühr, Berlin

Satz und Montage:
Ludwig Vogt, Berlin

Lithographie:
O.R.T. Kirchner + Graser, Berlin

Siebdruck:
Georg Pawellek, Berlin

Ausstellungsbuch:

Satz, Lithographie und Montage:
Fuldaer Verlagsanstalt, Fulda

Druck:
J. F. Steinkopf Druck + Buch,
Stuttgart

Bindearbeiten:
E. Riethmüller,
Stuttgart

Verlag:
Karl Robert Langewiesche Verlag
Nachfolger Hans Köster KG
Postfach
D-6240 Königstein im Taunus
ISBN 3-7845-7400-9

Printed and bound in Germany